中国法院2024年度案例

国家法官学院　最高人民法院司法案例研究院 / 编

劳动纠纷

（含社会保险纠纷）

中国法制出版社
CHINA LEGAL PUBLISHING HOUSE

《中国法院2024年度案例》通讯编辑名单

序

党的二十大擘画了全面建成社会主义现代化强国、以中国式现代化全面推进中华民族伟大复兴的宏伟蓝图，强调全面依法治国是国家治理的一场深刻革命，必须更好发挥法治固根本、稳预期、利长远的保障作用，在法治轨道上全面建设社会主义现代化国家。为落实习近平总书记“一个案例胜过一打文件”的重要指示精神，人民法院始终把完善中国特色案例制度，加强司法案例研究作为推进全面依法治国、支撑和服务中国式现代化的重要途径，通过发布具有普遍指导意义的典型案例，统一法律适用、提高审判质效，提升司法公信力，努力让人民群众在每一个司法案件中感受到公平正义。为更好满足社会各界和人民群众多元化司法需求，把习近平法治思想落实到人民法院审判工作全过程各方面，人民法院案例库于2024年2月27日正式上线并向社会开放，这是进一步完善中国特色案例制度的重要举措，是最高人民法院推出的新的“公共法律服务产品”。

“中国法院年度案例系列”丛书以及时记录人民法院司法审判工作新发展、新成就为己任，通过总结提炼典型案例的裁判规则、裁判方法和裁判理念，发挥案例鲜活生动、针对性强的优势，以案释法，以点带面，有针对性地阐释法律条文和立法精神，促进社会公众通过案例更加方便地学习法律，领悟法治精神，发挥司法规范、指导、评价、引领的重要作用，大力弘扬社会主义核心价值观，积极服务人民法院案例库建设，加强案例库案例研究，促进统一法律适用、提升审判质效，丰富实践法学研究，增强全民法治意识和法治素养，展现新时代我国法治建设新成就。

“中国法院年度案例系列”丛书自2012年编辑出版以来，已连续出版13年，受到读者广泛好评。为更加全面地反映我国司法审判执行工作的发展进程，顺应审判执行实践需要，响应读者需求，从书于2014年度新增金融纠纷、行政纠纷、刑事案例3个分册，2015年度将刑事案例调整为刑法总则案例、刑法分则案例2个分册，2016年度新增知识产权纠纷分册，2017年度新增执行案例分册，2018年度将刑事案例扩充为4个分册，2022年度将土地纠纷（含林地纠纷）分册改为土地纠纷（含环境资源纠纷）分册。自2020年起，丛书由国家法官学院与最高人民法院司法案例研究院共同编辑，每年年初定期出版。在全国各级人民法院的大力支持下，丛书编委会现编辑出版《中国法院2024年度案例系列》丛书，共23册。

"中国法院年度案例系列"丛书以开放务实的态度、简洁明快的风格，在编辑过程中坚持以下方法，努力让案例书籍"好读有用"：一是高度提炼案例内容，控制案例篇幅，每个案例字数基本在3000字左右；二是突出争议焦点，尽可能在有限的篇幅内为读者提供更多有效、有益的信息；三是注重释法说理，大多数案例由法官撰写"法官后语"，高度提炼、总结案例的指导价值，力求引发读者思考，为司法审判提供借鉴，为法学研究提供启迪。

"中国法院年度案例系列"丛书编辑工作坚持以下原则：一是以研究案例库案例为首要任务。自今年起，"中国法院年度案例系列"丛书优先选用人民法院案例库案例作为研究对象，力求对案例库案例裁判要旨的基本内涵、价值导向、法理基础、适用要点等进行深入分析，增强丛书的权威性、参考性。二是广泛选编案例。国家法官学院和最高人民法院司法案例研究院每年通过各高级人民法院从全国各地法院汇集上一年度审结的典型案例近万件，使该丛书有广泛的精选基础，通过优中选优，可提供给读者新近发生的全国各地多种类型的典型性、疑难性案例。三是方便读者检索。丛书坚持以读者为本，做到分卷细化，每卷案例主要根据案由（罪名）分类编排，每个案例用一句话概括裁判规则、裁判思路、裁判理念、裁判方法或焦点问题作为主标题，让读者一目了然，迅速找到目标案例。

中国法制出版社始终全力支持"中国法院年度案例系列"丛书的出版，给了编者们巨大的鼓励。2024年，丛书将继续提供数据库增值服务。购买本书，扫描前勒口二维码，即可在本年度免费查阅往年同类案例数据库。我们在此谨表谢忱，并希望通过共同努力，逐步完善，做得更好，探索出一条充分挖掘好、宣传好人民法院案例库案例和其他典型案例价值的新路，为广大法律工作者和社会公众提供权威、鲜活、精准的办案参考、研究素材，更好地服务司法审判实践、服务法学教育研究、服务法治中国建设。

“中国法院年度案例系列”丛书既是法官、检察官、律师等法律工作者的办案参考和司法人员培训辅助教材，也是社会大众学法用法的经典案例读本，同时也为教学科研机构开展案例研究提供了良好的系列素材。当然，编者们在编写过程中也难以一步到位实现最初的编写愿望，客观上会存在各种不足甚至错误，欢迎读者批评指正。我们诚心听取各方建议，立足提质增效，不断拓宽司法案例研究领域，创新司法案例研究方法，助推实现中国特色司法案例研究事业的高质量发展。

国家法官学院　最高人民法院司法案例研究院

2024 年 5 月

目　录

Contents

一、确认劳动关系

二、劳动合同的订立

三、劳动合同的履行和变更

四、劳动合同的解除和终止

五、追索劳动报酬

六、竞业限制

七、社会保险

八、劳动争议仲裁

九、其　他

一、确认劳动关系

1

关联企业混同用工的劳动者对确认劳动关系具有选择权

——陈某某诉甲食品工业公司确认劳动关系案

【案件基本信息】

1. 裁判书字号

江苏省无锡市中级人民法院（2022）苏02民终5053号民事判决书

2. 案由：确认劳动关系纠纷

3. 当事人

原告（被上诉人）：陈某某

被告（上诉人）：甲食品工业公司

【基本案情】

乙食品工业公司于2012年3月2日登记成立，于2021年11月17日注销，法定代表人为黄某，经营范围为食品生产；饮料生产；食品经营等。甲食品工业公司于2020年5月22日登记成立，黄某为股东之一，经营范围、注册地址与乙食品工业公司一致，黄某以乙食品工业公司资产作为对甲食品工业公司的出资。

2018年3月10日，陈某某入职乙食品工业公司，在车间任操作工，双方签订劳动合同，合同期限自2018年3月10日起至2021年3月9日止，劳动合同约定“合同期满后，双方同意继续履行的，合同自动顺延一年”。

2021年5月28日，陈某某在车间房顶接拉电缆过程中摔伤，后被送医治疗，被诊断为多处骨折。

乙食品工业公司按月通过银行转账方式向陈某某发放工资至2021年5月21日，甲食品工业公司于2021年7月26日通过转账向陈某某发放2021年6月工资4500元及护理费910元。黄某于2021年9月2日、19日通过转账向陈某某发放2021年7月工资4500元及护理费4030元、8月工资4500元及护理费3100元。陈某某收入纳税明细显示，2021年4月收入为4240元，扣缴义务人为乙食品工业公司；2021年7月收入为13381元，扣缴义务人为乙食品工业公司；2021年8月收入为4500元，扣缴义务人为甲食品工业公司。

现陈某某主张甲食品工业公司与乙食品工业公司经营范围完全一样，甲食品工业公司的股东是乙食品工业公司的法定代表人及股东。现乙食品工业公司已经注销，不具备独立的民事权利能力，无法独立承担民事法律责任，无法保障劳动者的工伤赔偿等合法权益，要求确认其与甲食品工业公司存在劳动关系。

甲食品工业公司辩称陈某某与乙食品工业公司签订的劳动合同期限到期后，其未与甲食品工业公司续签劳动合同，陈某某的劳动关系没有变更到甲食品工业公司，故不认可陈某某受伤时与甲食品工业公司存在劳动关系。

【案件焦点】

1. 陈某某受伤时与何家公司存在劳动关系；2. 陈某某能否选择与甲食品工业公司确认劳动关系。

【法院裁判要旨】①

江苏省无锡市锡山区人民法院经审理认为：用人单位自用工之日起即与劳动者建立劳动关系。劳动者主张与用人单位存在劳动关系的，应当承担初步举

---

① 本书【法院裁判要旨】适用的法律法规等条文均为案件裁判当时有效，下文不再对此进行提示。

证责任。用人单位否认存在劳动关系的，应承担举证责任。劳动关系具有人身和经济双重属性。本案中，双方对从2021年8月起，甲食品工业公司与陈某某存在劳动关系无异议。现双方的争议焦点在于2021年5月28日受伤时，陈某某与甲食品工业公司是否存在劳动关系。甲食品工业公司与乙食品工业公司注册地址基本一致、经营范围相同，且乙食品工业公司的法定代表人黄某系甲食品工业公司的股东之一，黄某以乙食品工业公司资产作为甲食品工业公司的出资，乙食品工业公司和甲食品工业公司系关联企业。2021年2月，陈某某已在甲食品工业公司工作群中以乙食品工业公司名义发送了《关于外库冷库盘点工作通知》，又以甲食品工业公司名义发送了《关于员工出勤异常处理通知》，可见甲食品工业公司和乙食品工业公司存在混同用工的情形，甲食品工业公司也对陈某某进行管理，符合劳动关系的隶属性、管理性特征。现陈某某选择主张与甲食品工业公司存在劳动关系，并已就其与甲食品工业公司存在事实劳动关系进行了初步举证，故法院对其主张予以支持。甲食品工业公司辩称陈某某受伤时与乙食品工业公司存在劳动关系，并不能当然否定陈某某受伤时与甲食品工业公司存在劳动关系，故甲食品工业公司的辩称意见，法院不予采信。

江苏省无锡市锡山区人民法院依照《中华人民共和国劳动合同法》第七条，《中华人民共和国民事诉讼法》第六十七条第一款，《最高人民法院关于适用〈中华人民共和国民事诉讼法〉的解释》第九十条之规定，判决如下：

确认原告陈某某与被告甲食品工业公司于2021年5月28日存在劳动关系。

甲食品工业公司不服一审判决，提起上诉。江苏省无锡市中级人民法院同意一审法院裁判意见，判决如下：

驳回上诉，维持原判。

【法官后语】[①]

本案是一起典型的关联企业混同用工案件。劳动者应用人单位要求，同时

① 本书【法官后语】对此类法律问题涉及的法律法规等内容进行了时效性更新，下文不再对此进行提示。

向存在关联关系的多家单位提供劳动，发生劳动争议时，要求确认与其中一家企业存在劳动关系。结合本案，笔者总结了关联企业混同用工情形下劳动关系的认定应当注意的几个问题。

一、关联企业的认定

依据《中华人民共和国公司法》第二百六十五条、《中华人民共和国税收征收管理法实施细则》第五十一条之规定，关联企业是指两个具有独立法人人格的企业为了达到某些特定的目的由股权参与、契约纽带、身份连接等一定的联结纽带组成的经济联合。

司法实践中，通常可从两方面判定：(1) 从外观形式上看，关联企业一般具有相同的股东、法定代表人或相同相近的企业名称，或者具有相同的注册地或者实际经营地等，且关联企业在劳动者工资发放主体及时间段、社保缴存主体及时间段上具有高度相似性。(2) 从实质上看，关联企业一般具有相同的实际控制人，或者高级管理团队成员在关联企业之间兼职。

下列情形一般会被认定为关联企业：(1) 两家及以上企业存在投资关系、实际控制关系等；(2) 法定代表人、实际控制人、董事、监事、高级管理人员存在高度混同；(3) 在人事、财务管理、业务、经营范围等方面存在重叠；(4) 注册地址或实际办公地点相同或相近。

二、混同用工的界定

混同用工应当区分于单位之间的借用、外派。实践中，关联企业混同用工一般是指劳动者未与关联企业订立书面劳动合同，但存在《最高人民法院关于审理劳动争议案件适用法律问题的解释（一）》第四十六条第二款规定的非本人原因，劳动者为各个关联企业交叉提供劳动，接受不同关联企业劳动管理的情形，或者劳动者与其中一个关联企业订立了书面劳动合同，但存在非本人原因，劳动者与未订立劳动合同的关联企业提供劳动，并接受实际用工单位劳动管理的情形。

混同用工的表现形式多元，下列情形一般会被认定为混同用工：(1) 与多家关联企业签订劳动合同，劳动合同期限存在重叠的；(2) 员工同时或交替为关联企业提供劳动，接受关联企业的共同劳动管理；(3) 企业轮流或交替给员工发放工资、缴纳社保，或者劳动者换签了关联公司的劳动合同，但工作仍由原用人单位管理并支付款项。

三、关联企业混同用工的法律责任

关联企业混同用工的劳动关系如何界定，主要有以下三种观点：(1) 书面劳动合同说。如关联企业一方与员工已签订合法有效的书面劳动合同，且在有效期内，一般按书面劳动合同确认劳动关系。(2) 事实劳动关系说。需要通过用人单位与劳动者之间实际形成关系的性质，综合工作场所归属，劳动者的工作内容，劳动者的报酬支付单位，社保缴纳单位判断劳动关系的存在。(3) 劳动者自主选择说。劳动者对于劳动关系的确认享有选择权，可根据劳动者主张由一家用人单位承担责任，或多家用人单位承担连带责任。

笔者认为，劳动者自主选择说较为符合目前我国社会的劳动关系。一方面，劳动者自主选择其劳动关系，符合我国法律的当事人主义原则，有利于促进劳动者的维权积极性；另一方面，《中华人民共和国劳动法》《中华人民共和国劳动合同法》的立法本意就是保护劳动者合法权益和维护劳动关系和谐稳定，企业在劳动用工和薪酬管理中往往为减轻自己责任，利用其关联企业规避法律法规，造成劳动者权益难以保障，赋予劳动者对于劳动关系的确认享有选择权，可以防止产生劳动纠纷时用工单位将用工风险推向不利于劳动者实现权利的“备胎”企业。

四、结语

关联企业混同用工存在法律风险，劳动者应当完善用工手续，加强维权意识；劳动监察部门应当加强监管，杜绝企业通过关联关系逃避用人单位法定义务；企业也应规范用工，完善内控制度，通过各方努力，共同促进劳动关系和谐稳定发展。

编写人：江苏省无锡市锡山区人民法院　邓方媛　王晖

2

关联企业借调员工的劳动关系认定

——徐某诉房地产开发公司劳动争议案

【案件基本信息】

1. 裁判书字号

福建省泉州市中级人民法院（2022）闽05民终3625号民事判决书

2. 案由：劳动争议

3. 当事人

原告（上诉人）：徐某

被告（被上诉人）：房地产开发公司

第三人：地产公司

【基本案情】

2020年3月11日，徐某与地产公司签订《劳动合同书》，地产公司有权根据工作需要调整徐某的工作地点或者外派工作，徐某应遵守地产公司制定的考勤管理制度，并依照管理制度规定的方式有效记录出勤信息。2020年11月19日，徐某到房地产开发公司投资开发的“A项目营销部”工作。2021年12月，地产公司与徐某签订的工作移交清单中载明，岗位异动类型为调岗。2021年1月至12月间，房地产开发公司为徐某支付工资并缴纳社保、公积金等。2021年11月29日，徐某向县劳动人事争议仲裁委员会申请仲裁，请求解除与房地产开发公司的劳动关系，房地产开发公司支付其双倍工资差额267990元。2021年12月2日，房地产开发公司人事职员发送微信给徐某，声称需要将劳动合同主体由“地产公司”变更为“房地产开发公司”，开始时间为徐某调去房地产开发公司项目的时间，即2020年12月1日，结束时间为原劳动合同终止时间，即2023年3月31日。2021年12月10日，房地产开发公司人事职员通过微信，以徐某存在虚假考勤、涉嫌骗取委派工资福利为由，中止与徐某委派工作关系。2022年1月25日，县劳动人事争议仲裁委员会作出裁决，驳回徐某的仲裁申请请求。

【案件焦点】

徐某与房地产开发公司之间是否存在劳动关系。

【法院裁判要旨】

福建省安溪县人民法院经审理认为：首先，徐某应聘时所签劳动合同相对方为地产公司，合同中约定，甲方（地产公司）有权根据工作需要调整乙方（徐某）的工作地点或者外派工作，且工作移交清单中岗位异动类型也明确为调岗，在劳动期限尚未届满的情况下，认定地产公司与徐某之间存在劳动关系。其次，房地产开发公司与地产公司法定代表人均为王某某，且同属置地公司参股企业，系关联企业。徐某未到房地产开发公司应聘、面试，并不存在建立实际劳动关系的合意。从2021年12月房地产开发公司向徐某发送的微信中亦可看出，房地产开发公司欲与徐某建立劳动关系，合同内容中约定的权利义务与地产公司一致，仅是变更劳动关系主体，故认定房地产开发公司与徐某之间为委派关系。最后，在地产公司与徐某签订有期限至2023年3月31日的劳动合同，双方对2020年3月11日至2020年11月19日期间该劳动合同实际履行无异议，在劳动合同期限未届满，双方未终止劳动关系的情况下，不能凭借工作地点及工资发放等形式主体来否认劳动合同的效力。地产公司与房地产开发公司系关联企业，应将关联公司视为书面劳动合同签订责任整体，徐某已与地产公司签订了书面劳动合同，不应要求房地产开发公司承担未签订书面劳动合同的二倍工资惩罚性责任。

福建省安溪县人民法院依照《中华人民共和国劳动法》第十六条，《中华人民共和国劳动合同法》第十条第一款，《中华人民共和国民事诉讼法》第六十七条第一款，《最高人民法院关于适用〈中华人民共和国民事诉讼法〉的解释》第二百四十条之规定，判决如下：

驳回徐某的诉讼请求。

徐某不服一审判决，提起上诉。福建省泉州市中级人民法院经审理认为：徐某与地产公司于2020年3月11日签订《劳动合同书》，双方形成劳动合同关系，《劳动合同书》中约定地产公司有权根据工作需要调整徐某的工作地点或外派工作。在地产公司与徐某劳动合同关系存续期间，地产公司将徐某安排至房地产开发公司工作，因房地产开发公司与地产公司均为置地公司的参股企业，具有一定的关联性，且徐某对调整工作岗位并未提出异议，在其与地产公司签订的工作移交清单中确认“岗位异动类型为调岗”，徐某亦向房地产开发公司领取派遣安家费。因此，在徐某与地产公司的劳动关系未解除、劳动合同期限未届满的情况下，地产公司根据劳动合同的约定，将徐某外派至具有关联性的房地产开发公司工作，并未违反法律的规定。

福建省泉州市中级人民法院依照《中华人民共和国民事诉讼法》第一百七十七条第一款第一项规定，判决如下：

驳回上诉，维持原判。

【法官后语】

随着规模经济发展，关联公司作为更具规模性和竞争性的现代企业，其组织形态得到广泛推广。反映到劳动关系层面，关联公司基于生产经营需要，相互抽调、委派、借调员工等混同用工，即劳动关系与实际用工分割的劳动用工异化现象日益普遍。本案反映出当前劳动关系认定时可能会面临的一个问题，那就是签订劳动合同的公司将员工委派至其关联公司，是否构成劳务派遣及如何认定劳动关系。

首先，需要明确劳务派遣与企业借调的区分界定。劳务派遣是指用人单位根据用工单位的用工需求，选拔、派遣其需求的劳动者到用工单位工作，由用人单位与被派遣劳动者建立劳动关系，而用工单位实际使用被派遣的劳动者并向用人单位支付服务费用的制度。借调劳动关系，是指用人单位通过借调或者劳动协议，将劳动者于一定期间内，借调到另一用人单位，接受该单位的指示与管理而形成的劳动关系。由于企业借调与劳务派遣从表面上来看都涉及劳动者、用人单位及这两者之外的第三方，并且其中用人单位与劳动者之间都有劳动合同，二者具有一定相似性，但本质上二者系完全不同的制度。主要区别在以下三个方面：(1) 缔约主体不同。一般来说，企业借调主体系关联公司；而劳务派遣的单位需要依法向劳动行政部门申请行政许可，并依法办理相应的公司登记，而企业借调则不存在这个前提。(2) 法律属性不同。企业借调本质上是用人单位行使调整人员的经营管理权，一般不会导致劳动关系主体发生改变，用人单位仍需根据劳动合同的约定依法履行合同义务。双方对借调行为发生争议属于普通民事合同法律关系范畴，受《中华人民共和国民法典》中合同编的规范内容的约束和调整；而劳务派遣的本质属于盈利性的劳动力供求业务形式，故其受《中华人民共和国劳动法》《中华人民共和国劳动合同法》及相关的劳动行政法规的约束和规范。(3) 追求目的不同。企业借调通常是基于人员互动或者调剂，其本质在于优化劳动力资源配置，通常不以获得经济利益为目的。关联企业间往往亦未签署借调协议，也不以借调协议为形式要件，仅有企业双方共同合意即可；劳务派遣则以派遣获益为基本目标，用工单位必须与劳务派遣单位签订劳务派遣协议。

在明确了企业借调与劳务派遣的区别后，可以看出本案系关联企业借调。从本案查明的事实情况来看，徐某在地产公司工作一年多后，随后调岗至房地产开发公司，并未收取利益，该行为在徐某与地产公司签订的劳动合同中亦有约定，系典型的企业借调行为。

其次，需要明确在与关联企业均签订劳动合同的情形下，劳动关系如何认定的标准。倘若在借调期间，借调员工与借调单位签订了劳动合同，重新对工资发放、社保缴纳等进行了约定，则视为劳动者与借调单位建立了新的劳动关系，与出借单位的劳动关系自动解除。但在借调期满后，经出借单位通知，员工收到通知后未返回出借单位工作，此时，借调员工与出借单位之间不存在借调合意，是否继续留在借调单位工作则视为员工的自行选择。值得注意的是，在此情况下，如由借调单位为员工发放工资、缴纳社保，即使员工未与借调单位签订书面劳动合同，仍可以根据劳动法的规定，认定借调员工与借调单位建立了事实劳动关系。

最后，需要注意的是，关于未签订书面劳动合同二倍工资罚则在企业借调中的适用问题。在关联公司混同用工情形下，劳动者往往会主张未与其签订书面劳动合同的实际用工单位承担二倍工资惩罚性责任。实务中，应将关联公司视为书面劳动合同签订责任整体，只要有其中一家公司与劳动者签订了书面劳动合同，明确了双方权利义务，则不应再要求其他实际用工的关联公司承担未签订书面劳动合同二倍工资惩罚性责任。

总之，用人单位可以通过灵活多样的用工方式管理、使用劳动者，但为了保障劳动者的合法权益，形式用工主体与实际用工主体应当通过详细协议明确权责分配，避免两个用工单位相互推诿，让对劳动者利益的保护陷入真空状态。

编写人：福建省安溪县人民法院　黄月治　陈洁

3

互联网平台用工劳动关系认定的审查路径

——何某诉商务公司确认劳动关系案

【案件基本信息】

1. 裁判书字号

广东省广州市中级人民法院（2022）粤01民终6300号民事判决书

2. 案由：确认劳动关系纠纷

3. 当事人

原告（上诉人）：何某

被告（被上诉人）：商务公司

【基本案情】

商务公司系外卖配送服务商，承接E外卖平台在J站点的外卖配送业务。

2020年8月，商务公司与网络科技公司签订《平台服务协议》，约定商务公司将业务发包给网络科技公司，网络科技公司承包业务后发包给具有经营资质的商事主体（即接活方），包括但不限于个体工商户，相关费用当天即可到达接活方自己的账户。

2020年10月23日，何某注册个体工商户某工作室，经营范围包括“外卖递送服务等”。

同日，该工作室作为乙方，分别与甲方网络科技公司签订《项目转包协议》与甲方商务公司签订《承揽合作协议》。其中，《项目转包协议》约定乙方自主选择承揽甲方的相应业务或订单，乙方承揽的所有标的业务营收均归乙方所有，甲方按月将服务费结算到乙方指定的平台账户或银行账户中；《承揽合作协议》约定甲方负责提供同城配送业务接单平台，乙方业务人员通过甲方建立的E外卖平台个人账号上线后，E外卖平台系统会自动发布订单信息，乙方业务人员可根据自身情况进行抢单，抢单后负责送至指定客户手中，视为完成每一单的配送业务。乙方按照甲方要求，按时完成规定的服务数量，达到规定的服务标准。乙方在服务期间，应接受甲方的监督检验。该协议明确双方无劳动关系，只是业务合作关系，双方无人身依附性，甲方只要求乙方按质按量完成承揽业务，不对乙方进行考勤，乙方对其合理的配送时间可自由支配，甲方不作强制性规定。该协议尾部有“何某”签名。

日常工作中，商务公司通过钉钉软件、微信群对何某进行排班、考勤等用工管理，何某按排班时间在F团队应用程序（Application，App）上线接单，对外提供配送服务，休假、预支工资需提前申请；若不上线、不接单会承担罚款等不利后果，上班期间须穿着统一工作服。何某的工资薪酬按接单数量计算，并视距离、天气状况等有一定补贴，通过平台于每月25日发放。

【案件焦点】

何某与商务公司之间是否成立劳动关系。

【法院裁判要旨】

广东省广州市南沙区人民法院经审理认为：何某自行签署约定双方并非劳动关系的协议，证实双方没有订立劳动关系的合意。何某的工作时间和过程较为灵活，何某的打卡所起到的并非考勤作用，商务公司对何某在登录App、派送上的管理，实质上是对外卖业服务品质进行的管理，不是单纯的劳动用工管理。何某按接单数量确定报酬，与一般意义上的工资不同。同时，劳动关系的用工风险应由单位负担，但何某在派送过程中如丢单要自担风险，工作用车亦是自己准备。因此，双方不具有人身或经济上的从属关系。

广东省广州市南沙区人民法院依照《关于确立劳动关系有关事项的通知》第一条、第二条之规定，判决如下：

驳回何某的诉讼请求。

何某不服一审判决，提起上诉。广东省广州市中级人民法院经审理认为：劳动者人格及经济从属性是认定劳动关系的最核心标准。

第一，商务公司对于何某的工作时间、工作任务、工作数量及休息休假等具有决定权，何某不上线、不接单均会承担处罚等不利后果，足以说明何某在提供服务过程中并无实质的自主决定权。在双方的劳动用工过程中，均体现商务公司的意志，并通过惩戒机制予以保障。因此，商务公司实际行使了对何某劳动全过程的指挥、管理和监督权。

第二，何某作为商务公司的全职骑手，对于交易价格和劳动对价均无决定权，且其从商务公司处领取的工资报酬为其主要生活来源。因此，可认定双方的劳动用工关系具有相当的经济从属性。

第三，何某应商务公司要求登记为个体工商户后再签订合同、在协议中对身份关系性质进行事先约定、自备车辆、由平台代发薪酬等因素，均不足以否认双方之间的劳动关系。

广东省广州市中级人民法院依照《中华人民共和国劳动法》第二条，《中华人民共和国民事诉讼法》第一百七十七条第一款第二项之规定，判决如下：

一、撤销广州市南沙区人民法院（2021）粤0115民初17045号民事判决；

二、确认何某与商务公司于2020年10月23日至2020年11月26日期间存在劳动关系。

【法官后语】

本案是界定共享平台从业者与共享平台企业之间法律关系的典型案例，以期为实践中推动平台规范用工提供有益参考。

虽然以互联网平台用工为代表的新就业形态，有意识地针对传统从属性的判断标准“编织”了一套包含隐蔽权力、转变权威、变更外部标志等新组织形态面纱，使得传统从属性判断标准日益难以判断。但是，互联网平台用工模式并未改变劳动关系从属性的本质。应当灵活地理解劳动关系从属性特征，以合同履行事实为依据综合考虑多种指示性因素进行判断。

一、贯彻一个理念：利益平衡理念

在互联网平台用工模式下，因新技术、新算法的加持，平台企业与从业者之间的力量悬殊对比越发凸显，平台企业对从业者的侵害方式更为隐蔽，从业者的救济成本愈加高昂，双方依然处于一种天然不平等的状态。对此笔者认为，在认定互联网平台用工劳动关系时，应当秉持利益平衡的司法理念，一方面要合理界定平台企业的责任承担规则，保障平台经济的持续稳定发展；另一方面也要根据用工事实，依法审慎认定双方之间的劳动关系，避免不完全劳动关系的泛化。

二、坚持一个原则：事实第一原则

互联网平台用工模式下，平台企业为规避用工风险，掩盖与平台从业者的真实法律关系，往往与从业者签订承揽协议、合作协议、劳务协议等，并在相关协议中明确“双方不属于劳动关系”。甚至有部分平台企业要求从业者先注册个体经营者，再以该身份与平台企业签订合作协议。也存在许多“假外包”情况，即打着外包的名义，实际上承包方并没有参与经营管理。司法实践中可能会出现部分法院过于重视形式上的协议约定而忽视实质从属性的审查，对此笔者认为，在认定互联网平台用工劳动关系时，应坚持“事实第一原则”，刺破平台用工企业的“面纱”，进行实质从属性的认定。

三、细化一个标准：互联网平台用工关系从属性的外部标志

原劳动和社会保障部《关于确立劳动关系有关事项的通知》第二条规定了工资支付凭证或记录、工作身份证明、招用记录、考勤记录、其他劳动者证言五类劳动关系判断外部标志。但新就业形态中工资具有由第三方支付、工作时间灵活、签订合作/承揽协议、线上抢单线下配送等新特征。笔者认为，建立多要素的从属性外部判断标志，是完善我国互联网平台用工劳动关系认定的必要之举。

第一，强化人格从属性判断。在对互联网平台用工劳动关系的人格从属性进行认定时，应结合平台企业对平台从业者的控制方法、程度，奖惩措施等外部标志进行认定。具体包括：（1）平台从业者是否需要按时上线接单，如果不按时上线接单是否会面临惩罚；（2）平台企业是否对从业人员每天需在线的时间、完成的任务数量有一定的要求；（3）平台从业者的服务是否接受平台企业的监管，平台企业对于平台从业者提供的服务是否有标准化的要求；（4）平台从业者如不服从平台企业的命令，是否会受到惩罚或其他不利影响，如减少派单、降低提成比例等；（5）平台从业者进入或者退出平台是否受到平台企业的限制。

第二，丰富经济从属性内涵。对于互联网平台用工劳动关系的经济从属性的认定应持有包容的态度，充分尊重平台用工企业自由选择报酬支付方式以及双方对生产资料配置的分工。只要报酬的支付具有持续性和规律性，核心生产资料仍由平台用工企业提供，即可认定双方之间具有经济从属性。具体包括：（1）平台从业者获取报酬的方式以及发放主体，是否由平台企业自身或者委托的第三方发放，是否具有持续稳定的特点；（2）相关报酬收入是否为平台从业者的主要生活来源；（3）平台企业是否规定了平台从业者完成每单获取的报酬标准；（4）核心生产资料是否由平台企业提供等。

第三，明确组织从属性界定。具体包括：（1）从业者在提供服务时需按照平台企业的要求，穿着或佩戴可识别为平台企业的服装、装饰等；（2）从业者是否单独完成相关劳动；（3）平台企业是否以组织从业者从事平台分配的工作

任务为主要营业范围等。

目前，互联网平台用工模式仍处于不断发展过程中，对劳动关系的认定，纵然有上述从属性外部标志可以参考，但亦需司法人员综合考虑各种因素进行个案处理。

编写人：广东省广州市中级人民法院　陈丹　赵洋洋

4

网络主播与经纪公司劳动关系的认定

——苏某诉传媒公司劳动争议案

【案件基本信息】

1. 裁判书字号

广东省江门市中级人民法院（2022）粤07民终4401号民事判决书

2. 案由：劳动争议

3. 当事人

原告（上诉人）：苏某

被告（被上诉人）：传媒公司

【基本案情】

传媒公司于2020年10月28日登记成立，经营范围为文化娱乐经纪人服务；演出经纪；其他文化艺术代理服务；组织策划文化交流活动；礼仪服务；网上销售、销售；化妆品、服装、鞋帽、饰品、箱包、母婴用品。

2021年4月，传媒公司与苏某签订《网络直播主播经纪人合同书》，合同约定：公司为苏某提供网络主播培训及推广宣传，苏某聘请该公司为经纪人（注：苏某明确知晓并认可双方不属于劳动关系和雇佣关系，公司仅为苏某提供网络直播、平台和直播场所，提供经纪人服务）；公司为苏某提供直播时所用到的相关直播设备、办公用品及独立的直播室；苏某必须按公司规定的时间上下线以进行直播工作，在直播期间，不得有该司禁止之言语和行为；苏某保证每天直播时间不低于6小时（全职），每月直播不少于26天；兼职直播每天不低于3小时，每月直播不少于20天；传媒公司保障苏某每月最低收益4000元，提成为直播收益的60%，直播时长不低于156小时/月。合同期间，苏某的主要收入是通过网络直播领取“粉丝”打赏折算为人民币，再与传媒公司按比例进行直播收益的分成；其直播场所、时长时段均不固定，直播内容亦可自行安排。2021年9月，因双方发生争议，苏某向江门市蓬江区劳动人事争议仲裁委员会申请仲裁，请求确认与传媒公司存在劳动关系，并要求其支付拖欠的劳动报酬。蓬江区仲裁委经审理驳回了苏某的仲裁请求，苏某不服，遂诉至法院。

【案件焦点】

1. 苏某与传媒公司之间是否存在劳动关系；2. 传媒公司应否支付苏某2021年5月至7月工资。

【法院裁判要旨】

广东省江门市蓬江区人民法院经审理认为：从组织从属性来看，双方确认苏某的工作内容为网络直播，实际上具有演出属性，其从事的工作不属于传媒公司的业务范围。从经济从属性来看，苏某的主要收入是通过网络直播领取“粉丝”打赏折算为人民币，再与传媒公司按比例进行直播收益的分成，其收入方式区别于一般劳动关系的薪酬制度。从人身隶属性来看，虽然传媒公司有为苏某提供直播场所，但并未限制苏某的直播场所；而对于直播内容，双方均确认除部分由传媒公司要求外，其余内容均由苏某自行安排，苏某的直播时长、时间段亦不固定。可见苏某与传媒公司之间的人身依附性并不明显。此外，虽然传媒公司对苏某进行了考勤管理，但因双方协议中明确约定了苏某的直播时长，传媒公司以考勤管理记录直播时长实质上是基于演艺行为的管理权，是由合作关系衍生出来的管理行为，而非劳动关系的管理行为。从双方意思表示来看，本案双方当事人签订了《网络直播主播经纪人合同书》，合同明确约定双方之间不属于劳动关系和雇佣关系，根据该协议内容显示，双方缺乏建立劳动关系的合意。苏某作为具备完全民事行为能力的成年人，在签订协议时应清楚知悉协议内容并具备相应的认知能力，其应对签署协议的民事行为承担相应的法律责任。综上，法院认定苏某与传媒公司的关系不符合构成事实劳动关系的法律特征，继而对苏某主张双方存在劳动关系以及基于劳动关系请求传媒公司支付 2021 年 5 月至 7 月工资的意见不予支持。

广东省江门市蓬江区人民法院依照《中华人民共和国民事诉讼法》第六十七条第一款之规定，判决如下：

驳回苏某的全部诉讼请求。

苏某不服一审判决，提起上诉。广东省江门市中级人民法院经审理认为：根据双方签订的《网络直播主播经纪人合同书》，可见双方没有订立劳动关系的合意。从双方约定的权利义务及违约情形、责任承担等方面来看，符合平等主体之间在合作中对双方权利义务的约定，并不符合劳动关系中劳动者与用人单位之间具有人身依附性及管理性的特征。此外，苏某在传媒公司注册提供的网络直播平台账号进行直播，直播内容也不属于传媒公司的经营范围。综上，苏某与传媒公司之间不符合构成事实劳动关系的法律特征。

广东省江门市中级人民法院依照《中华人民共和国民事诉讼法》第一百七十七条第一款第一项之规定，判决如下：

驳回上诉，维持原判。

【法官后语】

随着互联网的蓬勃发展，以互联网平台为依托的新就业形态用工模式相继涌现，网络主播便是新就业形态下的一类典型职业。在这种新型用工模式中，网络主播与经纪公司的法律关系认定成为一大热点问题。

传统劳动关系认定一般适用原劳动和社会保障部《关于确立劳动关系有关事项的通知》第一条、第二条的规定，主要围绕以下三个方面进行判断：(1) 用人单位和劳动者符合法律、法规规定的主体资格；(2) 用人单位依法制定的各项劳动规章制度适用于劳动者，劳动者受用人单位的劳动管理，从事用人单位安排的有报酬的劳动；（3）劳动者提供的劳动是用人单位业务的组成部分。即劳动者和用人单位除满足主体适格条件外，还应存在人格从属、组织从属、经济从属的特征。而在网络直播行业中，一方面，经纪公司往往会与网络主播签订诸如“合作协议”“独家主播服务合作合同”等协议，导致双方劳动合意难以认定；另一方面，网络直播等新型用工模式相较于传统的劳动关系，其工作时间、地点以及薪酬取得方式更具有灵活性，管理形式亦较为松散，这就对传统劳动关系的认定标准带来了一定挑战。

司法实践中，针对此类网络主播用工关系性质的认定，主要存在两种观点：一是突破“合作协议”外观，认定劳动关系；二是支持“合作协议”外观，认定合作关系。对此，笔者认为，在现有法律规定框架下，劳动关系的认定仍受“人格从属性”“组织从属性”“经济从属性”法律特征的约束。尽管网络主播用工模式较传统劳动关系而言从属性确有减弱，但若完全不考虑从属性特征，将网络主播直接认定为劳动关系，有扩大劳动关系保护范围之嫌。故此，网络主播劳动关系认定仍应立足于劳动关系有偿性、组织性、从属性的法律特征，综合判断经纪公司与网络主播之间是否存在劳动法意义上的管理模式，是否存在紧密的人身隶属性。具体到本案，在经济从属性方面，苏某的收入来源于粉丝打赏，对经纪公司的经济依赖性不强，且其与经纪公司对打赏收入进行分成，更体现了双方平等的经济地位；在人格从属性方面，其可以自由选择直播地点及开播、下播时间，自行安排直播内容，可见双方的人身依附性并不明显。双方之间的关系并不符合构成劳动关系的法律特征。因此，本案对确认劳动关系的诉请不予支持。

实践中，我国网络主播行业高速发展，在签订合同过程中，若主播一方未对合同条款进行审慎审查，则可能会引发纠纷。本案判决的意义也在于提醒网络主播在签订协议时应注意维护自身合法权益，尤其注意辨别合同性质是劳动合同还是合作协议，审查违约条款是否合理等，对合同内容、合同生效后能否实际履行做审慎判断，慎重签约。

编写人：广东省江门市蓬江区人民法院　余卓利　郭泽蓉

5

用工方式改为劳务派遣后，劳动者劳动岗位未变化，确认之前的劳动关系如何适用仲裁时效

——刘某诉购物广场公司确认劳动关系案

【案件基本信息】

1. 裁判书字号

山东省济宁市中级人民法院（2022）鲁08民终730号民事判决书

2. 案由：确认劳动关系纠纷

3. 当事人

原告（被上诉人）：刘某

被告（上诉人）：购物广场公司

【基本案情】

2007年10月31日，刘某通过招聘进入购物广场公司工作，2015年6月26日，购物广场公司出具解除、终止劳动合同证明书。同日，双方解除（终止）劳动合同。该期间由购物广场公司向刘某发放工资。之后刘某与人力资源公司签订劳动合同，约定劳动期限为2015年6月27日至2017年6月26日。之后刘某又分别与多个劳务公司签订劳动合同，工作地点仍在购物广场公司，一直未变。其间刘某没有办理社会保险，刘某于2021年向劳动人事仲裁部门申请确认劳动关系，刘某不服劳动人事仲裁部门的不予受理通知书，遂向法院起诉，要求确认自2007年10月31日至今与购物广场公司存在劳动关系。

【案件焦点】

刘某要求确认其与购物广场公司自2007年10月31日起双方存在劳动关系，是否超过仲裁时效。

【法院裁判要旨】

山东省曲阜市人民法院经审理认为：刘某自 2007 年 10 月 31 日进入购物广场公司工作，购物广场公司按时向刘某发放劳动报酬，直到 2015 年 6 月 26 日双方解除劳动关系；该期间双方符合劳动关系特征，应认定为劳动关系。

山东省曲阜市人民法院依照《中华人民共和国劳动合同法》第七条、第八条、第十条、第五十条之规定，判决如下：

一、刘某与购物广场公司之间自 2007 年 10 月 31 日至 2015 年 6 月 26 日存在劳动关系；

二、驳回刘某的其他诉讼请求。

购物广场公司不服一审判决，提起上诉。山东省济宁市中级人民法院经审理认为：本案因确认劳动关系产生争议，应适用一年的仲裁时效，故刘某关于本案不适用仲裁时效的主张应予驳回。但关于本案是否已经超过仲裁时效，虽然刘某于 2015 年 6 月 26 日与购物广场公司解除劳动关系，但 2015 年 6 月 27 日之后刘某分别与其他劳务公司签订劳动合同，购物广场公司是接受劳务派遣的用工单位，刘某工作地点仍在购物广场公司处，只是购物广场公司由原来的用人单位变更为劳务派遣关系中的用工单位。刘某在购物广场公司的工作岗位及工作地点未发生变化，上述各主体之间的法律关系发生改变并非刘某个人原因所致。且购物广场公司未提交任何证据证明其于 2015 年 6 月 26 日与刘某终止劳动关系时向刘某支付了解除劳动关系经济补偿金，即刘某的工作状况一直未发生变化。退一步讲，即便从 2015 年 6 月 26 日起开始计算仲裁时效，由于刘某多年来不断向购物广场公司主张权利，并要求购物广场公司为其缴纳社会保险，其时效发生中断的法律后果，故刘某提起本案仲裁与诉讼，并不能认定为已经超过仲裁时效。综上，购物广场公司关于本案超过仲裁时效的主张，不予支持。

山东省济宁市中级人民法院依照《中华人民共和国民事诉讼法》第一百七十七条第一款第一项之规定，判决如下：

驳回上诉，维持原判。

【法官后语】

本案的争议焦点是，用工方式改为劳务派遣后，劳动者劳动岗位未发生实质变化，确认之前的劳动关系如何适用仲裁时效。

实践中，有的用人单位在不给劳动者缴纳社会保险的情况下，利用用人单位的强势地位或者以向劳动者承诺补缴社会保险为由，将用工方式改为劳务派遣甚至不断更换劳务派遣公司，但劳动者的工作场所、工作岗位实际没有发生变化。

有观点认为，此种情况下确认劳动关系的时效起算点为劳动者与原用人单位（即后来的用工单位）解除劳动合同时，并严格根据解除劳动合同的时间来认定是否超过时效。但是，此种情况下，由于劳动者确实一直在该单位提供劳动，且多次向用人单位主张缴纳社会保险，但因对举证证明自解除劳动合同时起一年内存在时效中断事由存在困难，导致严格根据解除劳动合同的时间来认定是否超过时效这一认定方式不利于劳动者权益的保护，致使劳动者提供了劳动却无法补缴社会保险。这种情况的仲裁时效应当根据以下审判思路谨慎把握：

一是审查用工方式改为劳务派遣的前后，单位是否实际用工、劳动者是否实际提供有偿劳动并接受单位管理。

二是查明劳动者工作地点、工作岗位和工作状况是否发生变化，是否属于公司由原来的用人单位变更为劳务派遣关系中的用工单位、各主体之间的法律关系发生改变并非劳动者个人原因所致的情况。需要注意的是，由于劳动法调整的关系不同于平等主体之间的普通民商事关系，劳动争议的双方当事人虽在法律地位上是平等的，但在争议所涉的具体劳动关系中，用人单位与劳动者之间存在管理与被管理的关系，实质上两者地位并不平等。作为负有管理职责的用人单位，在劳动关系中较劳动者处于强势地位。解除劳动关系时，用人单位的意志可能强加给劳动者，使得双方解除劳动关系的原因难以查明。单位出具的解除劳动关系证明中，可能记载系劳动者个人原因主动解除，但其上记载的解除劳动合同原因并非认定双方解除劳动合同真实原因的唯一依据，因此解除劳动关系的真实原因仍需要根据双方的举证情况和事实查明情况综合判断。

三是审查公司在与劳动者解除劳动合同改成劳务派遣时，是否支付解除劳动关系经济补偿金，劳动者的工作状况是否一直未发生变化。用人单位往往因统一管理的需要，统一改为劳务派遣，但改为劳务派遣时，并不支付经济补偿金，这种情况下，劳动者的工作状况实际上未发生变化。

四是审查劳动者是否多年来不断向公司主张权利并要求公司为其缴纳社会保险。退一步讲，即便以双方解除劳动合同的时间开始计算仲裁时效，劳动者往往多年来不断向公司主张权利并要求公司为其缴纳社会保险，如果有证人或者其他证据证明其一直向公司主张权利，也可根据劳动者主张权利的客观事实，认定时效中断。

综上，由于《中华人民共和国劳动争议调解仲裁法》第二十七条第一款规定："劳动争议申请仲裁的时效期间为一年。仲裁时效期间从当事人知道或者应当知道其权利被侵害之日起计算。"用人单位的部分岗位统一改为劳务派遣后，在劳动者劳动岗位未发生实质变化的情况下，仲裁时效应当按照以上思路谨慎把握"当事人知道或者应当知道其权利被侵害之日"，不宜简单地严格根据解除劳动合同的时间为起算点来认定是否超过时效，以超过一年仲裁时效而不确认双方的劳动关系。本案中，用人单位一直在主张仲裁时效问题，认为劳动者在2015年6月自愿与单位解除劳动关系，并认为在劳动者申请仲裁时已超过一年的仲裁时效。二审法院通过分析劳动者在劳动派遣前后的工作地点、工作岗位和工作状况、双方解除劳动关系的原因以及劳动者要求缴纳社会保险等情形，最终认定劳动者提起本案确认劳动关系之诉未超时效，依法保障了劳动者的合法权益。

编写人：山东省济宁市中级人民法院　史海洋　张远

6

派遣单位、用工单位及被派遣劳动者之间真实法律关系的认定

——许某某诉物业管理公司确认劳动关系案

【案件基本信息】

1. 裁判书字号

山东省淄博市中级人民法院（2021）鲁03民终715号民事判决书

2. 案由：确认劳动关系纠纷

3. 当事人

原告（上诉人）：许某某

被告（被上诉人）：物业管理公司

【基本案情】

2013年9月14日，许某某到物业管理公司处从事保安工作，工作地点在体育中心，物业管理公司向其发放工资。2020年6月22日，许某某向劳动仲裁部门申请劳动仲裁，劳动仲裁部门以其仲裁请求不属于劳动人事争议受案范围为由作出不予受理通知书。许某某对此诉至法院，请求依法确认其与物业管理公司于2020年6月22日解除劳动关系，并判决物业管理公司支付解除劳动合同经济补偿金14173.04元、拖欠2013年9月至2019年10月低于最低工资标准的差额工资共计3332.06元、2013年至2020年防暑降温费4640元、带薪年休假工资4840.68元、2019年11月工资2024.72元及2019年12月至2020年6月的基本生活费9359元。

【案件焦点】

许某某与物业管理公司之间是否存在劳动关系。

【法院裁判要旨】

山东省淄博市张店区人民法院经审理认为：物业管理公司提供了许某某与劳务派遣单位的劳务派遣合同，以证明许某某系通过劳务派遣的形式到其单位从事保安工作的。许某某作为完全民事行为能力人，应当对自己签署的劳务派遣合同的法律后果承担相应民事责任。故在许某某不能提交相反的证据予以反驳的情况下，应当认定与许某某存在劳动合同关系的并非本案被告物业管理公司。故对许某某诉求判令物业管理公司支付各项费用的主张不予支持。即便因物业管理公司直接向许某某发放工资，按双方之间存在事实劳动关系来处理，也因许某某在 2018 年 11 月 19 日时已经年满 60 周岁，双方的劳动关系自 2018 年 11 月 19 日起即告终止，之后双方之间的关系转为劳务关系。另外，依据法律规定许某某申请劳动仲裁应受劳动关系终止后一年时效期间的限制。

山东省淄博市张店区人民法院依照《中华人民共和国劳动合同法实施条例》第二十一条，《中华人民共和国劳动争议调解仲裁法》第二十七条，《中华人民共和国民事诉讼法》第六十四条第一款之规定，判决如下：

驳回原告许某某的诉讼请求。

许某某不服一审判决，提起上诉。山东省淄博市中级人民法院经审理认为：关于与许某某建立劳动关系的主体及案涉劳务派遣协议的认定问题。本案中，许某某自 2013 年 9 月 14 日起到物业管理公司从事保安工作，物业管理公司向其发放工资，双方之间建立劳动关系。物业管理公司虽然自 2014 年年底起，分别陆续与某劳务有限公司、某企业管理有限公司、某人力资源有限公司签订劳务派遣协议，并由许某某与派遣单位签订劳动合同；但不能因此而导致许某某与物业管理公司的劳动关系终止，且许某某所从事的工种、岗位、工作地点等，在签订劳务派遣合同前后均未发生变化，许某某从事的工作性质亦不属于《中华人民共和国劳动合同法》所规定的劳务派遣只能是临时性、辅助性或替代性的工作岗位。综上，与许某某建立或形成劳动关系的主体即用工单位是物业管理公司。物业管理公司辩称其与许某某之间不存在劳动关系即许某某与劳务派遣单位建立劳动关系于法无据。一审认定许某某与劳务派遣单位形成劳动关系不当，应予纠正。许某某申请仲裁并非仅因拖欠劳动报酬发生争议，在许某某与物业管理公司劳动关系存续期间，许某某虽然已达到退休年龄，但不能必然导致劳动关系终止。因此，许某某申请仲裁时效应当受《中华人民共和国劳动争议调解仲裁法》第二十七条第一款规定约束，即劳动争议申请仲裁的时效为一年。仲裁时效期间从当事人知道或者应当知道其权利被侵害之日起计算。物业管理公司通知许某某停止上班的时间是2019年10月，此时许某某才知道其权利被侵害，许某某于2020年6月22日申请劳动仲裁，并未超过上述法律规定的申请仲裁时效。综上，一审认定许某某在劳动关系存续期间已经达到法定退休年龄，其申请仲裁超过一年仲裁时效，属于适用法律错误，对此予以纠正。物业管理公司对于许某某所主张的解除劳动合同经济补偿金、2013年9月至2019年10月低于最低工资标准的差额工资、带薪年休假工资、2013年至2020年防暑降温费、2019年11月工资及2019年12月至2020年6月的基本生活费的真实性无异议，对计算的标准及数额亦未按照其单方陈述在庭后进行核实和回复，且许某某主张的上述费用亦符合相关法律法规规定，故物业管理公司应当予以支付。

山东省淄博市中级人民法院依照《中华人民共和国劳动法》第四十五条、第四十八条、第五十条，《中华人民共和国劳动合同法》第三十八条、第四十六条、第四十七条，《最高人民法院关于审理劳动争议案件适用法律若干问题的解释》第十五条，《中华人民共和国民事诉讼法》第一百六十九条、第一百七十条第一款第二项之规定，判决如下：

一、撤销山东省淄博市张店区人民法院（2020）鲁0303民初5648号民事判决；

二、确认许某某与物业管理公司于2020年6月22日解除劳动关系；

三、物业管理公司支付许某某解除劳动合同经济补偿金14173.04元、差额工资共计3332.06元、带薪年休假工资4654.53元、防暑降温费4640元；

四、物业管理公司支付拖欠许某某的工资2024.72元、基本生活费9359元；

五、驳回许某某的其他诉讼请求。

【法官后语】

市场经济的发展造就了劳务派遣这一新型的用工形式。劳务派遣的产生和发展不仅顺应了企业用工弹性化的潮流，亦是人力资源配置市场化的应有之义。劳务派遣问题是劳动争议案件中的难点问题。本案中，一审认为许某某与劳务派遣单位形成劳动关系，二审则认为与许某某建立或形成劳动关系的主体即用工单位是物业管理公司并予以改判。通过本案可以看出，厘清派遣劳动情形下派遣单位、用工单位与被派遣劳动者之间的真实法律关系，并在此基础上正确认定与被派遣劳动者建立或形成劳动关系的主体，对于司法实践中正确处理此类案件有着至关重要的意义。

法律上的劳务派遣是指劳务派遣单位（用人单位）与被派遣员工签订劳动合同，然后向用工单位派出该员工，将劳动力使用权让渡于接收单位后，在劳务派遣单位、用工单位和被派遣劳动者三方之间形成的三组双向法律关系，即劳务派遣单位与用工单位之前依据劳务派遣协议形成的合同关系、劳务派遣单位与被派遣劳动者之间依据劳动合同形成的劳动合同关系及用工单位与被派遣劳动者之间的用工关系。根据《中华人民共和国劳动合同法》第五章第二节及《劳务派遣暂行规定》的相关规定，劳务派遣单位与用工单位签订了劳务派遣协议，与劳动者签订了劳动合同之后，劳动者就与劳务派遣单位缔结了正式的劳动法律关系，同时作为用工单位的职工，依据有关行政法规、劳务派遣协议和劳动合同的规定，享有劳动权利，承担劳动义务。《中华人民共和国劳动合同法》第六十条第一款规定了劳务派遣单位的告知义务，即劳务派遣单位应当将劳务派遣协议的内容告知被派遣劳动者。《劳务派遣暂行规定》第三条第一款、第二款规定："用工单位只能在临时性、辅助性或者替代性的工作岗位上使用被派遣劳动者。前款规定的临时性工作岗位是指存续时间不超过6个月的岗位；辅助性工作岗位是指为主营业务岗位提供服务的非主营业务岗位；替代性工作岗位是指用工单位的劳动者因脱产学习、休假等原因无法工作的一定期间内，可以由其他劳动者替代工作的岗位。"

通过上述规定不难看出，在正规的劳务派遣情形下，被派遣劳动者系与劳务派遣单位之间形成劳动关系。然而实践中也存在像本案这样的情形，即用人单位在不符合劳务派遣条件的情形下，以与劳务派遣公司签订劳务派遣协议的方式将劳动者人为地转为所谓的劳务派遣人员，变相地将劳动者甩给劳务派遣公司，以达到其规避劳动合同义务的目的。对于此种情形，需要人民法院对各方提供的证据予以综合审查认定，并透过表面现象洞察法律本质，从而正确认定劳动关系主体。为此，就需要对劳动关系认定的核心要义予以准确把握。劳动关系是指用人单位与劳动者之间依法签订劳动合同，劳动者接受用人单位的管理，从事用人单位安排的工作，成为用人单位的成员，从用人单位定期领取劳动报酬的法律关系。构成劳动关系的两个主体即用人单位和劳动者之间不仅具有财产关系（经济关系），而且更重要的是双方具有人身上的从属性，即行政隶属关系，亦即劳动关系确立后，劳动者除了要向用人单位提供劳动外，还必须接受用人单位的管理，遵守用人单位的规章制度并服从其安排等，从而成为用人单位的稳定内部成员。司法实践中确认劳动者与用人单位之间是否构成劳动关系，其关键和重点就在于劳动者与用人单位之间是否存在劳动法上的隶属关系。“隶属性”是劳动关系的本质特性，具体包括人身、经济和组织上的隶属性。“人身隶属性”是指劳动关系确立后，劳动者除向用人单位提供劳动外，还必须接受用人单位的管理，遵守用人单位的规章制度并服从其安排等；“经济隶属性”表现在劳动者通过劳动换取劳动报酬，用人单位要向劳动者支付劳动报酬；“组织隶属性”是指劳动关系存在期间，劳动者始终作为用人单位的稳定内部成员，接受用人单位的指挥与管理。因此，在未订立书面劳动合同情形下，如果能够证明双方之间存在上述人身、经济和组织上的隶属性，则依法应当认定双方存在劳动关系；如果不能证明双方之间存在上述三种隶属性，则不应认定双方存在劳动关系。同样，在像本案这种存在形式上的劳务派遣协议的情况下，若经审查发现用人单位实际与劳动者一直存在上述人身、经济和组织上的隶属性，且其劳动用工根本不符合劳务派遣的条件要求，仅是通过劳务派遣协议来转移其劳动法律责任的，人民法院依然应当认定用人单位与劳动者形成劳动关系。例如，在本案中，许某某自2013年9月14日起到物业管理公司从事保安工作，物业管理公司向其发放工资，双方之间建立劳动关系。虽然物业管理公司自2014年年底起分别陆续与某劳务有限公司、某企业管理有限公司、某人力资源有限公司签订劳务派遣协议，并由许某某与派遣单位签订劳动合同，但许某某从事的工作性质并不属于《劳务派遣暂时规定》第三条第一款所规定的劳务派遣只能是临时性、辅助性或替代性的工作岗位，不符合劳务派遣用工要求的“临时性、辅助性、替代性”要求，且许某某所从事的工种、岗位、工作地点等在签订劳务派遣协议前后均未发生变化。故，尽管从形式上看，劳务派遣单位与用工单位签订了劳务派遣协议且与劳动者签订了劳动合同，但不能因此而导致许某某与物业管理公司的劳动关系终止，所以说二审认定与许某某建立或形成劳动关系的主体即用工单位是物业管理公司而非劳务派遣单位无疑是正确的。

编写人：山东省淄博市中级人民法院　荣明潇

山东省淄博市张店区人民法院　刘晓辉

7

劳动关系“从属性”标准的认定

——某超市诉王某确认劳动关系案

【案件基本信息】

1. 裁判书字号

山东省高级人民法院（2022）鲁民申13421号民事裁定书

2. 案由：确认劳动关系纠纷

3. 当事人

原告（上诉人、再审被申请人）：某超市

被告（被上诉人、再审申请人）：王某

【基本案情】

王某与某超市于2020年6月22日签订自2020年6月23日至2021年7月22日期间的劳务协议，约定王某在该某超市从事理货员工作，每月劳务报酬为80元/天×劳务天数+奖励，次月20日以现金发放。王某于2020年6月23日入职，在某超市工作期间接受考勤管理，某超市按月向其支付报酬。2021年6月27日，王某被某超市辞退。后期某超市提出因出现盘点亏损，需扣除王某2021年5月后的全部工资，双方为此发生争议。王某提起劳动仲裁，主张双方系劳动关系，要求某超市支付2021年5月1日至2021年6月27日期间工资、违法解除劳动合同赔偿金及延时加班费，并返还工作服押金。劳动仲裁委员会裁决："一、确认申请人王某与被申请人某超市自2020年6月23日至2021年6月27日期间存在劳动关系。二、被申请人某超市于本裁决生效之日起十日内支付申请人王某2021年5月1日至2021年6月27日期间的工资6744.83元。三、被申请人某超市于本裁决生效之日起十日内支付申请人王某违法解除劳动合同赔偿金10800元。四、驳回申请人王某的其他仲裁请求。"某超市因不服仲裁裁决而诉至法院，主张双方不存在劳动关系，要求不支付2021年5月1日至2021年6月27日期间工资和违法解除劳动合同赔偿金。

【案件焦点】

王某与某超市之间是否存在劳动关系。

【法院裁判要旨】

山东省青岛市市北区人民法院经审理认为：王某和某超市具备法律法规规定的劳动关系主体资格；考勤表可证明王某接受某超市的考勤管理；王某从事理货员工作，是某超市业务组成部分，由某超市支付报酬。综上，王某与某超市间系劳动关系。某超市应支付王某2021年5月1日至2021年6月27日期间工资6744.83元、违法解除劳动合同赔偿金10800元。

山东省青岛市市北区人民法院依照《中华人民共和国劳动合同法》第三十条、第八十七条，《中华人民共和国劳动争议调解仲裁法》第六条之规定，判决如下：

一、确认某超市与王某自2020年6月23日至2021年6月27日期间存在劳动关系；

二、某超市于判决生效之日起十日内支付王某2021年5月1日至2021年6月27日期间工资6744.83元；

三、某超市于判决生效之日起十日内支付王某违法解除劳动合同赔偿金10800元；

四、驳回王某的其他仲裁请求。

某超市不服一审判决，提起上诉。山东省青岛市中级人民法院经审理认为：首先，王某自2020年6月起在某超市从事理货员工作，并领取相应的报酬。双方签订合同的名称明确是“劳务合同”而非“劳动合同”，该合同是双方当事人在平等协商的情况下达成合意而形成的，其内容不违反国家法律法规禁止性规定、合法有效。其次，某超市提交的劳务人员费用发放表载明，某超市向其发放的亦是劳务费而非工资报酬。因此王某与某超市之间系劳务关系。

山东省青岛市中级人民法院依照《中华人民共和国民事诉讼法》第一百七十七条第一款第二项之规定，判决如下：

一、撤销山东省青岛市市北区人民法院（2021）鲁0203民初12848号民事判决；

二、某超市于本判决生效之日起十日内支付王某2021年5月1日至2021年6月27日期间劳务费3260元；

三、驳回某超市其他诉讼请求；

四、驳回王某的其他仲裁请求。

王某不服二审判决，申请再审。山东省高级人民法院经审查认为：劳动关系中劳动者提供劳动和用人单位支付劳动报酬具有职业性、稳定性的特征，一般情况下，劳动者因事假、病假等原因不能正常出勤时，仍享有固定或基本工资收入，而本案未约定基本工资或者底薪。考勤表仅对出勤天数进行统计，未涉及具体上班时间或者打卡制度，并且因王某的劳务报酬以劳务天数为基础，某超市对其出勤天数进行统计符合双方劳务协议约定。二审认定王某与某超市之间系劳务关系并无不当，本院予以维持。

山东省高级人民法院依照《中华人民共和国民事诉讼法》第二百一十一条第一款，《最高人民法院关于适用〈中华人民共和国民事诉讼法〉的解释》第三百九十三条第二款之规定，裁定如下：

驳回王某的再审申请。

【法官后语】

“从属性”标准是劳动关系区别于其他用工关系的依据，本案主要涉及劳动关系“从属性”标准的司法审查要素。

劳动关系认定涉及劳动者的重大利益，对于工伤认定、损害赔偿等具有关键作用，然而劳动关系与劳务关系、承揽关系等相近的法律关系的区别一直是劳动争议领域常见但疑难颇多的问题。尽管当下各种新业态用工模式层出不穷，“从属性”标准仍有很强的弹性和适应性，可以通过拓展传统劳动关系的认定标准来接纳新型的不完全劳动关系。判断区分用人单位和工作人员之间是否成立劳动关系仍可从以下要素出发进行个案审查：

一、双方合意情况

审查用人单位和个人之间是否达成建立持续、稳定劳动关系的合意，是劳动关系认定的首要路径。如本案中王某与某超市签订的合同是“劳务合同”而非“劳动合同”，反映出双方具有建立劳务关系的合意。值得注意的是，审查书面约定时不能拘泥于其标题名称（如劳务协议），应着重审查其中关于权利义务的条款；也不能将书面约定本身孤立地作为判定依据，而是要根据事实优先原则，审查双方实际履行情况，明确双方真实意思表示。司法实务中经常面临双方未订立书面合同的情况，除书面约定外，实践中也可根据谈话录音、往来邮件、聊天截屏等证据证明双方合意。

二、人格从属性

人格从属性体现在用人单位对劳动者的制度适用、劳动过程的具体控制管理上，包括心理控制因素，以及劳动给付的亲自履行性、专属性和排他性，这是劳动关系区别于其他法律关系的根本标志。例如，本案中王某与某超市之间约定提供劳务的方式为弹性工作时间制度，王某不必遵守某超市的上班打卡制度，正是有别于劳动关系中的人格从属性。实践中，需审查单位是否制定对个人有约束的考勤、请休假程序等管理制度，是否有员工手册等具体规章；是否对个人用工过程进行监督、管理和控制；是否对个人进行考核；是否根据个人工作表现进行相应奖惩。值得注意的是，某些行业的劳动者拥有更大灵活性和更多自主权，其人格从属性自然有着不同程度的表现方式，需法官结合具体行业特性进行分析评判。

三、经济从属性

经济从属性指的是劳动者被纳入用人单位的生产结构，使用用人单位提供的生产工具和原料为用人单位提供有偿劳动以获取收入。经济从属性一方面体现在报酬上，在新用工类型不断涌现的时代背景下，劳动者的收入分配模式和来源更加多样化，因此经济从属性的内涵应更具包容性：只要报酬具有规律性、持续性，个人收入主要或全部来源于单位，即可认为具备经济从属性。另一方面除报酬支付外，生产资料要素也应当被考虑在内。法院需审查生产工具及原料等是否为用人单位所有，包括互联网平台、信息提供等生产条件。

四、组织从属性

组织从属性是指劳动者成为用人单位组织的一员，与他人配合完成工作。实践中，主要审查个人是否参与用人单位运营，是否对外以单位名义从事相关工作，风险是否由单位承担。互联网时代带来了更便利的协作方式和更透明的信息渠道，单位组织架构越发灵活，平台模式的建立更是加强了个体作用而减弱了传统用工关系中的组织作用。因此面对新类型用工关系，法院更应关注人格从属性和经济从属性。

五、“从属性”标准的完善

“从属性”理论是对劳动关系的抽象概括与凝练，是对绝大多数用工现象寻求“最大公约数”的结果。一方面，劳务关系等法律关系与劳动关系有一定相似性，如本案某超市理货工作的员工手册、工作内容、考勤制度、加班要求等同样反映出一定“从属性”；另一方面，相对于我国传统的全日制用工，新业态下的用工方式在我国劳动关系结构中是一种非标准化的劳动用工，劳动关系“从属性”出现弱化，完整的“从属性”标准已不能适应日益灵活的用工形式，因此法院在审查劳动关系时有必要对其进行完善。我国劳动法具有特定的立法理念，旨在调整劳动关系“从属性”衍生出的不平等关系，通过倾斜性保护实现利益平衡，追求实质平等。因此，法院在审理此类案件时，应尽可能揭开表面现象，综合考虑案件具体情况并灵活运用上述多重“从属性”要素，保障劳动市场健康发展。

综上，在优化法治营商环境和新型用工形态不断涌现的时代背景下，法院在劳动关系确认之诉案件中可参考以上五个要素对“从属性”进行综合实质性判断，审慎衡量各方利益，积极回应现实需要，既要遵循劳动法的价值功能与本质内涵，也要将其置于新时代我国劳动关系治理的整体需求中。

编写人：山东省青岛市市北区人民法院　康瑄　蒋萌

8

合伙人律师与律师事务所是否建立劳动关系的认定标准

——蒋某某诉某律师事务所劳动争议案

【案件基本信息】

1. 裁判书字号

北京市第三中级人民法院（2022）京03民终4127号民事判决书

2. 案由：劳动争议

3. 当事人

原告（上诉人）：蒋某某

被告（被上诉人）：某律师事务所

【基本案情】

2018年10月22日至2019年11月25日期间，蒋某某系某律师事务所合伙人，2018年10月22日至2019年10月30日期间，蒋某某系某律师事务所负责人。蒋某某主张与某律师事务所之间存在劳动关系，双方签订过劳动合同，但是找不到了。某律师事务所否认双方之间系劳动关系，主张蒋某某是某律师事务所的实际控制人和负责人，财务信息由蒋某某自己掌握，其以工资名义给自己发钱，自行以某律师事务所名义缴纳社保。蒋某某认可在其任职期间由其掌握某律师事务所银行账户，蒋某某主张某律师事务所应支付其2018年10月22日至2019年11月26日期间律师费提成收入。某律师事务所主张提成亦是由蒋某某自己控制操作的。

蒋某某就本案劳动争议向北京市朝阳区劳动人事争议仲裁委员会（以下简称朝阳仲裁委）提出仲裁申请，朝阳仲裁委作出京朝劳人仲字（2020）第23450号裁决书，驳回蒋某某的仲裁请求。蒋某某不服该裁决，诉至法院。

【案件焦点】

2018年10月22日至2019年11月26日期间，蒋某某与某律师事务所是否存在劳动关系。

【法院裁判要旨】

北京市朝阳区人民法院经审理认为：本案中，结合双方提交证据及当事人陈述，蒋某某作为某律师事务所合伙人，在职期间掌握某律师事务所银行账户，在工作内容上具有自由性、在收入分配上也具有较大的自主性，因此蒋某某和某律师事务所之间的人身隶属关系和经济依附关系较弱，不符合劳动关系的特征，故蒋某某主张与某律师事务所存在劳动关系的依据不足，法院对此不予采纳。蒋某某基于劳动关系要求某律师事务所支付其该期间律师费提成的请求，缺乏法律依据，法院不予支持。如蒋某某认为与某律师事务所存在其他法律关系，可另行主张。

北京市朝阳区人民法院依照《中华人民共和国民事诉讼法》第六十四条，

《中华人民共和国劳动争议调解仲裁法》第六条之规定，判决如下：

驳回蒋某某的全部诉讼请求。

蒋某某不服一审判决，提起上诉。北京市第三中级人民法院同意一审法院裁判意见，依照《中华人民共和国民事诉讼法》第一百七十七条第一款第一项规定，判决如下：

驳回上诉，维持原判。

【法官后语】

个人为所在企业或民办非企业单位提供服务，既可能是基于劳动关系，也可能是基于劳务出资关系或执行合伙事务。依据《中华人民共和国合伙企业法》的规定，合伙人可以用货币、实物、知识产权、土地使用权或者其他财产权利出资，也可以用劳务出资。另外，根据司法部于2008年颁布实施的《律师事务所管理办法》的规定，合伙人律师也应当执行合伙人会议的决议。实践中，对于合伙人律师或者高级管理人员（包括公司股东）是否适用《中华人民共和国劳动合同法》，存在争议。合伙人律师是否与律所存在劳动关系，需要按照实际案件情况进行考量，主要认定标准如下：

1. 是否存在较强的从属性。根据原劳动和社会保障部《关于确立劳动关系有关事项的通知》第一条有关认定劳动关系确立的标准，认定双方之间是否成立劳动关系，除双方符合法律规定的主体资格外，核心考量因素应是劳动者提供的劳动力是否存在被管理、被支配的从属性。根据司法部《律师事务所管理办法》，合伙制律所的决策机构是合伙人会议，合伙人会议负责制定律所章程与内部规定。合伙人律师既是被管理者，更是管理者。不同于普通劳动者，合伙人既要遵守律所各项规定与要求，但往往也是规定与要求的制定者。合伙人对律师事务所的章程与内部规定拥有参与、制定、表决的权利，也是经营管理的监督者。合伙人更多的是劳动者相对人，而非劳动者，其对于律师事务所的从属性相较于普通劳动者要弱。

2. 是否基于劳动获得较为固定的报酬。合伙人的劳动报酬主要体现在对其经营管理的激励，而非劳动者工资的对价性和保障性的结合。合伙人的报酬多是根据律所经营收益而定，体现了律所对其履行经营管理职责的激励，如分红激励等。而分红的方法与比例、数额的决定权，完全在于合伙人律师自身的共同决议，这与劳动者受制于用人单位的决定权有本质区别。

3. 产生和免除方式是否依据《中华人民共和国劳动合同法》。合伙人律师不同于普通劳动者，产生和免除方式应依照合伙协议约定的条件和程序办理，律师事务所变更合伙人，需要向所在地司法行政主管机关加强变更登记，与劳动关系的变更具有较大不同，并非依据《中华人民共和国劳动合同法》的规定。

4. 合伙人律师提供劳动的目的是否出于管理动机。合伙人律师在合伙中必然需要提供劳动，合伙人提供劳动的原因不同于普通劳动者，合伙人按照份额划分各自收益与风险，与劳动者所享有的权利与承担的义务，合伙人律师的行为是作为合伙事务执行人的行为，是自己为合伙、为自己服务，其目的是促进律所发展，获取更多分红，而非为雇主、为他人服务，其与合伙制律所本身融为一体。

综上，大多数情况下的合伙人律师符合上述特点，不宜认定为劳动关系，当然，在实践中，有些合伙人律师出于与律师事务所建立劳动关系的动机为律师事务所提供劳动，其实际提供劳动的过程中，议价权和普通劳动者无异，具体情况需要通过上述标准进行衡量。

本案中，蒋某某作为某律师事务所的创始合伙人，在职期间掌握某律师事务所银行账户，其虽需遵守律所的各项规定，但更是律所各项规定的制定者、参与者，重大事项的共同决策者、表决者。根据某律师事务所合伙准则，合伙人的权益分配方式亦与普通律师领取报酬的方式不同，提成比例与提取方式亦与其所负担的律所运营成本等费用相关。故而，蒋某某与某律师事务所之间不构成劳动关系。

编写人：北京市朝阳区人民法院　孙霜悦

9

双方签订入股合同对劳动关系成立的影响

——安装公司诉丁某某劳动争议案

【案件基本信息】

1. 裁判书字号

安徽省淮南市中级人民法院（2022）皖04民终984号民事判决书

2. 案由：劳动争议

3. 当事人

原告（上诉人）：安装公司

被告（被上诉人）：丁某某

【基本案情】

2017年9月23日，丁某某将其所有的皖D×××5随车吊入股安装公司，双方签订《入股合同》，约定：皖D×××5随车吊股份双方各占50%。同时，《入股协议》约定："……二、双方应承担的责任和义务……2. 皖D×××5由公司负责统一管理、统一调度，按顺序进行调度出车，工作中要做到一日一单、一活一单，交安装公司财务室单独建账，月底双方签字确认之后年底结算……5. 丁某某兼皖D×××5司机，工资待遇和皖N×××0待遇一样，负责本车日常保养、维修工作……"此后，丁某某在安装公司驾驶皖D×××5车辆，由公司统一管理、统一调度，其工资待遇同公司其他司机一样。

经查，丁某某2017年在安装公司的月工资为5500元，2019年调整至7000元。2019年5月，安装公司为丁某某缴纳了社会保险，缴费截止时间为2020年10月，后安装公司不再为丁某某缴纳社会保险。

2021年，丁某某向淮南市劳动人事争议仲裁委员会（以下简称市仲裁委）提出本案前置仲裁申请，要求确认其与安装公司存在事实劳动关系，要求安装公司支付经济补偿41846元、返还罚款4500元以及2020年3月至2020年6月20日加班费14500元。2021年11月25日，市仲裁委作出仲裁裁决书，裁决：一、丁某某与安装公司之间存在劳动关系；二、安装公司于本裁定生效之日起10日内支付丁某某经济补偿24500元；三、驳回申请人其他仲裁请求。2021年12月9日，安装公司不服市仲裁委作出的裁决，向法院提起诉讼，要求判决双方不存在劳动关系，无须支付丁某某裁决款项。

【案件焦点】

丁某某与安装公司签订入股合同对双方劳动关系成立是否造成影响。

【法院裁判要旨】

安徽省淮南市谢家集区人民法院经审理认为：安装公司与丁某某虽未签订书面劳动合同，但双方在《入股合同》中约定，丁某某工作由安装公司统一管理、统一调度，并且安装公司为其发放工资、缴纳社会保险，丁某某从事的劳动也是安装公司业务的组成部分。这些均符合原劳动和社会保障部《关于确立劳动关系有关事项的通知》第一条、第二条规定中认定劳动合同的条件，由此可以认定丁某某和安装公司之间存在事实劳动关系，安装公司虽辩称其与丁某某之间系合伙关系，但双方之间的合伙关系并不影响双方劳动关系的成立。基于2020年10月之后安装公司不再为丁某某缴纳社会保险，丁某某亦不再为安装公司工作的事实，可视为双方协商一致解除劳动合同。丁某某自2017年9月至2020年10月在安装公司工作，2019年后月工资7000元，安装公司应当支付丁某某经济补偿24500元（7000元/月×3.5个月）。

安徽省淮南市谢家集区人民法院依据《中华人民共和国劳动合同法》第二条、第七条、第四十六条第二项、第四十七条之规定，判决如下：

一、安装公司与丁某某之间存在劳动关系；

二、安装公司于本判决生效之日起十日内支付丁某某经济补偿24500元；

三、驳回安装公司的其他诉讼请求。

安装公司不服一审判决，提起上诉。安徽省淮南市中级人民法院同意一审法院裁判意见。

安徽省淮南市中级人民法院依照《中华人民共和国民事诉讼法》第一百七十七条第一款第一项之规定，判决如下：

驳回上诉，维持原判。

【法官后语】

随着新型商业模式的不断涌现，“入股”“合作”经营模式层出不穷，签订入股合同对双方劳动关系成立是否造成影响，能否依据入股合同排斥劳动关系的成立，笔者认为不能一概而论，应当具体分析入股合同约定内容及劳动者从事活动的性质，回归劳动关系从属性的判断上。

一、认定用工法律关系要把握从属性标准

从属性是区分劳动关系与其他社会关系的本质特征，其在规章制度层面主要体现在原劳动和社会保障部 2005 年颁发的《关于确立劳动关系有关事项的通知》（以下简称《通知》）第一条第二项规定，“用人单位依法制定的各项劳动规章制度适用于劳动者，劳动者受用人单位的劳动管理，从事用人单位安排的有报酬的劳动”。学理上则将其概括为人格从属性和经济从属性两个方面：

人格从属性是指劳动者是用人单位的一员，在用人单位的指挥、命令、管理下提供劳动，用人单位对劳动者拥有广泛的指挥权；经济从属性则是指用人单位为劳动者的劳动支付报酬，作为劳动者提供劳动力的对价，劳动者与用人单位之间存在经济上的依赖关系。

人格从属性和经济从属性是劳动关系中的固有属性。其中，人格从属性是劳动关系的前提和基础，强调身份关系的确认，关乎着劳动关系的形成；经济从属性依赖于人格从属性的建立，是劳动关系建立后权利义务的形成，体现权益的本源。因此，在认定用工法律关系时，要牢牢把握人格从属性和经济从属性双重标准。

二、入股合作协议不影响劳动关系的认定

在我国的法律构建下，合伙人、劳动者的身份是可以并存，互不排斥的。在认定劳动关系时，不能仅以双方签订的合伙协议名称判断双方之间的民事法律关系，要审慎审查协议约定的权利义务的具体内容是否符合劳动法律关系的权利义务属性及特征，即合伙人是否参与公司的日常经营管理活动、是否具有获得劳动报酬的目的，以及与公司之间是否存在人身依附性等因素。用人单位虽与劳动者签订入股合作协议等，但在合同履行过程中，其对劳动者的日常管理与其他建立劳动关系的员工一致，符合劳动关系中人格从属性和经济从属性的双重特征，则可以认定双方之间存在劳动关系。就本案而言，丁某某将自有车辆入股公司，和公司形成了合作关系，但双方在签订合同中约定，丁某某兼任司机，工资待遇与公司其他车辆司机一样，由此表明，丁某某除合伙人身份之外，还兼有驾驶员的身份。同时，公司对丁某某进行管理，给丁某某发放工资待遇，为其缴纳社会保险，具备人格从属性和经济从属性的标准，因此，丁某某与公司之间应当认定为劳动关系。

劳动关系是集结了大众生存、价值创造等要素，为现代社会所承认的一种最基本的社会关系，也被称为当代社会和谐的“晴雨表”和“风向标”。在认定劳动关系时，要以事实优先和综合判断作为审查原则，避免“意思自治”的外观主义审查，在充分保障劳动者的合法权益的同时，引导督促广大企业规范用工。

编写人：安徽省淮南市谢家集区人民法院　高寅

二、劳动合同的订立

10

转正申请表中无劳动合同应当具备的主要条款的，不应视为双方订立书面劳动合同

——科技公司诉于某劳动合同案

【案件基本信息】

1. 裁判书字号

山东省淄博市中级人民法院（2021）鲁 03 民终 1532 号民事判决书

2. 案由：劳动合同纠纷

3. 当事人

原告（被上诉人）：科技公司

被告（上诉人）：于某

【基本案情】

于某原系科技公司职工，2019 年 5 月 20 日入职，2020 年 6 月 30 日离职，在职期间双方未签订书面劳动合同，科技公司未为于某缴纳社会保险。于某申请劳动仲裁，劳动仲裁部门于 2020 年 12 月 15 日作出仲裁裁决：一、确认双方 2019 年 5 月至 2020 年 4 月期间存在劳动关系；二、科技公司支付二倍工资差额 27097.98 元；三、科技公司支付 2019 年 12 月劳动报酬 1915.83 元、2020 年 2

月劳动报酬2500元；四、驳回申请人的其他仲裁请求。科技公司不服该裁决，以转正申请表应视为已签订劳动合同为由向法院提起本案诉讼。

【案件焦点】

转正申请表能否视为双方签订的劳动合同。

【法院裁判要旨】

山东省淄博市淄川区人民法院经审理认为：本案中，科技公司在诉讼阶段提交的转正申请表中记载了用人单位名称和职工的姓名、工作岗位、工作内容、入职时间、试用期限、转正时间、公司意见等，虽然记载的内容较完整劳动合同有所欠缺，但已基本具备了劳动合同的证明功能，能够明确双方的劳动关系和基本权利义务，实现了书面劳动合同的基本功能，具有书面劳动合同的性质，可以视为双方已经签订了书面劳动合同。但是，在2019年8月1日于某转正之前，科技公司未依法与于某签订书面劳动合同，应当支付该期间的二倍工资差额。

山东省淄博市淄川区人民法院依照《中华人民共和国劳动法》第五十条，《中华人民共和国劳动合同法》第十条第一款及第二款、第八十二条第一款之规定，判决如下：

一、确认科技公司与于某自2019年5月至2020年4月期间存在劳动关系；

二、科技公司支付于某未签书面劳动合同二倍工资差额3310.02元，工资2532.83元，共计5842.85元，于判决生效之日起十日内付清；

三、驳回科技公司的其他诉讼请求。

于某不服一审判决，以一审将转正申请表认定为书面劳动合同错误为由提起上诉。山东省淄博市中级人民法院经审理认为：于某提交的上述四份证据与仲裁、一审中的证据和当庭陈述相互印证，能够证明科技公司自于某2019年5月20日入职至其2020年6月30日离开一直未与于某签订正式的书面劳动合同，亦未将劳动合同交与于某，直至仲裁庭审的下午才将劳动合同交与于某，虽然该劳动合同填写的日期系2020年4月10日，但科技公司并无证据证明双方在该日期签订了劳动合同。科技公司提交的只有于某签名的空白劳动合同中没有公司签章，对于科技公司至今仍有于某签名的空白劳动合同却未填写盖章的原因，科技公司未作出合理解释，对其与职工签订劳动合同的流程亦未作出合理说明，科技公司提交的上述空白劳动合同与于某提交的证据三中的视频录像相互印证，能够证明科技公司未在劳动合同法规定的期限内且直至于某离职时，一直未与于某依法签订劳动合同。本案的争议焦点是转正申请表能否视为双方签订的劳动合同。该转正申请表的主要内容系于某试用期的工作小结并申请转正，该表中并无任何《中华人民共和国劳动合同法》第十七条规定的劳动合同应当具备的主要条款，科技公司亦认可该表中并无劳动合同应具备的条款，因此，不能以转正申请表视为双方签订的劳动合同，该转正申请表亦无法作为用人单位向社保部门为劳动者缴纳社会保险的依据，本案中正因为科技公司一直未与于某签订劳动合同，一直拖延未为于某缴纳社会保险，导致于某最终离职，因此，未签订劳动合同和未缴纳社会保险的过错方是科技公司，科技公司应当于2019年6月19日之前与于某签订劳动合同，但科技公司一直未与于某签订，依照《中华人民共和国劳动合同法》第八十二条的规定，应当向于某支付2019年6月20日至2020年5月20日的未签劳动合同二倍工资差额。于某主张2019年6月至2020年3月的未签劳动合同二倍工资差额27097.98元，系对其诉讼权利的自由处分，予以采纳。一审认定转正申请表具备劳动合同基本功能，认定事实错误，予以纠正。

山东省淄博市中级人民法院依照《中华人民共和国劳动合同法》第八十二条，《中华人民共和国民事诉讼法》第一百七十条第一款第二项之规定，判决如下：

一、维持山东省淄博市淄川区人民法院（2021）鲁0302民初911号民事判决第一项，即“一、确认科技公司与于某自2019年5月至2020年4月期间存在劳动关系”；

二、撤销山东省淄博市淄川区人民法院（2021）鲁0302民初911号民事判决第三项，即“三、驳回科技公司的其他诉讼请求”；

三、变更山东省淄博市淄川区人民法院（2021）鲁0302民初911号民事判决第二项为：科技公司支付于某未签书面劳动合同二倍工资差额27097.98元，工资 2532.83 元，共计 29630.81 元，于本判决生效之日起十日内付清；

四、驳回科技公司的其他诉讼请求。

【法官后语】

生活中，许多求职者会遇到单位要求在试用期结束后填写转正申请表，甚至有的单位会以此作为双方建立劳动关系的依据。那么转正申请表能否视为书面劳动合同，实质要看转正申请表中是否具备劳动合同的主要条款。

用人单位与劳动者签订书面劳动合同，主要目的在于保护劳动者的合法权益，因此《中华人民共和国劳动合同法》第十七条第一款明确要求了劳动合同应当具备以下条款：“（一）用人单位的名称、住所和法定代表人或者主要负责人；（二）劳动者的姓名、住址和居民身份证或者其他有效身份证件号码；（三）劳动合同期限；（四）工作内容和工作地点；（五）工作时间和休息休假；（六）劳动报酬；（七）社会保险；（八）劳动保护、劳动条件和职业危害防护；（九）法律、法规规定应当纳入劳动合同的其他事项。”这些是劳动合同中应当具备的主要条款。除此之外，劳动者还可以与用人单位约定其他相关事项。但主要条款的缺失必然会影响劳动合同的成立，届时用人单位将会面临“双倍工资罚则”，即《中华人民共和国劳动合同法》第八十二条第一款规定的“用人单位自用工之日起超过一个月不满一年未与劳动者订立书面劳动合同的，应当向劳动者每月支付二倍的工资”。

从劳动合同的性质来看，劳动合同明显是用人单位与劳动者双方意思表示一致的书面体现，是双方经过相互协商，对双方间存在劳动关系这一法律关系的认可，其中的主要条款就是协商过程的静态体现，是双向确认的行为。而本案中转正申请表仅仅是劳动者对自身试用期工作的总结，一是一般的转正申请表不太可能会包含所有劳动合同中的主要条款，如社保缴纳情况、劳动报酬情况等。二是转正申请表只是劳动者的单方意思表示，目的在于向单位提出结束试用期转为正式员工的申请，不能反映用人单位方的意思表示，即便是经过单位审批通过的转正申请表，其合意依旧是对试用期内劳动者考核合格的确认，并非进行劳动关系的建立。因此，转正申请表从意思表示性质上看无法达到与劳动合同相同的程度。

从劳动合同的功能来看，劳动合同主要条款基本上包罗了劳动关系中可能涉及的要素，通过这些要素明确了用人单位的义务与责任，赋予处于相对弱势地位的劳动者以抗衡用人单位的权利，从而达到保护劳动者的目的。同时，劳动合同也是用人单位为劳动者缴纳社会保险的依据，这些功能都是转正申请表所无法代替的。因此，不管是从性质上还是功能上，转正申请表中无劳动合同应当具备的主要条款的，不应视为双方订立的书面劳动合同。

与劳动者签订劳动合同是用人单位的法定义务，法律没有对劳动合同进行形式上的限制，而是进行实质上的要求，故审判中对于转正申请表之类的文本应当进行严格的实质审查。当确实存在具备劳动合同实质要件的其他书面文本时，应视为双方签订了书面劳动合同。但归根结底，法律对劳动合同条款内容进行列举的目的是规范劳动关系，明确双方权利义务，用人单位与劳动者还是应当按照劳动法律规定来订立正式的书面劳动合同。

编写人：山东省淄博市中级人民法院　荣明潇　杨富元

山东省淄博市淄川区人民法院　苏晓阳

11

连续订立二次固定期限劳动合同，续订仍是固定期限劳动合同的责任认定

——冯某诉煤焦公司劳动争议案

【案件基本信息】

1. 裁判书字号

云南省曲靖市中级人民法院（2022）云03民终934号民事判决书

2. 案由：劳动争议

3. 当事人

原告（上诉人）：冯某

被告（被上诉人）：煤焦公司

【基本案情】

冯某于2014年7月到煤焦公司工作，双方于2015年1月1日签订期限为2015年1月1日至2017年12月31日的书面合同，之后劳动合同一年一签，最后一份劳动合同期限为2021年1月1日至2021年12月31日。2021年8月30日，冯某向富源县劳动人事争议调解仲裁委员会申请仲裁，提出了包括支付双倍工资在内的仲裁请求。

【案件焦点】

连续订立二次以上固定期限劳动合同，再订立的仍是固定期限劳动合同，用人单位是否应支付应签未签无固定期限劳动合同的双倍工资。

【法院裁判要旨】

云南省曲靖市富源县人民法院经审理认为：冯某与煤焦公司签订的劳动合同一直是固定期限的，冯某一直没有向煤焦公司提出与其订立无固定期限劳动合同的要求，故对其要求煤焦公司支付应签未签无固定期限劳动合同的双倍工资77000元的诉讼请求，不予支持。

云南省曲靖市富源县人民法院依照《中华人民共和国劳动合同法》第十四条、第三十八条、第四十六条、第四十七条、第四十八条、第八十二条第二款、第八十五条、第八十七条，《中华人民共和国社会保险法》第十条、第十二条，《最高人民法院关于审理劳动争议案件适用法律问题的解释（一）》第十四条、第四十五条，《中华人民共和国民事诉讼法》第六十七条第一款之规定，判决如下：

一、冯某与煤焦公司解除劳动关系；

二、煤焦公司于判决生效之日起十五日内支付冯某工资46287.30元、未及时足额支付工资的赔偿金 23143. 65 元、解除劳动合同经济补偿金 49196. 10 元、应缴未缴养老保险损失 13092. 11 元，合计 131719. 16 元；

三、驳回冯某的其他诉讼请求。

冯某不服一审判决，提起上诉。云南省曲靖市中级人民法院经审理认为：《中华人民共和国劳动合同法》第十四条第二款规定：“用人单位与劳动者协商一致，可以订立无固定期限劳动合同。有下列情形之一，劳动者提出或者同意续订、订立劳动合同的，除劳动者提出订立固定期限劳动合同外，应当订立无固定期限劳动合同：……（三）连续订立二次固定期限劳动合同，且劳动者没有本法第三十九条和第四十条第一项、第二项规定的情形，续订劳动合同的。”用人单位与劳动者连续订立了两次固定期限的劳动合同，只要不存在《中华人民共和国劳动合同法》规定的劳动者过错或者无过失辞退的情形，再签订劳动合同时就应当签订无固定期限劳动合同。

被上诉人煤焦公司提出，双方续订劳动合同时，劳动者已以签订固定期限劳动合同的事实表明其订立固定期限劳动合同的意愿，上诉人冯某提出，第三次签订的劳动合同仍为固定期限的事实表明被上诉人违反法律规定。从法条的文字表述来看，只要满足签订无固定期限劳动合同的条件，就应当签订无固定期限劳动合同。换言之，只要满足条件，签订无固定期限劳动合同是理所应当，签订固定期限劳动合同是例外，而产生例外情形的原因只有一个——劳动者要求订立固定期限的劳动合同。双方当事人的争议就在于，签订固定期限劳动合同的事实是否能证明劳动者要求订立固定期限劳动合同。应当说，再次签订劳动合同时，订立的仍是固定期限的劳动合同这一事实，至少能够证明劳动者接受了订立固定期限劳动合同的结果，但不能证明劳动者要求订立的就是固定期限的劳动合同。劳动者基于就业压力、自身法律素养或协商同意等多种原因，均会产生面对现实、接受与用人单位签订固定期限劳动合同这一结果。接受订立固定期限劳动合同的结果，与要求订立固定期限劳动合同显然属于完全不同的两种意思表示。并且，接受订立固定期限劳动合同这一事实，并不能推导出劳动者的意思表示即为要求订立固定期限劳动合同，毕竟，事实上签订的是固定期限劳动合同这一结果，很大程度上是劳动者妥协的产物，而非劳动者追求的结果。

从证明的角度来看，首先，被上诉人煤焦公司未提交劳动者提出订立固定期限劳动合同的直接证据，仅以事实上签订固定期限劳动合同这一结果倒推劳动者有提出该主张的意思表示。基于前述理由，该事实本身可以直接证明劳动者同意或者存在基于劳动者的意思表示而形成该事实的可能。劳动者是否提出过订立固定期限劳动合同的主张仍属于待证事实，但被上诉人未进一步提交证据证明。其次，否定的、未发生的事实，通常难以证明，当事人对否定的、未发生的事实一般不承担证明责任，不应由劳动者对未提出订立固定期限劳动合同的事实承担证明责任。最后，《最高人民法院关于适用〈中华人民共和国民事诉讼法〉的解释》第九十一条规定："人民法院应当依照下列原则确定举证证明责任的承担，但法律另有规定的除外……（二）主张法律关系变更、消灭或者权利受到妨害的当事人，应当对该法律关系变更、消灭或者权利受到妨害的基本事实承担举证证明责任。"主张权利受到限制的当事人对权利受限的法律要件事实承担证明责任。本案中，被上诉人煤焦公司主张存在例外情形，则由其对劳动者提出订立固定期限劳动合同的要件事实承担证明责任，事实真伪不明时，由其承担主张的事实不成立的法律后果。因此，事实上签订固定期限劳动合同本身并不足以证明是基于劳动者的要求才产生该结果，不能证明存在不签订无固定期限劳动合同的法定例外情形。

《中华人民共和国劳动合同法》第八十二条第二款规定："用人单位违反本法规定不与劳动者订立无固定期限劳动合同的，自应当订立无固定期限劳动合同之日起向劳动者每月支付二倍的工资。"双方当事人连续订立两次固定期限劳动合同后，2018 年 12 月 31 日第二次订立的劳动合同期满，从 2019 年 1 月 1 日起再订立劳动合同就应为无固定期限劳动合同，双方当事人事实上又先后订立了三次一年期的劳动合同。自 2019 年 1 月 1 日起，用人单位就负有每月支付二倍工资的法定义务。因向劳动者每月支付二倍工资具有惩罚性质，与劳动者因提供劳动而获取的劳动报酬并不相同，应适用仲裁时效的规定。《中华人民共和国劳动争议调解仲裁法》第二十七条第一款规定："劳动争议申请仲裁的时效期间为一年。仲裁时效期间从当事人知道或者应当知道其权利被侵害之日起计算。"自2019年1月1日起，劳动者就应当知道其权利受到侵害，但迟至2021年8月30日才申请仲裁，故，2020年8月31日前用人单位应支付的二倍工资已过仲裁时效，不再予以惩处。在2020年9月至2021年8月这一年期间内，2021年8月，劳动者未提供劳动，予以扣除，因此，被上诉人煤焦公司还应再向上诉人冯某支付一次11个月的工资。2020年9月实付工资为6601.64元、10月为6328.64元、11月为6798.31元、12月为6533.5元，2021年1月为6809元，自2021年2月起，被上诉人煤焦公司拖欠工资未支付，按双方当事人认可的前12个月的月平均工资6559.48元再计算6个月，即11个月工资合计72427.97元。

云南省曲靖市中级人民法院依照《中华人民共和国社会保险法》第十条，《中华人民共和国劳动合同法》第十四条第二款第三项、第三十八条第一款第二项及第三项、第四十六条第一项、第四十七条第一款及第三款、第八十二条第二款、第八十五条第一项，《中华人民共和国劳动争议调解仲裁法》第二十七条第一款，《中华人民共和国民事诉讼法》第六十四条第一款、第一百七十七条第一款第二项，《最高人民法院关于审理劳动争议案件适用法律问题的解释（一）》第一条第八项，《最高人民法院关于适用〈中华人民共和国民事诉讼法〉的解释》第九十条、第九十一条第二项、第一百零八条第二款、第三百二十一条第一款之规定，判决如下：

一、维持富源县人民法院（2021）云0325民初4212号民事判决第一项；

二、撤销富源县人民法院（2021）云0325民初4212号民事判决第二项、第三项；

三、由煤焦公司于本判决生效之日起十五日内向冯某支付工资39478.3元、加付赔偿金19739元、未订立无固定期限劳动合同加付工资72427.97元、经济补偿金49496.1元、分担基本养老保险费用9573.44元，合计190714.81元；

四、驳回冯某的其他诉讼请求。

【法官后语】

本类法律纠纷中应当明确以下几点：（1）《中华人民共和国劳动合同法》第十四条第二款的核心是劳动者对续订的劳动合同种类具有决定权；（2）续订仍是固定期限的劳动合同本身不能推出双方具有签订固定期限劳动合同的合意，用人单位对存在除外情形承担证明责任；（3）未订立无固定期限劳动合同的双倍工资适用一年的仲裁时效。具体理由如下：

一、劳动者对续订的劳动合同的种类具有决定权

《中华人民共和国劳动合同法》第十四条第二款规定了两种情形，第一种是协商一致订立无固定期限劳动合同，第二种是无须协商应当订立无固定期限劳动合同。两种情形相区别，强调的是劳动者无须与用人单位就订立的劳动合同种类这一特定内容协商一致。法律规定，在符合法定条件的情形下，劳动者对续订的劳动合同的种类有决定权，只有劳动者享有续订固定期限劳动合同的权利；用人单位对续订的劳动合同的种类无选择权，劳动者不要求订立固定期限劳动合同的，用人单位不得与劳动者签订固定期限劳动合同。

二、续订仍是固定期限劳动合同这一事实推出的结论不唯一

续订仍是固定期限的劳动合同这一事实，不能证明劳动者要求订立固定期限的劳动合同。接受订立固定期限劳动合同的结果，与要求订立固定期限劳动合同属于完全不同的两种意思表示。由一种基础事实可能推论出数种结果事实时，不适用推定。何况，续订仍是固定期限劳动合同这一结果，很大程度上是劳动者妥协的产物，而非劳动者追求的结果。

三、用人单位对存在除外情形承担证明责任

如果不存在法律规定的除外情形，用人单位对续订的劳动合同的种类无选择权。即劳动者未要求订立固定期限劳动合同，续订仍是固定期限的劳动合同就属于违反法律规定。依照《最高人民法院关于适用〈中华人民共和国民事诉讼法〉的解释》第九十一条规定的证明责任分配原则，应由用人单位对除外情形的存在承担证明责任。相较于由劳动者就否定的、未发生的事实提交证据而言，由用人单位以便于查知的方式对劳动者提出的订立固定期限劳动合同的意

思表示使用适当的载体予以保存并提交证据，更为合理。

四、未订立无固定期限劳动合同的双倍工资适用一年的仲裁时效

劳动者的工资报酬只是因承担惩罚性赔偿责任而给付的二倍工资的计算基数，与惩罚性赔偿金虽有联系但又相互区别。惩罚性赔偿金适用一年的仲裁时效，从应当订立无固定期限劳动合同之日起用人单位就负有每月支付二倍工资的法定义务，同理，劳动者就应当知道其权利受到侵害，也就应当起算仲裁时效。因此，用人单位给付二倍工资的实际期间受限于劳动者申请仲裁的具体时点。从这个意义上说，司法实务中，用人单位实际承担的惩罚性赔偿责任不至于过重，并未造成劳动关系双方的利益明显失衡。

编写人：云南省曲靖市中级人民法院　陈铭军

12

在劳动合同中约定见习期的性质和效力

——房地产开发公司诉李某劳动争议案

【案件基本信息】

1. 裁判书字号

北京市第一中级人民法院（2021）京01民终11535号民事判决书

2. 案由：劳动争议

3. 当事人

原告（被上诉人）：房地产开发公司

被告（上诉人）：李某

【基本案情】

2014年8月1日，李某入职房地产开发公司，双方劳动合同关于试用期或

见习期有如下约定："2.1 甲、乙双方就合同期限选择下列A类确定。A. 有固定期限合同：本合同期限自2014年8月1日起至2020年7月31日止。其中试用期（或见习期）为12个月，自2014年8月1日起至2015年7月31日止。2.2 本合同试用期结束前，乙方未以书面形式通知甲方解除劳动合同的，甲方有义务以口头或书面形式通知乙方有关转正事宜；乙方试用期内不符合有关录用条件或具有本合同第10.2.5条规定的情形的，甲方可解除劳动合同……10.2.2 乙方解除本合同，应当提前三十日书面通知甲方，双方协商确定乙方最后工作日期，乙方在试用期内辞职的，须提前三日书面通知甲方……10.2.5 有下列情形之一的，甲方可以随时解除劳动合同且不支付经济补偿金，双方依法办理退工手续：（1）乙方在试用期内被证明不符合录用条件的……"李某的工资调整审批表载明：填表日期为2015年8月17日，调整种类为转正，见习期与转正后执行不同工资标准（金额略）。双方劳动合同于2020年7月31日期满终止。

李某以要求房地产开发公司支付工资差额、违法约定试用期赔偿金等为由向北京市门头沟区劳动人事争议仲裁委员会提起劳动仲裁，该仲裁委于2021年5月19日作出裁决书，裁决：一、确认房地产开发公司与李某于2014年8月1日至2020年7月31日期间存在劳动关系；二、房地产开发公司支付李某2015年2月1日至2015年7月31日期间工资差额1167元；三、房地产开发公司支付李某违法约定试用期赔偿金24870元；四、房地产开发公司支付李某终止劳动合同的补偿金43399.5元；五、驳回李某的其他仲裁请求。

房地产开发公司不服仲裁裁决，提起诉讼，主张双方在劳动合同中约定了见习期而非试用期，不存在违法约定试用期的情形。李某辩称，劳动合同中约定的见习期实为试用期，存在违法超过法定期限约定试用期的情形。

二审庭审中，房地产开发公司陈述见习期间对劳动者能力进行考核，考核合格即予以转正。

【案件焦点】

在劳动合同中约定见习期的性质和效力如何界定。

【法院裁判要旨】

北京市门头沟区人民法院经审理认为：本案中劳动合同约定见习期一年，法律并未禁止用人单位与劳动者约定见习期，并不能将见习期解释、引申为试用期。

北京市门头沟区人民法院依照《中华人民共和国劳动合同法》第四十四条、第四十六条、第四十七条，劳动部《关于贯彻执行〈中华人民共和国劳动法〉若干问题的意见》第五十七条，《中华人民共和国民事诉讼法》第六十四条规定，判决如下：

一、确认房地产开发公司与李某于2014年8月1日至2020年7月31日期间存在劳动关系；

二、房地产开发公司于本判决生效之日起七日内支付李某终止劳动合同经济补偿金43399.5元；

三、房地产开发公司无须支付李某违法约定试用期赔偿金24870元；

四、房地产开发公司无须支付李某2015年2月1日至2015年7月31日期间工资差额11676元。

李某不服一审判决，提起上诉。北京市第一中级人民法院经审理认为：其一，从合同文本来看，本案劳动合同约定了“试用期（或见习期）”，虽划掉了“试用期”，但其他条款中多处约定了试用期，且并未划掉相应条款，故劳动合同中关于试用期的约定亦适用于合同双方。其二，从制度功能来看，本案劳动合同约定劳动者适用试用期或见习期，可以证明二者具有相互的可替代性。房地产开发公司陈述见习期具有对劳动者进行考察的功能，且见习期工资标准低于转正工资标准，以上权利义务亦具备试用期的特点。其三，从法律沿革来看，见习期是计划经济体制下统一分配就业体制的产物；而企业与劳动者建立劳动关系实行自主择业、双向选择的，不再符合适用见习期的条件。其四，根据新法优于旧法和上位法优于下位法的原则，《中华人民共和国劳动合同法》施行之后，劳动关系权利义务应当符合该法的规定。用人单位通过约定见习期等方式违反该法关于试用期的规定，降低相应劳动基准、损害劳动者权益的，应承担违法约定试用期的法律后果。综上，本案双方劳动合同中约定的见习期在法律性质上属于试用期。现双方约定见习期一年，超过法定试用期期限。

北京市第一中级人民法院依照《中华人民共和国劳动合同法》第十九条、第三十条、第八十三条，《中华人民共和国民事诉讼法》第一百七十七条第一款第二项之规定，判决如下：

一、维持北京市门头沟区人民法院（2021）京0109民初3163号民事判决第一项、第二项；

二、撤销北京市门头沟区人民法院（2021）京0109民初3163号民事判决第三项、第四项；

三、房地产开发公司于本判决生效之日起七日内支付李某违法约定试用期赔偿金24870元；

四、房地产开发公司于本判决生效之日起七日内支付李某2015年2月1日至2015年7月31日期间工资差额11676元。

【法官后语】

一、见习期、试用期的共性和区别

见习期主要是指除博士生、硕士生以外的具有中等以上学历的应届大中专毕业生分配工作后确定为正式职工前所需要的期限，其功能是对新入职应届毕业生试行业务、考察考核，该功能与《中华人民共和国劳动合同法》规定的试用期功能基本相同。根据《中华人民共和国劳动合同法》第九十六条的规定，事业单位与实行聘用制的工作人员订立、履行、变更、解除或者终止劳动合同，优先适用有关事业单位的特殊规定，没有特殊规定的，才适用该法。故事业单位在人事制度的框架下仍可适用见习期制度对应届毕业生进行业务适应和考核。而《中华人民共和国劳动合同法》颁布施行后，既不具备见习基地资格，也不是事业单位的用人单位与劳动者建立劳动关系，应符合该法的规定，该法未规定见习期，而是对试用期设定了明确规则。

综上，两者主要存在以下几点区别：

一是适用对象不同。现阶段，见习期适用于人事关系；试用期则适用于劳动关系，同一用人单位与同一劳动者只能约定一次试用期，对于以完成一定工作任务为期限的劳动合同，劳动合同期限不满三个月的非全日制用工，双方当事人不得约定试用期。

二是期限不同。见习期一般为一年，可根据情况延长；试用期的期限根据劳动合同期间的不同设定不同的上限，最长不得超过六个月。

三是工资标准不同。见习期执行见习期工资标准，见习期工资应不低于最低工资标准，具体工资标准由相关人事关系的法规、规章、规范性意见所规定；试用期工资可由双方进行约定，但不得低于本单位相同岗位最低档工资或者劳动合同约定工资的80%，并不得低于用人单位所在地的最低工资标准。

四是解除规则不同。对于见习期而言，如果用人单位认为毕业生在见习期内不合格，可以延长见习期，或作出辞退处理。对于试用期而言，劳动者在试用期内提前三日通知用人单位，可以解除劳动合同。劳动者在试用期间被证明不符合录用条件的，用人单位可以解除劳动合同。除劳动者有《中华人民共和国劳动合同法》第三十九条和第四十条第一项、第二项规定的情形外，用人单位不得解除劳动合同。

二、根据劳动合同权利义务内容认定“见习期”的性质和效力

根据以上论述可知，在法律法规、规范性文件的制定层面，试用期和见习期本身具有类似的功能价值。《中华人民共和国劳动合同法》施行之后，用人单位和劳动者建立劳动关系，应当符合该法的规定。该法虽并未明确禁止用人单位和劳动者之间约定试用期以外的见习期、熟练期等期间，但该法具有为劳动者设立劳动基准的立法价值，劳动合同不得降低劳动基准，作出免除用人单位法定责任、排除劳动者权利的约定。该法第十九条、第二十条、第二十一条对试用期期限、工资标准、劳动合同解除规则进行了规定，用人单位通过约定见习期等方式，降低以上劳动基准、损害劳动者权益的，应认定违反《中华人民共和国劳动合同法》关于试用期的规定，应承担相应法律后果。

编写人：北京市第一中级人民法院　王丽蕊

三、劳动合同的履行和变更

13

用人单位为劳动者提供专业技术培训的认定

——电子公司诉王某劳动合同案

【案件基本信息】

1. 裁判书字号

江苏省无锡市中级人民法院（2022）苏02民终7622号民事判决书

2. 案由：劳动合同纠纷

3. 当事人

原告（被上诉人）：电子公司

被告（上诉人）：王某

【基本案情】

王某系电子公司的供应商质量工程师。自2017年7月起，双方就国际派遣进行了多次深入协商与沟通。7月王某发起《员工国际派遣审批表》，载明派遣目的包括学习并培训CP/PQA－AE工程流体系、学习零件专业知识，建立UAES/SQE零件技术能力；建立从欧洲工厂到电子公司转移项目的能力。8月王某签署《“员工国际派遣”相关规定的告知书》，言明其知晓服务期及违约金的计算方法。9月德国劳动部门出具签证预批准，告知批准时间为2017年11

月 1 日至 2018 年 10 月 31 日，并特别提示批准书仅适用于培训，不适用于临时工就业。10 月，王某与电子公司签订《员工国际派遣合同》，约定：根据公司业务需要决定派遣王某到 W 公司（德国斯图加特）接受项目培训并明确培训期间（一年）、服务期（四年）、违约金的计算方式。在德国培训期间，王某进行的培训包括 CP/PQA-GS 组织架构和工作流程培训、TSC 组织架构和工作流程培训、W 公司流程和文件培训、机械件技术培训、全球转移项目培训等，其中包括 20 小时的带教老师的直接面授，还包括到德国国内及欧洲其他城市参加专家会议、讨论质量问题及解决方案、审核工序、与供应商一起学习交流零部件热处理工艺、拜访供应商等。培训结束后王某回到电子公司，被纳入电子公司初级管理者发展名单。后双方对培训期间的费用（近 30 万元）进行结算，再次确认服务期结束时间为 2022 年 10 月 31 日，王某签字确认。双方于 2019 年 7 月签订无固定期限劳动合同。

2020 年 10 月，王某以个人原因向电子公司提出辞职申请。2020 年 11 月 13 日，双方进行离职结算，其中服务期还剩 23.52 个月，电子公司要求王某支付违约金 138572 元。王某不予认可。2020 年 11 月 24 日，电子公司向王某出具终止劳动关系备案单。

2021 年 2 月，电子公司申请劳动仲裁，请求裁决王某支付违约金 138572 元。仲裁委终结仲裁，电子公司遂诉至法院。

【案件焦点】

王某所进行的员工国际派遣是否为专业技术培训。

【法院裁判要旨】

江苏省无锡市新吴区人民法院经审理认为：首先，双方的《员工国际派遣合同》明确外派的目的是项目培训、获取专业知识和技能，而非工作；约定的培训内容符合专业技术培训的特征。其次，王某外派至德国 W 公司总部，既有 W 公司带教老师的当面教授，也有现场教学以及至供应商处实地考察、观摩，参加外国专家的专业研讨会等。至供应商处解决零部件质量问题与专业技术培训之间并不冲突。从王某提交的外派期间的工作报告以及回国后关于费用、服务期的再次确认等可以看出，对该培训方式和内容，王某并未持有异议。再次，德国劳动部门核发的签证预批准书也明确，其批准适用于培训，不得进行临时就业。最后，王某进行半脱产的培训学习时间长达一年，该培训系针对少数人员开展，支出的培训费用数额较大；王某在培训完毕回国后，被纳入电子公司初级管理者发展名单。综合以上事实，应当认定王某所进行的培训符合专业技术培训，可以约定服务期。王某在服务期离职，属于违约，应支付违约金。

江苏省无锡市新吴区人民法院依照《中华人民共和国劳动合同法》第二十二条，《中华人民共和国劳动合同法实施条例》第十六条之规定，判决如下：

一、王某于判决发生法律效力之日起十日内赔付电子公司违约金 136534 元；

二、驳回电子公司的其他诉讼请求。

王某不服一审判决，提起上诉。江苏省无锡市中级人民法院经审理认为：首先，从双方磋商的过程来看，王某明知其国际派遣是专业技术培训而非工作；其次，《员工国际派遣合同》对国际派遣的性质、培训内容、服务期进行了明确约定；再次，在《员工国际派遣合同》履行过程中，王某在德国 W 公司所处部门是 PQA，与《员工国际派遣合同》约定一致。在进行专业技术培训的同时处理工作与培训的目的并不冲突，且双方的合同约定“可以安排员工承担其他适当的工作内容”；王某在德国 W 公司总部期间采用的培训方式符合在职期间专业技术培训的特点。最后，王某在培训结束回国后，对费用、服务期进行再次确认。从王某确认的行为分析，其对国外培训未有异议；另外，王某在培训后被纳入电子公司初级管理者发展名单。综上，王某所进行的国际派遣符合专业技术培训的特点。

江苏省无锡市中级人民法院依照《中华人民共和国民事诉讼法》第一百七十七条第一款第一项之规定，判决如下：

驳回上诉，维持原判。

【法官后语】

用人单位为劳动者提供专业技术培训，既能提高劳动者的专业素养进而提升劳动者在人才市场的竞争力，又有助于改善企业人才结构，帮助企业吸引人才、留住人才。基于专业技术培训的上述积极效应，法律规定相应的培训对象服务期制度。但司法实践中，时常出现培训对象接受完培训即离职、转头否定专业技术培训的现象。专业技术培训是对履行岗位职责所需的专门知识、专业技能所作的提升性培训，对于专业技术培训的认定，可以综合考量以下几个因素：

第一，双方就培训进行的磋商。不同于入职培训或岗前培训，多数专业技术培训是在劳动者在职期间进行，有的甚至需要脱产或半脱产，且专业技术培训可能时间跨度较长，在进行专业技术培训前，用人单位通常会与劳动者进行磋商，而磋商的过程是双方真实意思的表示，能体现培训的性质。本案中，在将王某派往德国进行为期一年的培训前，电子公司与王某进行多次磋商，签订多份书面材料，明确了培训的性质、服务期、违约金等内容。在培训结束后，双方再次确认培训的性质。

第二，培训的形式和期限。从培训的具体形式来看，培训可以是课堂或视频教学，也可以是现场观摩、操作或者师徒式学习。培训的主体可以是本公司或者关联公司的人员，也可以是第三方公司或者专业培训机构。一般来说，较长期限的脱产、半脱产学习，更为接近专业技术培训。本案中，王某被外派至德国W公司总部的一年期间，既有W公司带教老师的当面教授，也有现场教学、实地考察、观摩、参加专业研讨会等。此种理论与实践相结合的方式可以更好地实现培训目的。王某认为其到供应商处解决零部件质量问题与国内工作内容一致，故其主张外派德国仅仅是工作，以此否定培训的性质，没有依据。

第三，培训的费用和对象。专业技术培训因其专业性、历时较长等特点，培训对象会限制在小范围内且用人单位支出的培训费用一般较高，故在对培训性质进行界定时，费用和对象亦可作为参考因素。本案中，电子公司仅派出王某一人远赴德国培训，培训的费用近30万元。

第四，培训结束后的具体情形。劳动者在接受专业技术培训后，专业技能会有所提升，而这种提升往往与工资收入、工作岗位晋升呈正相关。故如果劳动者在接受培训后不久就得到岗位晋升或收入提高，则其接受的有可能是专业技术培训。本案中，王某回国后，被纳入电子公司初级管理者发展名单，有望实现岗位晋升。

编写人：江苏省无锡市中级人民法院　许晓倩

14

用人单位以考核未达标为由单方调整劳动者岗位的效力认定

——家政服务公司诉谢某劳动争议案

【案件基本信息】

1. 裁判书字号

福建省厦门市中级人民法院（2022）闽02民终4121号民事判决书

2. 案由：劳动争议

3. 当事人

原告（上诉人）：家政服务公司

被告（被上诉人）：谢某

【基本案情】

谢某于2018年1月19日进入家政服务公司工作，双方于2019年5月15日签订的劳动合同约定谢某的岗位为培训师。该劳动合同约定，经家政服务公司考核，谢某若不能胜任工作，家政服务公司可以合理调整谢某的工作岗位。

谢某于2020年11月1日开始担任家政服务公司上海甲站站长。2021年8月，家政服务公司出台《关于站长运营的考核制度》，于2021年9月1日至12月31日对站长进行考核，考核规则为站长负责的员工人数月度没有净增的，第一次警告，第二次记过，第三次对站长进行岗位调整。

2021年12月16日，家政服务公司以谢某无法胜任工作岗位为由将谢某从站长岗位调整到保洁师岗位并书面通知谢某。谢某不同意调岗，拒绝到保洁师岗位上班，但仍每天到家政服务公司上海总部打卡上班。2021 年 12 月 29 日，家政服务公司以谢某拒绝执行工作指令为由通知谢某解除劳动关系。家政服务公司确认，站长月工资为 10000 元，一线保洁员月平均工资 8000 元至 10000 元。

谢某对家政服务公司提起劳动仲裁，主张家政服务公司支付违法解除劳动合同的赔偿金等，劳动仲裁委员会支持了谢某关于赔偿金的仲裁请求，家政服务公司为此提起诉讼。

【案件焦点】

家政服务公司是否有权以考核未达标为由单方调整谢某的工作岗位。

【法院裁判要旨】

福建省厦门市集美区人民法院经审理认为：家政服务公司将谢某的工作岗位由站长调整为一线保洁员，不仅工作内容发生重大变化，而且劳动报酬亦发生重大变化，属于对劳动合同内容的重要变更。双方签订的劳动合同关于谢某经考核不能胜任工作的情况下家政服务公司可以合理调整谢某工作岗位的约定，实质上是约定谢某预先放弃就关于岗位及薪酬的劳动合同内容变更进行协商的权利，属于与谢某有重大利害关系的条款，家政服务公司未提交证据证明有就该条款对谢某进行合理的提示和说明，应不予适用。家政服务公司《关于 2021 年秋季招聘大作战的目标公告》及《关于站长运营的考核制度》两份文件包含通过考核单方面调整员工工作岗位的内容，家政服务公司未提交证据证明其在制定该两份文件过程中有与相关员工进行协商。家政服务公司未提交证据证明其将谢某的工作岗位直接由站长调整为一线保洁员系合理调整。在家政服务公司未与谢某协商一致对其与谢某的劳动合同内容进行不利于谢某的重要变更且谢某在拒绝岗位调整后仍有到家政服务公司打卡上班的情况下，家政服务公司以谢某未到家政服务公司单方决定的新岗位上班属于拒绝执行工作指令、持续离岗为由单方解除与谢某的劳动合同，缺乏事实和法律依据，属于违法解除劳动合同，应向谢某支付违法解除劳动合同的赔偿金。

福建省厦门市集美区人民法院依照《中华人民共和国劳动合同法》第十九条、第三十五条、第四十七条、第八十七条，《中华人民共和国劳动合同法实施条例》第二十七条，《中华人民共和国民事诉讼法》第六十七条，《最高人民法院关于适用〈中华人民共和国民事诉讼法〉的解释》第九十条、第九十二条第一款之规定，判决如下：

一、家政服务公司应于本判决生效之日起七日内向谢某支付违法解除劳动合同赔偿金 67882 元；

二、不予确认家政服务公司与谢某于 2018 年 1 月 19 日至 2019 年 4 月 30 日存在劳动关系；

三、家政服务公司无须向谢某支付谢某所主张的违法延长试用期的经济补偿 25881.96 元；

四、驳回家政服务公司的全部诉讼请求。

家政服务公司不服一审判决，提起上诉。福建省厦门市中级人民法院经审理后认为：谢某未完成公司制定的目标和业绩，涉及市场变化等不可控因素，此情形应与不能胜任工作相区别，故即便要调整岗位，也应与谢某协商。家政服务公司将谢某从站长调岗至保洁师，由管理岗调整为一线服务岗，在工作内容、工作地点、劳动报酬等各方面均发生了重大变化，谢某不接受岗位调整应属合理；在谢某不同意到乙站当保洁师的情形下，家政服务公司以谢某连续旷工超过三日予以辞退，显系不当。

福建省厦门市中级人民法院依照《中华人民共和国民事诉讼法》第一百七十七条第一款第一项之规定，判决如下：

驳回上诉，维持原判。

【法官后语】

对员工进行考核并依据考核结果予以奖惩是企业实现经营效益不可或缺的手段，也是实现经营自主权的重要内容，但因其极易侵害员工的合法权益，应进行必要规制。

一、用人单位以考核不合格对员工进行调岗应事先协商一致

工作岗位不仅关系到劳动者的劳动报酬，还关系到劳动强度、职业地位、工作经验匹配度等，是劳动合同的重要内容。因此，对工作岗位的调整属于对劳动合同内容的变更，而且是重要变更。根据《中华人民共和国劳动合同法》第三十五条第一款的规定，用人单位与劳动者协商一致，可以变更劳动合同约定的内容。变更劳动合同，应当采用书面形式。因此，用人单位调整劳动者的工作岗位、劳动报酬，应当满足与劳动者协商一致这一法定条件，且应采用书面形式，不得单方面直接决定调岗调薪。用人单位未与劳动者协商一致对劳动者调岗调薪的，劳动者有权予以拒绝。

本案中，家政服务公司将谢某的工作岗位由站长调整为一线保洁员，两个工作岗位工资待遇存在差距，该调整属于对劳动合同内容的重要变更，家政服务公司应事先与谢某协商一致。

二、用人单位应就关于其有权依据考核结果调岗调薪的劳动合同条款尽到提示说明义务

用人单位对劳动者进行考核后再与劳动者协商调岗调薪事宜，劳动者对于负向的调整通常会拒绝，如此用人单位的考核目的便无法实现，考核的激励作用便会付之阙如，用人单位的管理将很难开展，不利于经济社会发展。因此，法律并未禁止用人单位与劳动者通过劳动合同事先约定用人单位可以通过考核对劳动者进行调岗调薪。但是，调岗调薪关乎劳动者核心利益，为避免用人单位随意通过考核调岗调薪，其应就有权依据考核结果调岗调薪的劳动合同条款对劳动者尽到提示说明义务，确保劳动者充分知晓、理解并同意。鉴于劳动合同文本通常是用人单位提供的格式文本，在用人单位未尽到提示说明义务的情况下，应参照适用《中华人民共和国民法典》第四百九十六条的规定，劳动者有权主张该条款不成为劳动合同的内容。

本案中，谢某与家政服务公司签订的劳动合同约定，经考核谢某不能胜任工作的，家政服务公司可以合理的对谢某进行调岗调薪，该条款实质上是约定谢某预先放弃就关于岗位及薪酬的劳动合同内容变更进行协商的权利，属于与

谢某有重大利害关系的条款，家政服务公司未提交证据证明有就该条款对谢某进行合理的提示和说明，故谢某可主张不适用该条款。

三、考核未达标不能等同于劳动者不能胜任工作

用人单位通过考核对劳动者进行激励管理，应确保考核规则合法、合理。员工考核规则性质上属于用人单位的规章制度，故考核规则应依法通过民主程序制定。否则，随意设置考核规则将严重损害劳动者的合法权益。考核规则应针对具体工作岗位设定科学、合理的量化标准和公平、民主的评定程序，确保考核结果能客观准确地反映被考核劳动者的工作能力。劳动者考核不合格的，并不一定能证明劳动者不能胜任工作，亦可能存在用人单位的考核规则不合理或考核结果不能准确反映劳动者工作能力的情况。用人单位依据考核结果认定劳动者不能胜任工作的，法院可对用人单位考核规则的合法性、合理性进行必要程度的审查，在尊重用人单位自主管理权和保护劳动者合法权益之间保持平衡。

编写人：福建省厦门市中级人民法院　李乐

15

用人单位调整劳动者工作岗位合法性的正确认定

——机械公司诉张某劳动争议案

【案件基本信息】

1. 裁判书字号

山东省淄博市中级人民法院（2021）鲁03民终978号民事判决书

2. 案由：劳动争议

3. 当事人

原告（被上诉人）：机械公司

被告（上诉人）：张某

【基本案情】

机械厂成立于1989年3月，1997年9月30日该厂改制成立机械公司，此后机械公司企业信息数次变更：2007年11月29日名称变更为机械股份公司，企业类型变更为股份有限公司；2011年4月8日名称变更为机械公司，企业类型变更为有限责任公司；同年与瑞士机械公司合资；2018年4月成为某集团机械公司全资子公司。1991年，张某到机械厂工作。1998年1月1日，机械公司与张某订立第一份书面劳动合同，合同期限自1998年1月1日至2002年12月31日。2003年1月1日，双方签订第二份劳动合同，期限自2003年1月1日至2007年12月31日。2008年1月1日，双方签订第三份无固定期限劳动合同，期限自2008年1月1日至法定退休年龄。自2018年1月19日起，张某在机械公司任生产计划部副经理。2019年12月3日，机械公司向张某发出员工调岗通知，内容为“根据公司工作安排，将张某从生产计划部副经理调整到加分二厂调度员，调岗时间自2019年12月4日起开始执行”。张某收到该调岗通知后，以邮寄的方式向机械公司提出权利要求书1份，并自2019年12月4日起不再上班。2019年12月25日，机械公司向公司工会委员会发出《解除劳动合同通知工会函》1份，内容为：“因张某在工作期间管理失职给公司造成重大损失，且连续旷工超过15天，严重违反了公司的规章制度，公司决定与张某解除劳动关系。”2019年12月27日，机械公司工会委员会作出《关于解除与张某的劳动合同的答复函》，内容为：“关于解除与张某之间的劳动合同的函及相关附件已收悉。经研究，认为公司拟解除与张某之间的劳动合同一事，具有充分依据，并无不当，故同意解除与张某之间的劳动合同的意见。”2020年1月6日，机械公司以张某严重违反公司规章制度为由作出与张某解除劳动关系的决定，采取邮寄方式向张某送达解除劳动关系通知书，并于2020年1月7日在报纸上公告送达该解除劳动关系通知书。

2019年12月27日，张某申请仲裁，要求：1. 确认机械公司对张某作出的员工调岗通知违法；2. 撤销机械公司对张某作出的员工调岗通知；3. 请求继续履行与机械公司签订的原劳动合同；4. 请求恢复生产部副经理原工作岗位；

5. 请求恢复生产部副经理待遇；6. 要求机械公司支付因调岗造成的工资、福利差额；7. 要求机械公司支付未休年休假工资 111135 元。仲裁庭审中，张某增加确认机械公司与张某解除劳动合同违法的请求，变更第 6 项为要求支付 2020 年 1 月至 3 月的工资损失 15600 元。2020 年 5 月 15 日，劳动仲裁部门作出仲裁裁决：一、确认机械公司对张某作出的员工调岗通知违法；二、撤销机械公司对张某作出的员工调岗通知；三、确认机械公司与张某解除劳动合同违法；四、机械公司继续履行与张某原劳动合同；五、机械公司恢复张某生产部副经理原工作岗位；六、机械公司恢复张某生产部副经理待遇；七、机械公司支付张某 2020 年 1 月至 3 月的工资损失 15600 元；八、机械公司支付张某未休年休假工资 75549.40 元；九、驳回张某的其他仲裁请求。机械公司不服该裁决，诉至法院，请求：1. 判决确认机械公司对张某作出的员工调岗通知合法；2. 判决确认机械公司作出的调岗通知不予撤销；3. 判决确认机械公司与张某解除劳动合同合法；4. 判决确认机械公司无须继续履行与张某的劳动合同；5. 判令机械公司无须恢复张某生产部副经理工作岗位；6. 判令机械公司无须恢复张某生产部副经理待遇；7. 判令机械公司无须支付张某 2020 年 1 月至 3 月的工资损失 15600 元；8. 判令机械公司无须支付张某未休年休假工资 75549.40 元；9. 判令张某承担本案诉讼费用。

【案件焦点】

机械公司调整张某工作岗位的行为是否合法。

【法院裁判要旨】

山东省淄博市周村区人民法院经审理认为：机械公司对作为出现“调换货”事件部门管理人员的张某作出岗位调整，属于机械公司自主合理用工行为，也符合双方 2008 年 1 月 1 日签订的《劳动合同》第二十四条“根据工作需要可变更工作岗位”的约定，该调岗行为并无不当。张某作为劳动者应当服从用人单位的工作安排，即使对调岗存有异议，亦应通过与用人单位沟通协商等方式解决，而非在收到调岗通知后既不按照规定履行请假手续也不按时上班，进而离开单位不再提供劳动，张某的行为有违劳动纪律，也违反了机械公司员工手册的相关规定，存在明显不当。因此，机械公司调整张某工作岗位的行为不违反法律规定；机械公司的员工手册经过了民主程序，并向包括张某在内的全体员工予以公示，该员工手册依法可以作为双方劳动争议处理的依据，张某作为机械公司员工应当遵守规章制度和劳动纪律，但张某自2019年12月4日起，在未履行请假手续的前提下不再到机械公司上班，违反了机械公司员工手册第33.3条的规定，机械公司依据员工手册作出的解除劳动合同通知书不违法。

山东省淄博市周村区人民法院依照《中华人民共和国劳动合同法》第三十九条第二项，《中华人民共和国劳动争议调解仲裁法》第二十七条第一款，《职工带薪年休假条例》第二条、第三条，《中华人民共和国民事诉讼法》第六十四条之规定，判决如下：

一、机械公司对张某作出的员工调岗通知合法并不予撤销；

二、机械公司向张某发出的解除劳动合同通知书合法；

三、机械公司无须继续履行与张某原劳动合同、无须恢复张某生产部副经理工作岗位、无须恢复张某生产部副经理待遇、无须支付张某工资损失15600元；

四、机械公司支付张某未休年休假工资6216.08元；

五、驳回机械公司的其他诉讼请求；

六、驳回张某的其他请求。

张某不服一审判决，提起上诉。山东省淄博市中级人民法院经审理认为：依据《中华人民共和国劳动合同法》（以下简称《劳动合同法》）规定，用人单位可以变更或调整劳动者工作岗位的情形包括：一是双方协商一致可以变更或调整工作岗位；二是劳动者不能胜任工作，用人单位可以单方面调整劳动者工作岗位。而双方签订的劳动合同约定，除突发事件抢险避险等紧急情况乙方（张某）应服从甲方（机械公司）指挥安排外，若甲方工作需要对乙方工作岗位或工作地点进行变动调整，经双方协商同意，订立变更协议。因此，双方已经在劳动合同中明确约定双方协商一致可以变更或调整工作岗位，该约定不违反法律规定。机械公司调整或变更张某工作岗位，双方并未协商一致，更没有签订变更协议。且机械公司所主张的张某主管部门的工作人员因调货问题给公司造成重大损失，张某存在管理失职的情形，亦证据不足；更无证据证实张某不能胜任副经理岗位工作。因此，机械公司单方面给张某调整工作岗位，不符合法律规定及双方当事人之间签订的劳动合同约定。在此情况下，张某是因为不能接受机械公司单方调整工作岗位而不到单位上班，不属于无故旷工，但张某以此为由拒绝到单位上班的行为属于维权失当，自身也存在过错。因此，综合双方上述情形，双方未对调整岗位协商一致，张某以此为由拒绝到单位上班的行为，应视为双方当事人之间协商一致解除劳动关系。在此情形下，对张某要求继续履行与机械公司之间签订的原劳动合同、恢复其生产部副经理工作岗位及副经理待遇、支付 2020 年 1 月至 3 月工资损失的诉求不予支持。

山东省淄博市中级人民法院依照《中华人民共和国劳动合同法》第三十六条，《中华人民共和国劳动争议调解仲裁法》第二十七条第一款，《职工带薪年休假条例》第二条、第三条，《中华人民共和国民事诉讼法》第一百六十九条、第一百七十条第一款第二项之规定，判决如下：

一、撤销山东省淄博市周村区人民法院（2020）鲁 0306 民初 2138 号民事判决第一项、第五项、第六项；

二、维持山东省淄博市周村区人民法院（2020）鲁 0306 民初 2138 号民事判决第二项、第三项、第四项；

三、驳回机械公司的其他诉讼请求；

四、驳回张某的其他请求。

【法官后语】

本案涉及的核心问题是用人单位调整劳动者工作岗位合法性的正确认定。

调整工作岗位即调岗，主要涉及用人单位对劳动者工作内容及工作地点的调整。随着经济社会的发展，因用人单位调整劳动者工作岗位而引发的劳动争议逐渐增多，且双方往往存在较大争议。比如，在本案中，一审认定机械公司调整张某工作岗位的行为不违反法律规定，二审则认为机械公司单方面给张某调整工作岗位，不符合法律规定及双方当事人之间签订的劳动合同约定，并据此改判。可见，厘清用人单位对劳动者工作岗位调整的合法性及合理性是正确处理此类争议的关键。

一、用人单位有权对劳动者工作岗位进行合理调整

用人单位与劳动者之间建立劳动关系后，从双方的权利义务关系角度而言，用人单位对劳动者享有用工自主权，劳动者亦享有择业权。用人单位可以根据企业生产经营的需要、市场环境的变化及劳动者的自身情况等实际情形，在单位内部对劳动者工作岗位进行合理调整。用人单位对劳动者作出岗位调整，涉及企业的经营管理自主权范畴，司法实践中不能一律给予否定性评价。《中华人民共和国劳动合同法》第四十条规定了无过失性辞退，即有下列情形之一的，用人单位提前三十日以书面形式通知劳动者本人或者额外支付劳动者一个月工资后，可以解除劳动合同：（一）劳动者患病或者非因工负伤，在规定的医疗期满后不能从事原工作，也不能从事由用人单位另行安排的工作的；（二）劳动者不能胜任工作，经过培训或者调整工作岗位，仍不能胜任工作的；（三）劳动合同订立时所依据的客观情况发生重大变化，致使劳动合同无法履行，经用人单位与劳动者协商，未能就变更劳动合同内容达成协议的。在单位经营过程中企业经营或者劳动者个人情况发生重大变化等情形下，法律赋予用人单位一定范围内的调岗自主权：一方面这是劳动关系“隶属性”本质特性的应有之义，劳动关系确立后，劳动者作为用人单位稳定的内部成员，接受用人单位的指挥与管理，劳动者除向用人单位提供劳动外，必须接受用人单位的管理，遵守用人单位的规章制度并服从其安排；另一方面有些用人单位会根据劳动者的工作能力、特长爱好等个人实际情况安排更适合其成长和发展的工作岗位，从而提升劳动者的业务能力，有利于调动劳动者的工作积极性，从长远角度也有利于企业的发展。

二、用人单位行使调岗权需与劳动者达成一致

用人单位的调岗权是一把“双刃剑”，如果行使不当，会损害劳动者的合

法权益，也会成为个别企业规避法律并以此为由解除劳动合同的“挡箭牌”。《中华人民共和国劳动合同法》第三十五条第一款规定：“用人单位与劳动者协商一致，可以变更劳动合同约定的内容。变更劳动合同，应当采用书面形式。”据此，当用人单位对劳动者岗位调整涉及劳动者的工作内容、工作地点等劳动合同的法定必备条款，并实质上变更双方签订的劳动合同相关内容或者主要条款时，用人单位应当分别就相关变更内容和劳动者经协商达成一致，并采用书面形式予以确认，以维护劳动者的合法权益。在劳动者岗位的调整导致劳动合同的内容发生变更，引发双方权利义务失衡且劳动者有异议时，用人单位未经与劳动者协商而仅凭单方意志调整劳动者的工作岗位是违反劳动合同法规定的。在具体案件办理过程中，法院可以综合如下几个方面的因素予以考虑：一是合法性审查，即从法律规定及劳动合同角度审查用人单位的调岗是否违反法律规定及双方签订的劳动合同相关约定，如果岗位调整涉及劳动合同内容变更的，应当符合相应的实质和形式要求；二是合理性审查，即从调整内容及调整幅度角度审查调岗是否合理，如岗位调整前后是否存在工作地点、薪资报酬、劳动条件等对劳动者发生明显不利的变更；三是必要性审查，即从调整目的角度结合企业的经营方针、市场环境等审查用人单位的调岗是否为企业经营发展所需；四是针对性审查，即从劳动者个人角度审查岗位调整是否符合劳动者的业务能力、工作表现、学历水平等综合考量后所进行；五是普遍性审查，即从调整的范围和形式角度审查用人单位岗位调整是否具有常规性，如调整所依据的考试内容、技能考核等范围是否面向大多数人，是否具有常规性，从而避免个别用人单位为了对某一特定劳动者岗位调整滥用用工自主权而有针对性地对其设置相应的考试考核而侵犯劳动者合法权益的现象。

三、人民法院对用人单位行使调岗权的审查要素

具体到本案中，双方当事人签订的劳动合同约定，除突发事件抢险避险等紧急情况乙方（张某）应服从甲方（机械公司）指挥安排外，若甲方工作需要对乙方工作岗位或工作地点进行变动调整，经双方协商同意，订立变更协议。结合如上所述五个方面的审查内容，机械公司调整或变更张某工作岗

位，双方并未协商一致，更没有签订变更协议。且机械公司所主张的张某主管部门的工作人员因调货问题给公司造成重大损失，张某存在管理失职的情形，亦证据不足；更无证据证实张某不能胜任副经理岗位工作。因此，机械公司单方面给张某调整工作岗位，不符合法律规定及双方当事人之间签订的劳动合同约定。

编写人：山东省淄博市张店区人民法院　刘晓辉

山东省淄博市中级人民法院　荣明潇

16

因经营变化暂时性调整劳动者工作岗位及地点系用人单位合法行使自主经营管理权

——扶某诉服装公司劳动争议案

【案件基本信息】

1. 裁判书字号

北京市第二中级人民法院（2022）京02民终11151号民事判决书

2. 案由：劳动争议

3. 当事人

原告（被上诉人）：扶某

被告（上诉人）：服装公司

【基本案情】

2019年9月1日，扶某入职服装公司，当日，双方签订书面劳动合同，约定劳动合同期限自2019年9月1日至2021年8月31日，岗位为店员，工作区域或工作地点为北京市。

关于双方解除劳动合同的原因，扶某主张因服装公司将其调店，强行变更合同的履行地点，未提供劳动条件，双方应为协商解除，故服装公司应向其支付经济补偿金。服装公司主张因房山店撤店，员工临时转到丰台店工作并承诺新店开业后调回房山工作，扶某未按时到岗，无故旷工，公司属于合法解除。

2021年7月5日，扶某向北京市房山区劳动人事争议仲裁委员会（以下简称房山区仲裁委）提出仲裁申请，要求：1. 确认2019年9月1日至2021年7月5日与服装公司之间存在劳动关系；2. 服装公司支付2021年6月1日至7月5日工资2500元；3. 服装公司支付2021年6月1日至7月5日提成3331元；4. 服装公司支付2019年9月1日至2021年7月5日休息日加班工资70620.6元；5. 服装公司支付2019年9月1日至2021年7月5日法定节假日加班工资22068.9元；6. 服装公司支付2019年9月1日至2021年7月5日解除劳动关系经济补偿金16000元。

2021年11月8日，房山区仲裁委经审理，作出裁决书，裁决：一、确认服装公司与扶某自2019年9月1日至2021年7月5日存在劳动关系；二、驳回扶某的其他仲裁请求。同日，房山区仲裁委作出裁决书，裁决：一、服装公司支付扶某2021年6月1日至30日工资2200元；二、服装公司支付扶某2021年6月1日至30日提成3492.3元；三、驳回扶某的其他仲裁请求。扶某不服上述两份裁决，于法定期限内起诉至法院。

【案件焦点】

服装公司对扶某调整工作岗位和工作地点是否属于合法行使自主经营管理权。

【法院裁判要旨】

北京市房山区人民法院经审理认为：关于解除原因，服装公司因自身经营原因需调整扶某用工岗位，因调任的工作地点与扶某时任的工作地点有一定交通距离，故服装公司作出变更工作地点的规定对扶某提供劳动的便利性产生一定的影响，因此服装公司应与扶某协商变更工作地点，或者为其工作调动提供必要的协助，现服装公司在未与扶某协商一致的情况下，单方变更扶某的工作地点，不符合上述法律规定。鉴于服装公司的调岗行为不符合法律规定，故其以扶某连续旷工为由作出与扶某解除劳动合同的决定，缺乏充分的事实依据，法院不予采信。现因房山店关停致使原合同无法履行，双方亦未能达成一致意见，在此情况下，扶某可以要求解除劳动合同，服装公司亦有权解除原合同，但应向扶某支付相应的经济补偿金。

北京市房山区人民法院判决如下：

一、确认扶某与服装公司自 2019 年 9 月 1 日至 2021 年 7 月 5 日存在劳动关系；

二、服装公司于判决生效后七日内支付扶某 2021 年 6 月 1 日至 30 日工资 2200 元；

三、服装公司于判决生效后七日内支付扶某 2021 年 6 月 1 日至 30 日提成 3492. 3 元；

四、服装公司于判决生效后七日内支付扶某解除劳动关系经济补偿金 13832 元；

五、驳回扶某的其他诉讼请求。

服装公司不服一审判决，提起上诉。北京市第二中级人民法院经审理认为：关于扶某的解除理由是否成立，依据双方在仲裁及一审的举证情况，扶某关于服装公司欠付加班费的理由不能成立；依据调店通知，因房山店撤店，服装公司于 2021 年 6 月 4 日通知扶某，将扶某的工作岗位自 2021 年 7 月 7 日由房山店临时调整至丰台店，并明确告知扶某后期 8 月新店铺开业，调回房山区继续工作，即在扶某原工作店铺撤店，已无法提供原工作岗位的情形下，服装公司将扶某的工作岗位临时调整，并承诺一个月后会调回房山的行为，并非长期的工作地点变更，属于用人单位自主经营管理权的合理范围，未超出合理限度，不构成未提供劳动条件，故扶某的该解除理由不能成立；依据前述认定，扶某解除通知中所载理由均不成立，不符合用人单位应支付经济补偿金的情形。一审法院对此认定有误，法院予以纠正。服装公司上诉要求不支付解除劳动合同经济补偿金，法院予以支持。综上所述，服装公司的上诉请求部分成立。

北京市第二中级人民法院依照《中华人民共和国民事诉讼法》第一百七十七条第一款第二项之规定，判决如下：

一、维持北京市房山区人民法院（2022）京0111民初385号民事判决第一项、第二项、第三项；

二、撤销北京市房山区人民法院（2022）京0111民初385号民事判决第四项、第五项；

三、驳回扶某的其他诉讼请求。

【法官后语】

本案的争议焦点是服装公司对扶某调整工作岗位和工作地点是否属于用人单位合法行使自主经营管理权。

《中华人民共和国就业促进法》第八条第一款规定："用人单位依法享有自主用人的权利。"用人单位作为市场主体，根据自身生产经营需要而对劳动者的工作岗位、工作地点进行适当调整，是行使用工自主权的重要内容，对其正常生产经营不可或缺。但同时，用人单位用工自主权的行使也必须在相关法律和政策的框架内，符合一定条件和范围，如用人单位须对岗位或工作地点的调整作出合理说明，防止用人单位借此打击报复或变相逼迫劳动者主动离职，也即防止其权利的滥用。

司法实务中，判断岗位或工作地点调整是否合法合理一般考虑以下几个因素：(1) 是否基于用人单位生产经营需要；(2) 是否属于对劳动合同约定的较大变更；(3) 是否对劳动者有歧视性、侮辱性；(4) 是否对劳动报酬及其他劳动条件产生较大影响；(5) 劳动者是否能够胜任调整的岗位；(6) 工作地点作出不便调整后，用人单位是否提供必要协助或补偿措施等。

本案中，双方在劳动合同中约定扶某的工作岗位为"店员"，该岗位不属固定或专业岗位；服装公司根据生产经营状况的变化，适当调整扶某的工作地点，原因在于扶某原先所在店铺撤店，不再提供工作岗位，对扶某并无针对性；调整后的人事岗位与扶某的原先岗位性质相近，扶某完全能够胜任工作内容；调整后的工作地点也处于交通便利的城区，上下班时间虽有所增加，但服装公司承诺一个月后会调回房山的行为，并非长期的工作地点变更，未超出合理限度，对其劳动权益也构不成侵害，故扶某解除劳动合同的理由不能成立，不符合用人单位应支付经济补偿金的情形。

在市场经济条件下，用人单位因生产经营需要而调整变化属正常现象。法律允许用人单位根据自身生产经营需要，合理调整劳动者的工作岗位及工作地点，不仅有利于用人单位发展，也有利于劳动关系稳定。《中华人民共和国劳动合同法》第三十五条第一款规定："用人单位与劳动者协商一致，可以变更劳动合同约定的内容。变更劳动合同，应当采用书面形式。"在不损害劳动者基本权益的前提下，因生产经营的需要而产生的岗位调整应由用人单位自主判断，以保障用人单位作为市场经济主体的活力以及用人单位经济发展权益。用人单位在生产经营或管理调整时，首先应当选择与劳动者充分协商，尽量通过变更或补充签订劳动合同方式完成调整；若未能协商一致，在基于用工自主权调整劳动者工作岗位或地点时，也要充分考虑劳动者的权益保障问题。

编写人：北京市房山区人民法院　徐敏敏

17

劳动者不当履职造成用人单位损失责任承担判定

——酒店诉王某某劳动争议案

【案件基本信息】

1. 裁判书字号

新疆维吾尔自治区乌鲁木齐市中级人民法院（2022）新01民终1373号民事判决书

2. 案由：劳动争议

3. 当事人

原告（上诉人）：酒店

被告（被上诉人）：王某某

【基本案情】

王某某于1997年10月入职酒店，先后从事餐厅服务员、领班、餐厅经理、餐饮部经理、餐饮部副总监等岗位。2007年10月10日，酒店与王某某签订无固定期限劳动合同。酒店提供的《酒店员工手册》载明："……9.8 特别重大违纪员工下列行为属于特别重大违纪行为，酒店有权立即解除合同，若员工对酒店造成损失的，酒店同时有权根据中国法律要求员工赔偿……（2）怠忽职守，违反技术操作规程和安全规程，或者违反合同或本手册所规定的劳动纪律从而对酒店造成损失、事故或以致危害他人生命安全者……（12）指挥失误，造成重大事故或经济损失……（17）犯有其他严重错误并对酒店造成伤害、损失达2000元以上或被追究刑事责任……"酒店提供的《担保挂账操作制度》载明："一、日常担保、担保挂账权限及限额……3. 酒店级领导、餐饮、康乐、销售、客务经营部门总监级（含副总监、总监助理）按下述淡季与旺季标准执行：（1）0—30天以内可无限额担保。（2）31—90天账目：当年的10月至次年的6月为淡季，担保账目不得超过20万元（含20万元）。7—9月为旺季，担保账目不得超过40万元（含40万元）。超相应限额则停止所有担保权限，并从超限之日扣发工资直至将限额降至相应限额内后，方可恢复担保权利……"

2020年11月4日至22日，犯罪嫌疑人刘某以其所在公司招待客户需要购买窖酒为由，与王某某联系，王某某多次从酒店领取窖酒共计1936件交与刘某。刘某以低价将骗得的窖酒卖给他人，所得赃款用于清偿个人债务。2021年2月7日，经王某某多次催要，刘某向酒店支付酒款10万元。

2021年3月3日，王某某向公安机关报案。2021年3月10日，刘某被公安机关采取刑事强制措施。2021年12月24日，一审法院作出（2021）新0103刑初167号刑事判决书，判决：一、被告人刘某犯诈骗罪，判处有期徒刑十一年，并处罚金人民币 10 万元。二、被告人刘某诈骗犯罪所得未退赔部分 974480 元及扣押的 8 瓶窖酒，退赔、发还被害单位酒店；从被告人刘某处扣押的新 AGL×××号车辆拍卖、变卖所得款项发还被害单位酒店。

酒店向一审法院提供《其他收费单》十一份，金额共计 21314 元，制单一栏处均有“王某某担保”字样，证明王某某担保销售的月饼、大米、红酒等商品未收回资金，做挂账处理。王某某对此证据的真实性无异议，但认为不应由其赔偿。酒店向一审法院提供《其他收费单》一份，欲证明王某某自愿为销售给刘某窖酒 1930 件提供担保的事实。王某某对收费单上“王某某担保”字迹及指印不予认可，向一审法院申请鉴定。

王某某向新疆维吾尔自治区劳动人事争议仲裁委员会申请仲裁，要求：1. 解除酒店与王某某之间的劳动关系，并由酒店给王某某出具解除劳动关系证明书；2. 酒店支付王某某 1997 年 10 月至 2021 年 7 月解除劳动关系的经济补偿金 228000 元（9500 元/月×24 个月）；3. 酒店支付王某某 2019 年 12 月至 2021 年 7 月拖欠工资 206000 元（10300 月/元×20 个月）；4. 酒店支付王某某 2017 年 1 月至 2021 年 7 月的加班工资 375585. 45 元。2021 年 10 月 8 日，该仲裁委作出仲裁裁决书，裁决：1. 酒店与王某某于 2021 年 7 月 31 日起解除劳动关系，并由酒店给王某某出具解除劳动关系证明书；2. 酒店支付王某某 2019 年 12 月至 2020 年 1 月、2020 年 3 月至 6 月、2020 年 8 月、2020 年 10 月至 2021 年 7 月拖欠工资 122727. 28 元；3. 酒店支付王某某解除劳动关系经济补偿金 90817. 2 元（6727. 2 元/月×13. 5 个月）；4. 驳回王某某其他仲裁请求。裁决书送达后，王某某未提出诉讼，酒店于 2021 年 11 月 6 日向一审法院提起诉讼，后于 2021 年 12 月 1 日撤回起诉。2021 年 8 月 19 日，酒店向新疆维吾尔自治区劳动人事争议仲裁委员会申请仲裁，要求：王某某赔偿给酒店造成的经济损失 1063554 元。2021 年 8 月 19 日，该仲裁委作出新劳人仲字（2021）第 18 号不予受理通知书。

【案件焦点】

王某某对于酒店经济损失应否承担赔偿责任及具体承担比例。

【法院裁判要旨】

新疆维吾尔自治区乌鲁木齐市沙依巴克区人民法院经审理认为：本案中，王某某作为1997年即入职酒店的餐饮部副总监，对酒店的规章制度是熟悉和明知的，在完成酒店酒水销售业务过程中，对犯罪嫌疑人刘某的个人资信情况及其所称公司的资信情况未作合理注意的情况下，盲目轻信、连续多次向刘某赊销大额酒水，致使酒水被刘某诈骗，给酒店造成经济损失。王某某在履职过程中，未尽到勤勉注意义务，对酒店损失的发生存在重大过失，应当承担相应的赔偿责任。王某某抗辩其仅在朋友圈发布了销售信息，后期刘某如何与酒店进行交易其并不知情的理由，与其在公安机关侦查阶段的陈述不符，与刘某在公安机关侦查阶段的陈述不符，也与一审法院（2021）新0103刑初167号刑事判决书查明的事实不符，法院不予采信。酒店在管理上也存在制度把关不严，风险防控意识薄弱的问题，在王某某对外赊销大额酒水未收到任何货款的情况下，仍然允许王某某继续赊销，对本案损失的发生也应承担责任。酒店因酒水被骗未退赔损失974480元，有相应的刑事判决书予以证实，法院予以确认。酒店因王某某担保销售的月饼、大米、红酒等商品未收回货款损失21314元，王某某对此金额无异议，法院予以确认。因此，法院认定酒店的经济损失合计为995794元。根据酒店、王某某所应承担的经营风险、王某某的过失程度及收入水平、酒店自身管理责任，以及酒店尚可向刘某追偿损失等因素，酌定王某某赔偿酒店经济损失50000元。

新疆维吾尔自治区乌鲁木齐市沙依巴克区人民法院依照《中华人民共和国劳动合同法》第二十九条之规定，判决如下：

王某某赔偿酒店经济损失50000元。

酒店不服一审判决，提起上诉。新疆维吾尔自治区乌鲁木齐市中级人民法院经审理认为：王某某在未收到犯罪嫌疑人货款的情形下，多次对其赊销大额酒水，给酒店造成损失，在履职过程中未尽到勤勉注意义务，其过错已经达到应当承担相应赔偿责任的程度。酒店提供的《酒店员工手册》虽然约定员工在重大违纪情况下对酒店造成损失有权要求其承担赔偿责任，但对具体赔偿标准未作出明确规定。至于王某某需要承担多少比例的赔偿责任，法院认为，本案应根据酒店损害结果、劳动者过错责任程度、工作风险性、用人单位管理制度完备程度、劳动者收入水平等方面进行综合判定。首先，酒店作为用人单位须承担经营风险，应当通过严格执行规范的对外销售制度进行风险防控，王某某多次赊销大额酒水未收到货款后，酒店未尽到注意义务，存在管理不当的情形，酒店亦存在过失；其次，王某某入职酒店二十余年，从服务员一直做到管理岗，亦能反映出酒店对其工作能力的肯定和信任，对此次造成的经济损失，王某某虽有过失，但难以认定其主观上存在重大过错，加重其承担责任的比例有违公平原则；最后，酒店有权利向犯罪嫌疑人进行追赔，尚有救济途径减少其经济损失。考虑到上述因素及双方对风险及损失的分担能力，一审法院判决王某某承担 50000 元的赔偿责任，已遵循公平原则及权利义务相一致原则，且不违反法律规定，应予以支持。

新疆维吾尔自治区乌鲁木齐市中级人民法院依照《中华人民共和国民事诉讼法》第一百七十七条第一款第一项之规定，判决如下：

驳回上诉，维持原判。

【法官后语】

本案是因劳动者履职不当造成用人单位损失，劳动者向用人单位承担赔偿责任的典型案例。《中华人民共和国劳动合同法》第九十条规定劳动者向用人单位承担赔偿责任的情形，即劳动者违反本法规定解除劳动合同，或者违反劳动合同中约定的保密义务或者竞业限制，给用人单位造成损失的，应当承担赔偿责任，而劳动者因履职不当给用人单位造成经济损失的情形并未列入上述条款。审判实务中，法院最常引用的规定则是 1994 年就开始实施的《工资支付暂行规定》第十六条："因劳动者本人原因给用人单位造成经济损失的，用人单位可按照劳动合同的约定要求其赔偿经济损失。经济损失的赔偿，可从劳动者本人的工资中扣除。但每月扣除的部分不得超过劳动者当月工资的 20%……"但该条款仅规定劳动合同有约定的情形，具体要求劳动者承担多少责任并不明确，有待个案中结合具体案情进一步认定。

笔者检索不同地区不同层级法院的同类判决，得出如下结论：劳动者由于轻过失造成用人单位损失，绝大多数法院都判令其无须承担责任，在重大过失及故意的情形下，则要求劳动者承担责任，但相应承担的比例不同。例如，辽宁省锦州市中级人民法院作出的（2021）辽07民终2801号判决中，法院判定劳动者承担用人单位损失40%的赔偿责任；湖北省广水市人民法院作出的（2021）鄂1381民初2235号民事判决判定劳动者承担损失30%的责任；广东省深圳市宝安区人民法院作出的（2021）粤0306民初4243号判决则判令劳动者按全额比例承担赔偿责任。由此可见，在劳动者重大过失和故意的情形下，劳动者承担责任的比例大小较多受法官自由裁量的影响。

本案中，王某某存在重大过失或故意，致酒店经济损失。通说认为，劳动者提供劳动过程中，因故意或者重大过失给用人单位造成损失，用人单位请求劳动者承担赔偿责任的，人民法院应当根据劳动者过错大小、损害程度、劳动者的实际收入水平及劳动合同是否继续履行等因素综合确定劳动者的赔偿责任。为更合理地规范行使自由裁量权从而保证案件质量，笔者提出以下几点思考建议：

第一，案件事实审查内容须统一、全面。查明案件事实是法官作出公正裁判最重要的前提，在此类劳动争议案件的法庭调查阶段，可参考以下审判思路进行审理：首先，审查劳动者及用人单位有无在劳动合同中作出明确约定以及用人单位有无相应的管理规章制度，同时还应审查该约定、规章制度是否符合法律法规的规定；其次，审查劳动者是否存在重大过失或故意的情形，可从用人单位规章制度的规范程度、劳动者是否进行了必要的技能培训等从业经历、从业年限、是否尽了忠实勤勉义务、劳动法价值取向等多方面进行认定；再次，通过审查劳动者经济状况和用人单位的经营规模及现状确定责任分担能力大小；最后，审查用人单位的损害结果以及该结果是否能通过保险理赔等其他途径得到救济，从而进一步确定劳动者承担责任的范围。具体到本案，根据上述审判思路，法院首先查明酒店与劳动者对涉案的具体赔偿标准未作出明确约定，再通过查明劳动者的工作年限、从业经历、公司规章制度完备性等内容认定其存在重大过失的情形，最后依据酒店损害结果、劳动者收入水平、是否有其他救济途径等方面进行综合认定，即认为劳动者承担损害结果约5%即5万元的赔偿责任是较为合适的。

第二，明确劳动者承担赔偿责任的最高限额。劳动者与用人单位之间建立的劳动关系本身就存在不平等性和特殊性，我国劳动法的价值取向也趋于保护处于弱势地位的劳动者。审判实务中，如要求劳动者承担过大的赔偿责任，则意味着将用人单位的经营风险无形转嫁至劳动者，有违公平原则。因此，明确劳动者承担赔偿责任的最高限额是必要的。

综上所述，合理要求劳动者承担因履职不当造成用人单位损失的赔偿责任对平衡劳动关系双方的权利义务及全方位保护各方合法权益有着十分重要的意义。在解决此类纠纷时，法官不仅要通过查明案件事实进行多因素综合考量，还要通过准确使用自由裁量权最大限度地实现保护劳动者合法权益、维护劳动关系和谐稳定的价值目标。

编写人：新疆维吾尔自治区乌鲁木齐市中级人民法院　帕米拉

18

劳动者休息休假权与企业用工管理权相冲突时的平衡认定

——王某某诉服务公司劳动争议案

【案件基本信息】

1. 裁判书字号

北京市第一中级人民法院（2022）京01民终7339号民事判决书

2. 案由：劳动争议

3. 当事人

原告（被上诉人）：王某某

被告（上诉人）：服务公司

【基本案情】

王某某于2013年9月30日入职服务公司，担任展厅经理，从事对汽车展厅销售人员的管理工作。王某某执行综合工时制，每周工作六天、休息一天。服务公司《员工考勤及请休假管理制度》显示综合工时制上班时间为9：00—18：00，午休时间为2小时。2021年3月、4月王某某未出勤，通过钉钉系统请休陪产假、年假及事假共计37天，其中10天事假未被批准，理由为“我司认为照顾家人已不能成为你请假的正当理由，故不同意你的事假申请”。

2021年4月19日，服务公司向王某某作出《解除劳动合同通知书》，以王某某事假未经批准或未经请假而缺勤、无故旷工为由解除其劳动关系。王某某主张其2021年3月、4月请假事出有因，其妻子二胎生产；9岁长子两次住院，做完肾积水手术后间断发烧，后诊断为感染；刚出生的次女患新生儿感染、病理性黄疸、溶血病、结膜炎等多种疾病住院治疗；母亲患精神分裂症住院。为此王某某提交了诊断证明、出院诊断证明书、产科出院记录、北京市危重新生儿转运病历、出院记录等证据予以证明，并及时解释是短期内不能到岗。服务公司则主张对王某某前期提的事假均已批准，但王某某所在的销售岗位不能空缺太长时间，经沟通后王某某仍无法到岗。服务公司认为，在员工请休事假、影响企业生产和服务的情况下，企业可以拒绝，因王某某的旷工行为违反了《员工考勤及请休假管理制度》《员工奖惩管理规定》及基本的劳动纪律，其公司依法将王某某辞退，无须向王某某支付解除劳动合同经济补偿金。

【案件焦点】

1. 劳动者在遭遇重大家庭困难请休事假未获批准而未到岗出勤的，是否构成旷工；2. 基于此事由，用人单位是否享有单方辞退权。

【法院裁判要旨】

北京市海淀区人民法院经审理认为：《中华人民共和国劳动合同法》第三条第二款规定：“依法订立的劳动合同具有约束力，用人单位与劳动者应当履行劳动合同约定的义务。”劳动者请休事假，本质上是占用工作时间处理个人事务，导致无法按照劳动合同的约定向用人单位提供劳动。基于劳动者的岗位职责、离岗时长等因素，请休事假通常会对用人单位的生产经营造成不同程度的影响。因此，明确事假规则，合理分配双方权利义务，让劳动者请休事假有章可循，对保障用人单位的正常生产经营确有必要。

在同等处境下，一般常人无法做到的事情，法律不予以苛责。本案前述的特定情形下，在三名至亲相继患病、妻子分娩、本人收入锐减的情况下，任何人基于人性之本能，除了向用人单位请休事假照顾家庭之外，可能都没有更周全的选择。可见，王某某选择向服务公司请休事假，既是履行法定职责的需要，亦是遵守人伦道德的体现。在面临以上遭遇的情形下，王某某请休事假的事由是必要合理的，在应对处理相应事宜上，其本人具有不可替代性。同时，王某某履行了请休事假手续，通过钉钉、微信等多次解释不能到岗的原因，积极表明是短期内不能到岗，并提供多名近亲属的诊疗记录，已履行请休事假的充分说明义务。

服务公司在充分掌握王某某请假事由的情况下，一方面，忽视自身长期安排王某某超时劳动的事实，导致王某某本应休息休假的部分期间，被计入应请休事假的期间；另一方面，忽视本案特定情形下王某某存在必须亲力亲为的请假事由。服务公司规章制度也讲明请休事假是为“遇到必须员工本人才能处理的事情”所用，但仍不准许争议期间王某某请休的事假，并不符合自身规章制度中对事假的规定及立意。综上所述，法院认定服务公司以旷工为由将王某某辞退，缺乏事实与法律依据，构成违法解除劳动合同。王某某经过考虑，变更违法解除劳动合同赔偿金请求为解除劳动合同经济补偿金并无不当，亦是劳动者与用人单位互谅互信的体现，法院对此不持异议。

北京市海淀区人民法院依据《中华人民共和国劳动合同法》第三条、第四十七条之规定，判决如下：

一、服务公司于判决书生效之日起十日内，向王某某支付解除劳动合同经济补偿金 87679.04 元；

二、驳回王某某的其他诉讼请求。

服务公司不服一审判决，提起上诉。北京市第一中级人民法院同意一审法院裁判意见。

北京市第一中级人民法院依照《中华人民共和国民事诉讼法》第一百七十七条第一款第一项之规定，判决如下：

驳回上诉，维持原判。

【法官后语】

实践中，部分用人单位在审批事假时，未充分考量劳动者处理家庭必要事务的休息休假权，导致不当行使企业用工管理权。

审理此类案件时，人民法院应审慎平衡企业用工管理权与劳动者休息休假权的权益冲突，既应考虑到维护用人单位正常的生产经营秩序，保障用人单位依法合理行使用工管理权，亦应考虑到劳动者非本人不能处理的照顾患病至亲的责任，保障劳动者依法享有的休息休假权。具体裁量思路可从以下方面进行把握：

一、用人单位对劳动者事假的审批管理，本质上属于用人单位行使用工管理权的范畴

当前，我国劳动立法并未规定具体的事假规则，但从保障劳动者权益及规范用工管理的角度看，《中华人民共和国劳动合同法》第四条关于规章制度的相关规定给出了用人单位如何建立事假规则的路径指引。在制定规章制度的程序上，因事假涉及劳动者切身权益，故用人单位关于事假的规章制度应当依据《中华人民共和国劳动合同法》第四条第二款的规定，经过民主程序制定。可见，用人单位对劳动者事假的审批管理，本质上属于用人单位通过建立规章制度等途径，行使用工管理权的范畴。

二、司法裁判应正确适用价值冲突解决原则，依法审查用人单位是否恰当行使用工管理权

事假制度所保障的对象是劳动者处理个人紧急事务，或非本人不能处理的家庭事务等情形下的相关权益。从日常生活经验法则角度看，对于一个具备社会属性的常人而言，此种权益是正当且必要的。如果事假引发的争议演化到辞职辞退层面，则会进而影响到劳动者的劳动就业权。因此，用人单位应当合理

审慎行使事假审批管理权。

权益冲突可归于价值冲突的范畴。本案中，王某某请休事假遭用人单位拒绝的现象，反映出其未成年子女在病中应当被照看等权益与服务公司维系正常生产经营的权益之间的冲突。当劳动者与用人单位无法自力协调化解冲突时，司法裁判可适用价值冲突解决原则，在价值判断的基础上，对个案情形进行利益衡量，综合考量法理情理、道德风俗、社会主流价值观、弱势群体权益保护、当事人主观善恶等方面，在个案的情节、程度等特定情境下，决定应优先保护何种权益。

三、若认定事假理由成立的情形下，司法裁判还应在个案中注重综合审查

个案中审查要素主要包括以下方面：(1) 所谓“事假期间”是否包含劳动者依法可休息的期间，如休息日、法定节假日；(2) 劳动者是否依据规章制度履行请休事假手续，所提交的审批是否及时、所附证明是否完善；(3) 劳动者请休事假在请假事由、期间长短方面是否为合理且必要。在此基础上，综合平衡用人单位与劳动者的合法权益，在依法保障劳动者休息休假权的同时，也充分注重用人单位正常的生产经营管理秩序不至因休假而受到过度影响，避免顾此失彼，同时引导企业加强对困难职工的人文关怀，弘扬社会主义核心价值观和中华民族传统美德，推进构建和谐稳定的职场环境及社会氛围。

编写人：北京市海淀区人民法院　王琰　梁诗晨

四、劳动合同的解除和终止

19

劳动者预告解除期满，用人单位拖延办理工作交接行为的效力认定

——李某诉科技公司劳动争议案

【案件基本信息】

1. 裁判书字号

北京市第一中级人民法院（2022）京 01 民终 8469 号民事判决书

2. 案由：劳动争议

3. 当事人

原告（被上诉人）：李某

被告（上诉人）：科技公司

【基本案情】

李某于 2014 年 8 月 1 日入职科技公司，任业务发展部负责人。2021 年 11 月 17 日，李某向科技公司提交《辞职报告》载明："我因个人原因，现申请辞职，请批准并办理手续为盼。"同年 12 月 13 日，李某再次发送电子邮件："由于个人原因，我于 2021 年 11 月 17 日向公司提交了辞职报告。依据《中华人民共和国劳动合同法》第三十七条规定我将于提交辞职报告满 30 天后离开公司

（2021 年 12 月 16 日）。其间，我也向你部提出做好工作交接，未果。请单位于 12 月 16 日之前安排相应人员办理工作交接，如到期因单位原因未能办理交接，本人将与人力资源部负责人直接办理相关交接工作……”2021 年 12 月 16 日，李某再次发送电子邮件，告知公司距离其提交辞职报告已满 30 天，催促公司与其办理交接并出具书面的《离职证明》等文件。

李某主张，2021 年 11 月 17 日其提交《辞职报告》告知公司其将于 2021 年 12 月 16 日与公司解除劳动合同，其正常提供劳动至当日，因公司一直拖延办理工作交接，直至 2022 年 1 月 12 日才完成，故双方劳动关系于 2022 年 1 月 12 日解除。

科技公司主张，因李某负责的许多项目尚在处理中，其公司收到辞职报告后一直挽留。2022 年 1 月 12 日，系因李某个人原因公司安排人员与李某临时交接，并非离职交接。因李某没有办理离职手续，双方仍有未尽事宜，且其公司尚在对李某进行审计，故双方劳动关系仍存续，其公司一直向李某正常发放工资，此后因李某注销了银行卡，工资支付失败。

【案件焦点】

劳动者行使预告解除劳动合同权，预告期满后用人单位拖延办理工作交接，是否产生阻却劳动合同解除的法律效果。

【法院裁判要旨】

北京市海淀区人民法院经审理认为：李某于 2021 年 11 月 17 日递交辞职报告，尽管未载明具体解除劳动关系日期，但科技公司已知悉李某将要辞职的事实，李某又于 2021 年 12 月 13 日发邮件告知其将于提交辞职报告满 30 天后即 2021 年 12 月 16 日离开公司，上述行为视为向科技公司提出预告解除。解除权为形成权，行使解除权为单方法律行为，权利人单方的意思就足以使结果发生，而不需要对方的同意或者其他方式的参与。故，李某提出预告解除的日期届至时，双方劳动关系即发生解除的效力。此后李某虽主张在公司办理工作交接，但此行为并不能阻却双方劳动关系解除的事实，进而对李某所持双方之间的劳动关系于 2022 年 1 月 12 日解除的主张不予支持。科技公司辩称李某未办理离职交接、正在审计、负责项目正在进行、仍提供工作，但该抗辩意见亦不能对抗双方劳动关系已经解除的事实。

北京市海淀区人民法院依据《中华人民共和国劳动合同法》第八十七条之规定，判决如下：

确认李某与科技公司之间的劳动关系于 2021 年 12 月 16 日解除。

科技公司不服一审判决，以李某在 2021 年 12 月 16 日以后依然按照科技公司的考勤规定准时打卡上下班，双方均认可劳动关系存续且合法有效为由提起上诉。北京市第一中级人民法院经审理认为：李某一审诉求虽是主张确认双方的劳动关系于 2022 年 1 月 12 日解除，但双方劳动关系的解除时间系客观事实问题，一审法院根据本案事实确定双方劳动关系于 2021 年 12 月 16 日解除并未超出原告诉求范围。李某作为劳动者有权根据《中华人民共和国劳动合同法》第三十七条的规定行使劳动合同解除权，之后李某是否为科技公司提供劳动、打卡上下班，科技公司是否向李某发放工资及缴纳社保、公积金，李某是否负有配合审计的义务等，均不能改变双方劳动关系自 2021 年 12 月 16 日解除的事实。综上，一审法院认定事实清楚，判决结果并无不当，法院予以维持。

北京市第一中级人民法院依照《中华人民共和国民事诉讼法》第一百七十七条第一款第一项之规定，判决如下：

驳回上诉，维持原判。

【法官后语】

为维护劳动者自由择业的权利，同时保障用人单位的正常生产经营秩序，《中华人民共和国劳动合同法》第三十七条规定了劳动者预告解除制度，是在稳定用工关系与尊重劳动者择业自由权衡下的结果。该条款的适用蕴含两个方面的内容，一方面是择业自由，即劳动者提前通知则可无条件解除劳动合同；另一方面是时间约束，即劳动者需履行提前三十日通知用人单位的程序方可无条件解除。

司法实践中，常会出现劳动者预告解除的通知发出后，用人单位以消极方式拖延，导致劳动者实际离职时间晚于预告解除时间的情况，进而引发劳动关系解除时间如何认定的争议。通过检索可知，该类案件的争议焦点可分为以下两个方面：一方面，用人单位以未同意或未办理离职手续抗辩劳动关系未解除，即劳动者行使单方预告解除权是否需以用人单位同意或办理离职手续为前提，落脚点在预告解除的权利性质认定问题；另一方面，劳动者因用人单位原因导致离职迟滞抗辩解除时间应为实际离职时间，即因用人单位的拖延，导致预告解除期满劳动者迟延离职时解除时间的认定，落脚点在预告解除期满后，当事人主观行为能否影响客观事实的认定问题。

首先，应明确预告解除权性质为形成权。故，行使解除权为单方法律行为，权利人单方的意思就足以使结果发生，不需要对方的同意或者其他方式的参与。此时，法官需注意审核行权的方式和时点，若劳动者已在确切时点作出预告解除意思表示，即便该表示中未载明具体解除日期，也应视为用人单位已知悉劳动者要解除劳动合同的事实，可根据申请提交时间计算30天的期限。此时，用人单位以不同意离职理由抗辩的，不应予以支持。

其次，应注意预告解除的解除时间系客观事实问题。预告解除期满双方劳动合同解除，该事实不因劳动者后续的打卡上下班、办理工作交接或用人单位发放工资、对劳动者进行审计等而改变。此时，法官论理可基于以下两个角度：其一，从文义解释角度，《中华人民共和国劳动合同法》第三十七条规定的是“提前三十日”+“通知”=“解除”，可见在横向的时间轴上，法律明确了通知时间、届满时间两个节点，通知作出后期限届满即应产生解除的法律后果，在该时间节点届满后劳动关系双方的行为当然不会对此前已然确立的解除时间产生影响。其二，从民法尊重意思自治角度，劳动者在某一时点作出了解除劳动合同的意思表示，该意思表示到达用人单位即发生法律效力。基于用工关系的稳定，预告解除通知发出后一般不得撤回、撤销。劳动者该意思表示想达到的效果为期限届满即解除劳动合同，用人单位的阻挠不应在该意思表示的涵摄范围内，请求以用人单位原因导致的实际离职日作为解除劳动合同时间的，与劳动者真实意思表示相悖，法院不予支持。

最后，劳动关系是一种不平等的特殊民事主体关系，法院在裁判时需做好衡量。若用人单位的不当阻却可产生劳动关系解除时间推移的效果，那劳动者届满后的继续提供劳动是否可视为对前述预告解除的撤销？用人单位能否拒绝办理离职实现实质性地对劳动者择业自由的阻却？该种迟延会对劳动关系稳定及预期利益的维护产生冲击，法院应结合个案具体情况，包括无过错一方劳动者的选择权、劳动者按照用人单位意愿继续提供劳动的情形及性质等因素，审慎审查确立劳动合同的解除时间、解除事由。

综上所述，司法裁判在审理涉运用《中华人民共和国劳动合同法》第三十七条行使“预告解除”争议时，应审慎查明“行权行为”与“阻却要件”，充分尊重无过错一方劳动者的选择权，保障劳动者择业自主权，防止用人单位拖延办理工作交接，依法保障劳动者的合法权益。

编写人：北京市海淀区人民法院　耿余　吴晓晗

20

用人单位以“旷工”为由与患有“特殊疾病”的劳动者解除劳动合同时的举证责任分配问题

——保险公司诉牛某劳动争议案

【案件基本信息】

1. 裁判书字号

北京市第三中级人民法院（2022）京03民终9449号民事判决书

2. 案由：劳动争议

3. 当事人

原告（上诉人）：保险公司

被告（被上诉人）：牛某

【基本案情】

牛某原系保险公司的员工，后牛某因抑郁状态至医院就诊，医院开具病假单，建议其休假三十天，后牛某在OA系统中请假八天，自2018年10月31日至11月9日，但因药物作用其昏睡至11月14日，被办公系统的密码更换提示吵醒，故牛某立即与部门负责人联系并提出继续休假申请，11月15日，人力部门表示牛某可回原岗位继续工作，其于15日下午开始正常工作至11月22日，后因身体不适，牛某继续提出休假申请，但公司于当日发出解除通知，以牛某2018年11月12日至15日上午旷工为由解除双方劳动关系，双方因此产生争议，牛某向北京市劳动人事争议仲裁委员会（以下简称北京市仲裁委）申请仲裁，要求继续履行劳动合同、支付工资、年终奖等款项。2020年1月2日，北京市仲裁委作出裁决书，裁决：保险公司继续履行与牛某签订的固定期限劳动合同、支付牛某工资及年底双薪及2018年年终奖。保险公司不服仲裁裁决，诉至北京市朝阳区人民法院，牛某未起诉。

【案件焦点】

1. 保险公司的解除行为是否具有合法性；2. 保险公司是否应向牛某支付工资、年底双薪及年终奖金。

【法院裁判要旨】

北京市朝阳区人民法院经审理认为：解除劳动合同系对劳动者最为严厉的处罚，用人单位在适用规章制度中有关解除劳动关系的条款时应当慎重考虑对劳动者违纪行为的认定及处罚是否有理有据，是否得当。本案中，依据现有证据及案件具体情况，朝阳区法院认为保险公司的解除行为缺乏合法性与合理性，理由如下：第一，保险公司主张牛某存在“旷工”情形，但牛某系因“抑郁状态”至安定医院就诊，该院出具的《病假证明书》“建议休假三十天”，牛某虽2018年11月12日至15日上午未出勤，但根据保险公司提交的《员工手册》中关于“旷工”的定义（“员工未经批准擅自缺勤，事后无正当理由补假或伪造证明以及假期满后仍未复工而又无合理解释者，均按旷工处理”），牛某未出勤的情况与该情形并不相同，因此不能以“旷工”论。第二，用人单位除对劳动者具有管理权外，亦应对劳动者承担关怀照顾的义务，在作出解除劳动关系的处分时，用人单位应当审慎为之，进行必要的调查核实，以维护劳动关系的和谐稳定，本案中，保险公司未与牛某进行必要的沟通，调查核实相关情况，亦未听取牛某是否有合理的事由及意见，即作出解除劳动关系的决定，确有不妥。综上，保险公司的解除行为系违法解除，该公司应继续履行双方签订的固定期限劳动合同。另，用人单位应当按照劳动合同约定和国家规定，向劳动者及时足额支付劳动报酬。保险公司的解除行为违法，因此该公司应按照原工资标准支付牛某的工资、年底双薪及年终奖金。

北京市朝阳区人民法院依照《中华人民共和国劳动合同法》第三十条、第四十八条，《中华人民共和国劳动争议调解仲裁法》第六条，《全国人民代表大会常务委员会关于授权最高人民法院在部分地区开展民事诉讼程序繁简分流改革试点工作的决定》之规定，判决如下：

一、保险公司于判决生效后七日内撤销作出的《解除劳动合同通知书》，继续履行与牛某于2017年4月28日签订的《劳动合同》至2020年4月27日；

二、保险公司于判决生效后七日内支付牛某自2018年11月23日至2019年12月23日的工资及年底双薪275800元；

三、保险公司于判决生效后七日内支付牛某2018年度年终奖19700元；

四、驳回保险公司的全部诉讼请求。

保险公司不服一审判决，提起上诉。北京市第三中级人民法院经审理同意一审法院裁判意见。

北京市第三中级人民法院依照《中华人民共和国民事诉讼法》第一百七十条第一款第一项之规定，判决如下：

驳回上诉，维持原判。

【法官后语】

本案中，劳动者因“抑郁状态”无法正常工作、生活，其主张尚在“医疗期”，病情导致其无法按照规定请假，返岗后已第一时间向主管说明情况并开始正常工作，但用人单位仍以其“旷工”为由解除了双方劳动关系。在这个案例中，需要关注的问题是——在用人单位主张患有“特殊疾病”的劳动者存在“旷工”，并以此为由解除双方劳动关系时的举证责任如何分配，以期在保障患有“特殊疾病”的劳动者利益的同时平衡劳动关系双方的合法权益。

实践中，对于用人单位来说，其除承担支付劳动报酬、缴纳社会保险等义务外，还享有对劳动者的管理权以及对劳动者违反劳动纪律的行为依法惩戒的权利。如在本案中，劳动者已提交病假条，假条显示“建议休假三十天”，在上述休假期间内，劳动者因身体原因导致未及时补续休假申请，但其已在返岗第一时间作出了合理的解释说明并正常开展工作，该情形不符合用人单位《员工手册》中关于“旷工”条款的规定（“员工未经批准擅自缺勤，事后无正当理由补假或伪造证明以及假期满后仍未复工而又无合理解释者，均按旷工处理”），故用人单位以“旷工”为由解除双方劳动关系，涉嫌“违法解除”。但从另一个角度看，如果本案中劳动者仅提交病休证明，在用人单位提出质疑并要求劳动者进一步举证证明其病情及医疗期限的情况下，如何合理分配用人单位与劳动者的举证责任，是审判实践中常常遇到的争议焦点，如将举证责任分配给劳动者，则对“特殊疾病”的探究是否会侵害劳动者的个人隐私？某些“特殊疾病”如需采用鉴定的方式才能确定，则该鉴定是否能够强制？劳动者又能否配合？如将举证责任分配给用人单位，无疑会增加举证的难度，用人单位若举证不能，是否会出现劳动者仅通过提交病休证明即可达到不提供劳动的同时还获得病假工资的情形？若此，则无疑侵害了用人单位的用工管理权及合法权益。因此，如何平衡和保障用人单位与劳动者双方的合法权益，成为我们在审判实践中需要审慎考量的重点问题。笔者认为，应当兼顾劳动者的生命健康权和用人单位的用工管理权，对于劳动者的病假申请，用人单位无正当理由不得拒绝，但同时劳动者的申请应当遵守用人单位的规章制度，依法履行病假手续，并提供真实有效的病假证明，如用人单位对劳动者提交的病例等材料有异议，可要求劳动者补充相关证明材料、费用凭据等，但应以必要为限，能够反映劳动者患病就诊事实即可，不应过分求全，以免侵犯其个人隐私。对于精神类特殊疾病的鉴定，亦不应强制进行，可根据劳动者提交的病例资料、身体状况及现有证据综合予以判断。另外，在用人单位作出解除劳动关系这一对劳动者最为严厉的惩戒措施时，亦应当审慎为之，进行必要的调查核实，听取劳动者是否有合理的事由及意见，以最大限度地平衡和保障用人单位与劳动者双方的合法权益，建立和维护和谐稳定的劳动关系。

编写人：北京市朝阳区人民法院　李军

21

员工严重违反公司规章制度行为的界定

——吴某诉电子商务公司劳动争议案

【案件基本信息】

1. 裁判书字号

湖南省长沙市中级人民法院（2022）湘01民终16757号民事判决书

2. 案由：劳动争议

3. 当事人

原告（上诉人）：吴某

被告（被上诉人）：电子商务公司

【基本案情】

吴某于2017年4月1日入职电子商务公司，在某直营店担任店长一职。2022年6月18日，电子商务公司督导在日常检查中发现直营店存在支付宝入账但实收现金的情况，遂调取监控调查。直营店监控显示2022年6月17日，吴某销售1台投影仪，赠送了顾客1个桌面支架，顾客用现金付款4300元，由店员曾某芳收款并在系统建立订单，后该顾客又购买了一个便携包，支付现金200元给曾某芳，但并未在系统建单，曾某芳将200元现金交给吴某。2022年6月19日，吴某在直营店收取包裹，由曾某芳代吴某签收并确认为吴某的私人物品，后吴某将自行购买的便携包放入仓库。2022年6月21日，电子商务公司督导入店检查，发现吴某于19日放入仓库的便携包并非正品。2022年6月21日22点，吴某进入关闭的直营店，将此前放入的非正品包进行替换。电子商务公司督导与合规审计部分别于2022年6月22日、6月23日对吴某进行了电话调查。吴某在两次调查中承认自己将仓库中的包出卖但未入账，销售获利由自己收取，并于19日将自有的便携包放入仓库。

电子商务公司制定的《零售业务部〈红黄牌〉管理制度V2.0版本》，规定员工只能售卖本公司产品，售卖非属门店POS系统入库商品、收取款项不入账或不按规定入账、挪用营业款或利用POS机套现等行为给予红牌处罚，1张红牌即解除劳动合同。该制度于2022年1月1日生效，并在OA系统中发送了邮件，吴某通过了电子商务公司2月组织的考试。

2022年6月27日，电子商务公司向吴某发送了《解除劳动合同通知》，决定自次日起解除与吴某签订的劳动合同。吴某认为其未有重大违规，未给电子商务公司造成重大经济损失，遂向长沙市劳动人事争议仲裁委员会申请仲裁，要求电子商务公司支付赔偿金165419.76元、代通知金15038.16元、2022年6月工资19973.44元、年休假工资6914元。长沙市劳动人事争议仲裁委员会裁决电子商务公司向吴某支付年休假工资5544元，对吴某的其他仲裁请求不予支持。吴某不服仲裁裁决，遂向法院提起诉讼。

【案件焦点】

吴某的行为是否属于严重违反公司规章制度的行为。

【法院裁判要旨】

湖南省长沙市芙蓉区人民法院经审理认为：吴某入职电子商务公司，双方签订的《劳动合同》不违反法律、行政法规的强制性规定，合法有效，双方均应认真遵守。电子商务公司根据自身经营需要依法制定相应的规章制度，对吴某具有约束力。吴某作为电子商务公司店长，熟知公司规章制度，理应模范遵守。吴某私自截留客户支付的货款、销售不入账、替换公司售卖商品的行为，不仅严重违反了电子商务公司的相关管理制度，也违反了劳动合同的约定。电子商务公司据此立即解除与其的劳动关系符合法律规定，吴某要求电子商务公司支付解除劳动合同经济赔偿金及代通知金的诉讼请求没有法律依据。电子商务公司已于 2022 年 7 月 10 日向吴某支付了其 2022 年 6 月的税后实发工资 13139. 61 元，故无须再行支付。但电子商务公司在计算吴某工资时多代扣了个税 359. 46 元，该款应退还给吴某。吴某 2022 年在电子商务公司已工作的天数为 178 天，折算后的应休年休假时间为 4. 88 天，故电子商务公司应支付吴某 4 天未休年休假工资报酬 5044. 13 元。

湖南省长沙市芙蓉区人民法院依照《中华人民共和国劳动合同法》第三十九条、第四十条和《中华人民共和国民事诉讼法》第六十七条第一款之规定，判决如下：

一、电子商务公司于判决生效之日起五日内向吴某支付六月工资 359. 46 元；

二、电子商务公司于判决生效之日起五日内向吴某支付年休假工资 5044. 13 元；

三、驳回吴某的其他诉讼请求。

吴某不服一审判决，提起上诉。湖南省长沙市中级人民法院同意一审法院裁判意见。

湖南省长沙市中级人民法院依照《中华人民共和国民事诉讼法》第一百七十七条第一款第一项之规定，判决如下：

驳回上诉，维持原判。

【法官后语】

本案处理的重点在于界定吴某的行为是否严重违反了公司规章制度。依据《中华人民共和国劳动合同法》第三十九条的规定，劳动者严重违反用人单位规章制度的，用人单位可以单方解除劳动合同，并无须支付经济补偿金，被称为“过错性辞退”。实际上，涉及规章制度的探讨，包含两个方面的问题。一是规章制度的合法性、合理性的界定；二是“严重违反用人单位的规章制度”的界定。

一、规章制度的合法性、合理性的界定

毋庸讳言，规章制度的内容违反法律、行政法规强制性规定的，均应认定为无效。一般而言，未经民主程序制定的规章制度不能作为解除劳动合同的依据。但是，对于民主程序制定的理解不能僵化把握，在规章制度的内容不违法，没有明显不合理的规定，并向劳动者进行了告知或公示的情况下，仍然可以作为劳动争议案件的审理依据。与合法性相比，更容易产生争议的是如何判断规章制度的合理性。法律对此没有作出明确规定，但是结合司法实践经验来看，一是要结合行业要求、企业特点、工作岗位进行判断，二是要坚持比例性原则，三是要考虑考核标准的可操作性。对规章制度的合理性审查要充分尊重用人单位的用人自主权，在当事人未提出异议的情况下，法院不宜主动审查。

二、“严重违反用人单位的规章制度”的界定

对于判断劳动者的行为是否构成严重违反规章制度的问题，实际上是一个“定量”的问题。一方面有赖于用人单位在规章制度中作出明确界定，另一方面也需要结合一般社会观念、工作岗位、工作职责予以考量。是否给公司造成严重经济损失并非必要考量因素，劳动者的行为虽未造成重大经济损失，但触犯了公司管理底线，仍应认定为严重违反规章制度。

具体到本案中，电子商务公司制定《零售业务部〈红黄牌〉管理制度V2.0版本》系其经营自主权的体现。该规章制度内容并未违反法律、行政法规的强制性规定，内容合法有效。该规章制度虽未经工会或全体职工讨论，但该规章制度没有明显不合理的规定，并已经通过邮件告知吴某，且吴某通过了电子商务公司组织的考试，故该规章制度仍应作为审理案件的依据。吴某私收客户现金200元未入账，将自行购买的便携包放入仓库，经调查后，又将正品便携包私自替换。虽然便携包金额不大，吴某也未给公司造成经济损失，但其行为仍达到严重违反电子商务公司规章制度的程度。首先，电子商务公司制定的

《零售业务部〈红黄牌〉管理制度 V2.0 版本》明确规定员工只能售卖本公司产品，售卖非属门店 POS 系统入库商品、收取款项不入账或不按规定入账、挪用营业款或利用 POS 机套现等行为给予红牌处罚，1 张红牌即解除劳动合同。该规定已经通过邮件告知吴某，吴某的行为明显违反该规定，电子商务公司对其予以辞退并无不当。其次，吴某身为店长，本身具有管理门店日常经营的职责，其私收货款不入账、替换仓库商品的行为明显与其作为店长的工作岗位、工作职责的本质要求严重不相符，在社会观念中也是不被允许的，故电子商务公司与其解除劳动关系属于过错性辞退，无须支付经济赔偿金及代通知金。

值得注意的是，“严重违反用人单位的规章制度”与“给公司造成重大经济损失”是两个不同的概念，不应混淆。吴某的行为虽未造成重大经济损失，但其以违规方式套取电子商务公司利益，扰乱了公司的经营管理秩序，仍属于严重违反用人单位的规章制度的行为。

编写人：湖南省长沙市芙蓉区人民法院　胡啸

22

用人单位以劳动者隐瞒吸毒史违反公司规章制度为由解除劳动合同不构成违法解除

——王某某诉某银行重庆涪陵分行劳动争议案

【案件基本信息】

1. 裁判书字号

重庆市第三中级人民法院（2022）渝 03 民终 1012 号民事判决书

2. 案由：劳动争议

3. 当事人

原告（上诉人）：王某某

被告（被上诉人）：某银行重庆涪陵分行（以下简称某行涪陵分行）

【基本案情】

1990年12月，王某某入职某行涪陵分行，2008年10月30日，王某某与某行涪陵分行签订无固定期限劳动合同。2016年9月1日，王某某因吸毒被公安机关拘留十二日，2016年12月13日某行涪陵分行有关人员询问王某某借款目的是否有吸毒等其他原因，王某某未予承认。2021年7月14日，某行涪陵分行向重庆市涪陵区公安局发函，对本单位所有职工是否有违法犯罪案件信息进行核查，次日，重庆市涪陵区公安局复函，确认王某某于2016年9月1日至13日，因吸食毒品被涪陵区公安局行政拘留。2021年12月7日，某行涪陵分行作出《关于给予王某某行政记大过处分的决定》文件，以王某某吸毒曾被公安机关行政拘留，从而违反某行涪陵分行《员工违规行为处理规定》（王某某学习后于2012年5月7日考试通过）的规定“具有卖淫、嫖娼、赌博、吸毒、贩毒等行为或组织、提供场所的，给予记大过至撤职处分，同时解除劳动合同；情节较重或造成不良后果的，给予开除处分”为由，在征询工会意见后，研究决定给予王某某行政记大过处分，同时解除无固定期限劳动合同。2022年1月6日，王某某向重庆市涪陵区劳动人事争议仲裁委员会申请仲裁，次日，仲裁委员会作出不予受理通知书，王某某遂诉至一审法院。请求法院判决某行涪陵分行支付违法解除劳动合同的经济补偿金等。

【案件焦点】

1. 某行涪陵分行行使解除权是否已过合理期间；2. 某行涪陵分行与王某某解除劳动合同是否合法。

【法院裁判要旨】

重庆市涪陵区人民法院经审理认为：本案中，经民主程序制定的《员工违规行为处理规定》不违反法律法规的相关规定。某行涪陵分行作为金融机构，可依据自身的实际情况制定高于一般社会习俗要求的规章制度，该规章制度内容应当属合法有效。王某某了解并学习了该规定，应当知晓。王某某因吸毒被公安机关行政拘留，其妻以其他借口为由向王某某所在单位请假，规避用人单位发现其被罚的情况。此后，某行涪陵分行找王某某进行告诫谈话，王某某也未主动报告吸食毒品的事实。2021年7月15日，某行涪陵分行发现该事实后，决定与王某某解除劳动合同。尽管《重庆市职工权益保障条例》第二十六条第二款规定，“用人单位应当从知道或者应当知道职工违反规章制度行为之日起一年内作出处理决定。逾期未处理的，不再追究该违章责任”。某行涪陵分行虽时隔五年之久才发现王某某的违规情况，显现了其管理上存有漏洞，但不足以认定用人单位知道或者应当知道，王某某也未提供证据证明已向某行涪陵分行报告过吸毒被行政拘留的事实，故某行涪陵分行是在合理期限内作出处理决定，未丧失解除权。

重庆市涪陵区人民法院依照《中华人民共和国劳动合同法》第三十九条，参照《重庆市职工权益保障条例》第二十六条第二款，《最高人民法院关于民事诉讼证据的若干规定》第二条之规定，判决如下：

驳回王某某的全部诉讼请求。

王某某不服一审判决，以某行涪陵分行应当知道其曾有过吸毒史为由提起上诉。重庆市第三中级人民法院经审理认为：王某某的处罚决定事前已向工会征求意见，且王某某未提供证据证明已向某行涪陵分行报告过曾因吸毒被行政拘留的事实，反而以合法程序请假隐瞒该事实，故不能认定某行涪陵分行于2016年12月13日就知晓王某某吸毒的事实。此外，根据《中华人民共和国劳动合同法》规定，用人单位应当依法建立和完善劳动规章制度，《员工违规行为处理规定》经某银行总行制定并抄送中国人民银行等部门，其目的是加强内部管理，防范操作风险，惩治违规行为等，将吸毒列为解除劳动合同的情形符合法律规定和价值导向。

重庆市第三中级人民法院依照《中华人民共和国民事诉讼法》第一百七十

七条第一款第一项之规定，判决如下：

驳回上诉，维持原判。

【法官后语】

本案是用人单位以劳动者存在吸毒行为，严重违反规章制度为由，行使随时解除权而引发的争议。实践中，用人单位应审慎行使单方随时解除权，但在特定情况下，用人单位及时行使该权利，有利于促进劳动者恪守勤勉义务，以建立稳定长久的劳动关系，从而促进就业稳定和社会和谐。

一、用人单位行使单方解除权受除斥期间限制

本质上看，劳动合同法属合同范畴，而解除权属形成权，用人单位行使解除权应受除斥期间限制，即用人单位在知道或者应当知道劳动者满足解除条件事由之日起一定合理期限内，作出解除劳动合同的决定，否则丧失随时解除权。一方面，劳动者与用人单位之间的力量失衡必然导致劳动者依附于用人单位规定的各种框架中，为追求利益平衡，打破用人单位在合理期间内放弃解除权的行使之后又动辄"秋后算账"等失衡现象，限制随时解除权的行使期间确有必要。另一方面，当出现解除事由而用人单位又不即时行使解除权时，劳动者会被动处于对未来工作、生活惶恐不安的状态，时刻担心被用人单位解聘，不利于劳动关系的稳定和发展。劳动合同法及司法解释并未就用人单位行使随时解除权的合理期限作出具体规定。但实践中，部分地方性法规，如《重庆市职工权益保障条例》规定，用人单位应从知道或应当知道职工违反规章制度行为之日起1年内作出处理决定，逾期未处理的不再追究违章责任。该特别规定既是对法律法规的具体细化，亦是对劳动关系利益平衡的补充，可参考适用。

二、劳动者为自身利益隐瞒违规事实，阻却解除条件成就的，视为解除条件已成就

诚实信用原则是民事活动的基本原则，亦为合同双方信赖的基础。劳动者与用人单位之间签订劳动合同系建立在相互筛选后达成彼此信任的合意之上。通常劳动者在劳动关系中处于弱势地位，但劳动者违背诚信原则，隐瞒自身违规行为，致使用人单位未能及时发现并作出处理决定的，应视为该条件已成就，

应允许在劳动关系中处于强势地位的用人单位一方在知道实际情况之日起，享有随时解除权。值得注意的是，此种情况需满足以下构成要件：一是主体需为劳动者本人；二是劳动者主观上有为自己利益不正当隐瞒的故意；三是劳动者客观上对用人单位实施了隐瞒违规行为的事实；四是该行为具有不正当性、可谴责性。本案中，用人单位将吸毒、嫖娼等违法行为纳入员工违规行为加以规范，劳动者在吸毒被行政拘留后，采取隐瞒吸毒事实，找亲人代为请事假的方式对抗单位的正常管理，致使用人单位处于“不知情”的状态，但该状态并不等于用人单位的容忍与谅解，不能就此开始计算用人单位随时解除劳动合同的合理期间。实践中，不应过分苛责或无限扩大用人单位应尽的职责范围（如主动了解、定期监督等），否则也会增加用人单位的管理成本，打击用人单位的用工积极性，从而抬高劳动者的就业门槛，不利于劳动者充分就业和社会经济的发展。

三、金融机构等特殊用人单位可制定与自身实际情况相符合的管理性规定

银行作为金融机构，肩负着保障人民资金安全、防范金融风险的职责。银行的工作人员，因其工作的便利性，往往可以直接接触大量资金，一旦银行工作人员不洁身自好，将会带来巨大的风险。正因如此，各银行往往制定更为严苛的工作准则及员工违规处理规定。劳动合同法及劳动争议司法解释规定，用人单位在制定涉及劳动者切身利益的规章制度时需满足以下条件：一是与工会或职工代表平等协商确定；二是以此成立的制度应向劳动者公示。本案《员工违规行为处理规定》由用人单位总部民主制定并抄送有关部门备案，且通过学习考试等方式向劳动者传达公示，从制定程序上看，具备正当性。吸毒、嫖娼等行为在法律本身亦持否定性评价，故从制定内容上看，《员工违规行为处理规定》将此作为劳动者违规的重要依据，具有合理性。因此，从实际需求出发，根据行业标准不同，用人单位制定与自身单位实际情况相符的管理性规定，其目的是加强内部管理，防范风险操作，惩治违规行为等，是对法律规范的细化和补充，具有必要性。在不违背公序良俗、符合社会一般认知的情况下并无不当。

编写人：重庆市武隆区人民法院　周雪梦
重庆市第三中级人民法院　伍柯聿

五、追索劳动报酬

23

用人单位对绩效工资能否设定支付条件的认定

——田某某诉实业公司等追索劳动报酬案

【案件基本信息】

1. 裁判书字号

重庆市第五中级人民法院（2022）渝05民终636号民事判决书

2. 案由：追索劳动报酬纠纷

3. 当事人

原告（上诉人）：田某某

被告（被上诉人）：实业公司、贸易公司、商贸公司

【基本案情】

田某某在2009年1月至2012年12月任实业公司副总裁，全面主持贸易板块工作，兼任贸易公司董事长。《第六次总裁办公会议纪要》显示实业公司对田某某导致公司损失的行为进行了处罚，田某某知晓处罚结果。《2011年经营班子效益工资计算表》明确载明“扣风险金益（总额的70%）董事长田某某260084.7241元……”田某某在该表中签字确认。2012年1月19日，实业公司印发《关于下发各子公司2011年度考评结果及效益薪金计发原则的通知》，载

明：各子公司2011年度工作的考评结果及效益薪金发放办法已经2012年元月11日专题办公室审定，现将有关事宜作如下通知……（四）贸易公司1. 考评得分：85分；2. 扣应兑现的年度效益薪金18.05万元；3. 暂扣贸易公司高管2011年度应兑现效益薪金的70%，待铁合金公司相关事件完成担保抵押，欠款全部收回，风险完全解除后予以补兑。2014年1月，田某某与实业公司签订《员工内退协议书》。

另案生效判决认定H公司支付贸易公司货款本金18735437.76元等。经强制执行到3470000元后未发现H公司有财产可供执行并终结执行程序。

【案件焦点】

用人单位对绩效工资（效益薪金）能否设定支付条件。

【法院裁判要旨】

重庆市渝中区人民法院经审理认为：贸易公司仅是暂扣田某某效益薪金，明确表示应收账款全部收回后予以发放，符合效益薪金的应有之义。田某某未能证明涉案的应收账款已收回，其诉讼请求缺乏事实依据。

重庆市渝中区人民法院依照《中华人民共和国劳动合同法》第三十条，《中华人民共和国民事诉讼法》第一百四十二条以及《最高人民法院关于适用〈中华人民共和国民事诉讼法〉的解释》第九十条之规定，判决如下：

驳回田某某的诉讼请求。

田某某不服一审判决，提起上诉。重庆市第五中级人民法院经审理认为：田某某主张贸易公司支付效益薪金的请求不能成立。第一，效益薪金属于绩效工资性质，用人单位对此具有自主权。《中华人民共和国劳动法》第四十七条规定，用人单位根据本单位的生产经营特点和经济效益，依法自主确定本单位的工资分配方式和工资水平。效益薪金具有激励员工提绩增效、提升企业经济效益的作用，用人单位可进行自主调配。贸易公司设置效益薪金及其支付条件，属于依法行使自主经营管理权的行为。第二，董事会决议有权决定公司高管薪酬发放。《中华人民共和国公司法》第四十六条规定，董事会有权聘任或者解聘高级管理人员并决定报酬。本案中，田某某未举证证明《第六次总裁办公会议纪要》作出的薪酬处罚决定违反《中华人民共和国公司法》及公司章程的规定，应属有效、对其具有约束力。第三，公司高管对公司负有忠实义务和勤勉义务。《中华人民共和国公司法》第一百四十七条规定，董事、监事、高级管理人员应当遵守法律、行政法规和公司章程，对公司负有忠实、勤勉义务。田某某担任贸易公司（系国有企业）董事长，被赋予全面负责公司运营的权力，同时承担公司财务风险把控的义务，其履职成效与企业经营效益密切相关。但在其担任公司董事长期间，贸易公司出现1700万元货款及利息至今无法收回的重大损失，其未能尽到勤勉忠实义务。第四，实业公司印发《关于下发各子公司2011年度考评结果及效益薪金计发原则的通知》载明效益薪金的发放条件为“待铁合金公司应收账款风险解除，并经集团同意后予以发放”。田某某对此知晓，并在《2011年经营班子效益工资计算表》签字确认。无证据证实效益薪金已达到支付条件，其应承担举证不能的法律后果。

重庆市第五中级人民法院依照《中华人民共和国民事诉讼法》第一百七十七条第一款第一项规定，判决如下：

驳回上诉，维持原判。

【法官后语】

用人单位对绩效工资（效益薪金）能否设定支付条件，第一种观点认为，根据《中华人民共和国劳动法》第五十条的规定，按月足额支付劳动者工资是用人单位的基本法定义务，用人单位履行该义务不得附加任何条件，否则即为拖欠或者变相拖欠劳动者工资，对绩效工资设定支付条件属于克扣工资，应认定为无效。第二种观点认为，《中华人民共和国劳动法》第四十七条赋予用人单位在工资分配方式和工资水平等方面的自主权。用人单位根据自身经营情况，为激励员工勤勉工作、增强员工的忠诚度等而发放的奖金、奖励、绩效等特殊待遇均属于用人单位能够自主决定发放与否的劳动报酬范围。

笔者赞成第二种观点，理由有三：第一，用人单位对绩效工资（效益薪金）合理设置报酬支付条件系行使自主经营权，未侵犯劳动者合法权益。根据《中华人民共和国劳动法》第四十七条的规定，用人单位可根据自身生产经营特点和经济效益，自主确定本单位员工的工资标准、工资形式，薪资增减条件、福利待遇等其他劳动报酬的发放标准和条件等。赋予企业自主分配权，是社会主义市场经济的内在要求。用人单位根据自身经营情况，在满足劳动者的基本生活需要的前提下，为激励员工勤勉工作、增强员工忠诚度而专门发放的奖金、奖励、绩效工资等均属于用人单位自主决定发放与否的劳动报酬范围。第二，司法尊重公司自治，公司内部法律关系原则上应由公司自治机构调整。公司高管薪酬（包含绩效工资）的发放属于《中华人民共和国公司法》规定的董事会的职权范围。公司高管若无证据证明董事会决议违反《中华人民共和国公司法》或公司章程有关规定，董事会决议应认定为合法有效，公司高管对此承担举证证明责任。第三，高级管理人员对公司负有忠实、勤勉义务，其效益薪金与企业经营效益呈正相关。企业的董事长等高级管理人员被授予企业经营管理权，全面负责公司运营活动。其履职行为的成效与企业的经营效益密切相关，根据公平、诚信的社会主义核心价值观，其绩效工资应与履职尽责相匹配，实现奖优罚劣、奖勤罚懒，促进企业内部正向激励体系的建立和运转。

实践中，企业针对员工的具体表现以及企业的效益情况制定绩效工资的发放条件具有积极的作用，客观上能激发员工工作的积极性，助推企业高质量发展。若因员工故意或者重大过失行为而导致企业亏损时，企业亦有权依照《中华人民共和国公司法》和公司章程的规定，经合法程序形成内部决议，延迟或者停止发放绩效工资。人民法院应当兼顾劳动者合法权益与企业自主经营权的保护，注重劳动关系双方的利益平衡。

编写人：重庆市第五中级人民法院　韩艳　王晓宇　徐凯思

24

已故劳动者的继承人可以向用人单位主张二倍工资差额

——林甲诉工业技术公司劳动合同案

【案件基本信息】

1. 裁判书字号

江苏省无锡市中级人民法院（2022）苏02民终5683号民事判决书

2. 案由：劳动合同纠纷

3. 当事人

原告（被上诉人）：林甲

被告（上诉人）：工业技术公司

【基本案情】

林乙于2020年3月10日入职工业技术公司。2020年12月10日，林乙因工伤导致抑郁，并自杀身亡。在此期间，工业技术公司未与林乙签订劳动合同。林甲系林乙的继承人。林甲认为林乙未签订书面劳动合同的二倍工资差额，属于林乙生前的合法财产，故诉至法院，要求判决工业技术公司向其支付林乙于2020年4月10日至2020年12月10日未签订书面劳动合同的二倍工资的差额49546.64元。

【案件焦点】

1. 二倍工资差额是否已过仲裁时效；2. 如未超过，已故劳动者未签订书面劳动合同的二倍工资差额，其继承人是否能主张。

【法院裁判要旨】

江苏省无锡市锡山区人民法院经审理认为：二倍工资差额并非专属于林乙本人，且不能变现为财产性权利的人身性权利，故林甲作为林乙的法定继承人可以向工业技术公司主张二倍工资差额。林乙在工业技术公司工作时间不满一年，二倍工资的仲裁时效从林乙死亡之日开始起算。本案中，林乙系2020年3月10日入职工业技术公司，2020年12月10日林乙自杀，劳动合同终止，二倍工资的仲裁时效从2020年12月10日起计算至2021年12月10日，故林甲2021年11月19日申请仲裁要求工业技术公司支付二倍工资差额未超过劳动仲裁时效。用人单位自用工之日起超过一个月不满一年未与劳动者订立书面劳动合同的，应当向劳动者每月支付二倍的工资。经核算，工业技术公司应向林甲支付2020年4月10日至2020年12月10日期间工业技术公司未与林乙签订劳动合同二倍工资差额49375.12元。

江苏省无锡市锡山区人民法院依照《中华人民共和国劳动争议调解仲裁法》第二条、第二十五条、第二十七条第一款，《中华人民共和国劳动合同法》第四十四条，《中华人民共和国民事诉讼法》第六十七条、第一百四十五条之规定，判决如下：

一、工业技术公司应于判决发生法律效力后十日内向林甲支付二倍工资差额49375.12元；

二、驳回林甲其他诉讼请求。

工业技术公司不服一审判决，提起上诉。江苏省无锡市中级人民法院经审理认为：林乙系2020年3月10日入职工业技术公司，至2020年12月10日因林乙自杀劳动合同终止，林甲有权主张2020年4月10日至2020年12月10日期间的二倍工资差额，林甲于2021年11月19日申请仲裁要求工业技术公司支付二倍工资差额，未超过劳动仲裁时效，并产生诉讼时效中断的法律后果。继承人有权继承被继承人的合法债权并要求债务人进行清偿，二倍工资差额是用人单位应当支付的由法律规定的惩罚性赔偿金，属于已故劳动者的确定性债权，是一种合法的、可期待的财产利益，继承人可以继承该权利。

江苏省无锡市中级人民法院依据《中华人民共和国民事诉讼法》第一百七十七条第一款第一项之规定，判决如下：

驳回上诉，维持原判。

【法官后语】

《中华人民共和国劳动合同法》第八十二条第一款规定，用人单位自用工之日起超过一个月不满一年未与劳动者订立书面劳动合同的，应当向劳动者每月支付二倍的工资。但对于未签订劳动合同的劳动者死亡后，其继承人能否向用人单主张未签订劳动合同的二倍工资差额？

第一种观点认为，已故劳动者的继承人可以向用人单位主张二倍工资差额。理由：遗产是公民死亡时遗留的个人合法财产，是公民的合法收入，如劳动者的工资、奖金等，包括二倍工资均属于公民的合法收入。既然二倍工资属于已故劳动者的合法收入，那么，已故劳动者的继承人就可以依据《中华人民共和国劳动合同法》第八十二条的规定，向用人单位主张支付未签订劳动合同的二倍工资差额。

第二种观点认为，已故劳动者继承人不可以向用人单位主张二倍工资差额。理由：一是主体不适格。《中华人民共和国劳动合同法》调整的主体是劳动合同双方当事人，即劳动者和用人单位，且二倍工资支付的对象也是劳动者本人。现劳动者死亡，故支付主体资格从法律上已经不存在，而已故劳动者的继承人作为申请人主张二倍工资差额，显然已经突破了劳动合同双方当事人的范畴。二是二倍工资差额并非劳动者的劳动所得，不属于劳动者遗产的范畴。二倍工资中的一倍，实质属于一种惩罚性工资，是对用人单位违法行为的经济处罚，具有罚金的性质，不属于遗产的范畴。二倍工资差额是劳动者不需任何付出而得到的间接收入，属于法律规定的惩罚性措施。从上述内容可以看出，二倍工资差额明显不同于劳动者提供劳动而应获得的劳动报酬，故不属于一般意义上的债权请求权，其兼具人身属性以及惩罚属性。

在上述两种观点中，笔者更倾向于第一种观点。理由如下：

1. 关于已故劳动者继承人的主体资格问题。根据《中华人民共和国劳动争议调解仲裁法》第二十五条规定，丧失或者部分丧失民事行为能力的劳动者，由其法定代理人代为参加仲裁活动；无法定代理人的，由劳动争议仲裁委员会为其指定代理人。劳动者死亡的，由其近亲属或者代理人参加仲裁活动。从上述规定可知，劳动者生前与单位之间的劳动争议纠纷，在其死后，可以由其近亲属参加劳动仲裁，即已故劳动者的继承人享有参加仲裁活动和诉讼活动的主体资格。因此，第二种观点中关于"主体不适格"的理由就无法成立。

2. 二倍工资差额并非基于劳动者的人格权所产生的相关权益，不具有人身权专属性。一般来说，债权的人身依附性只限于精神损害抚慰金的情形。精神损害抚慰金是自然人的人格权，如生命权、健康权受到侵害且造成严重后果时的一种补救措施，该权利与自然人的人身权不可分离，其依附于自然人的人身而存在。而二倍工资的法律依据规定在《中华人民共和国劳动合同法》第七章法律责任中，是对用人单位在法定期限内不履行其法定义务而应支付的惩罚性赔偿。自用人单位违法行为产生之日起至违法行为结束之日止，系用人单位必须支付的违法成本。从该法律属性可知，二倍工资差额请求权不属于自然人人身权延伸，不具有人身权专属性。《中华人民共和国民法典》规定，基于人格权产生的相关权益不能继承，但二倍工资并非基于劳动者人格权产生的相关权益，属于由法律规定的用人单位应当支付的惩罚性赔偿金，是劳动者的确定性债权，故应视为劳动者的合法收入，是可继承的合法财产。

3. 二倍工资的立法目的在于促进书面劳动合同的订立。《中华人民共和国劳动合同法》第十条第一款规定，建立劳动关系应当订立书面劳动合同。同时，针对该条款设立了二倍工资的罚则。因此，立法本意在于规范、督促用人单位合法用工，促进劳动关系双方订立书面的劳动合同。二倍工资差额是基于用人单位未与劳动者签订劳动合同，属于用人单位因违法而应向劳动者承担的法定义务。虽然劳动者已经死亡，但用人单位因违法行为所产生的二倍工资发生在劳动者死亡前并一直延续到劳动者死亡时。作为劳动者的合法财产，其继承人有权向用人单位主张二倍工资的差额部分。如果因劳动者死亡，人民法院直接不予支持继承人的该项主张，实际上相当于免除了用人单位的违法责任。

这样的做法不仅与立法目的相悖，还会放纵用人单位不签订劳动合同的违法行为。

编写人：江苏省无锡市中级人民法院　顾妍　王嘉熙　宁尚成

25

劳动者主张非因用人单位过错未签订书面劳动合同期间二倍工资的不予支持

——康某某诉建设工程公司劳动争议案

【案件基本信息】

1. 裁判书字号

福建省南平市中级人民法院（2022）闽 07 民终 1054 号民事判决书

2. 案由：劳动争议

3. 当事人

原告、被告（上诉人）：康某某

被告、原告（被上诉人）：建设工程公司

【基本案情】

2020 年 5 月 29 日，康某某到建设工程公司的洗煤厂工地从事安装彩钢瓦作业，双方未签订书面劳动合同，建设工程公司未为康某某缴纳工伤保险。同年 7 月 2 日，康某某在工地工作时从高空坠落受伤，被送往医院救治，住院治疗 23 天。同年 12 月 11 日，山西省长治市潞州区人力资源和社会保障局作出《认定工伤决定书》，认定康某某为工伤。2021 年 5 月 31 日，长治市劳动能力鉴定委员会作出长治市职工因工伤残劳动能力《鉴定结论通知书》，鉴定康某某为伤残九级。康某某支付鉴定费 400 元。2021 年 6 月 28 日，长治市劳动能力鉴定委员会作出长治市职工停工留薪期《确认通知书》，确认康某某停工留薪期为6个月。2021年11月29日，康某某因二倍工资劳动争议纠纷向福建省南平市延平区劳动人事争议仲裁委员会申请劳动仲裁，前述仲裁委员会作出仲裁裁决书，裁决建设工程公司支付康某某未订立书面劳动合同二倍工资差额部分13766.47元。康某某、建设工程公司均不服前述仲裁裁决书，向一审法院提起诉讼。

【案件焦点】

建设工程公司是否应向康某某支付未签订书面劳动合同的二倍工资差额13766.47元。

【法院裁判要旨】

福建省南平市延平区人民法院经审理认为：法院生效判决书已认定康某某与建设工程公司于2020年5月29日建立劳动关系，双方未同时订立书面劳动合同，根据《中华人民共和国劳动合同法》第十条、第八十二条规定，建设工程公司应当向康某某支付自2020年6月29日起未签订书面劳动合同的双倍工资，但康某某自2020年7月2日受伤住院后停工留薪6个月及至判决解除劳动关系之日未再提供劳动，且其已享受停工留薪期间的待遇，按照权利义务相一致的原则，康某某再主张建设工程公司支付11个月的二倍工资差额，没有事实和法律依据，不予支持。

福建省南平市延平区人民法院依照《中华人民共和国民事诉讼法》第六十七条，《最高人民法院关于适用〈中华人民共和国民事诉讼法〉的解释》第九十条规定，判决如下：

一、驳回康某某的诉讼请求；

二、建设工程公司无须支付康某某未订立书面劳动合同二倍工资差额部分13766.47元。

康某某不服一审判决，提起上诉。福建省南平市中级人民法院经审理认为：《中华人民共和国劳动合同法》第八十二条第一款规定，用人单位自用工之日起超过一个月不满一年未与劳动者订立书面劳动合同的，应当向劳动者每月支付二倍的工资。按前述法条规定，未签订书面劳动合同的二倍工资，属于基于用人单位未签订书面劳动合同的违法行为而进行的一种惩罚性赔偿。那么，适用惩罚性赔偿则应考量用人单位是否存在违法行为、导致未签订书面劳动合同的原因及用人单位在此过程中是否存在过错。如果系因用人单位的原因导致未签订书面劳动合同，则应由用人单位向劳动者支付未签订书面劳动合同的二倍工资。反之，则不应过分苛责用人单位承担未签订书面劳动合同的二倍工资。本案中，康某某自 2020 年 5 月 29 日进入建设工程公司工作，双方建立劳动关系，则自 2020 年 6 月 29 日起建设工程公司即应与康某某签订书面劳动合同，但在 2020 年 7 月 2 日康某某因工受伤，则建设工程公司应向康某某支付 2020 年 6 月 29 日至 2020 年 7 月 2 日期间的二倍工资差额。但《中华人民共和国劳动争议调解仲裁法》第二十七条第一款规定，劳动争议申请仲裁的时效期间为一年。仲裁时效期间从当事人知道或者应当知道其权利被侵害之日起计算。本案中，自 2020 年 6 月 29 日起，康某某即应知晓建设工程公司未与其签订书面劳动合同，存在侵犯其权利的行为，并从该日起算一年仲裁时效，2020 年 6 月 29 日至 2020 年 7 月 2 日期间的二倍工资差额，于 2021 年 6 月 29 日至 2021 年 7 月 2 日已满一年时效期间。且康某某在此前因工伤申请劳动仲裁时均未就二倍工资提出主张，故亦不存在时效中断的事由。康某某至 2021 年 11 月 29 日才就二倍工资差额部分申请劳动仲裁，且建设工程公司在一审及二审期间均有就康某某的诉请提出超过仲裁时效的抗辩意见，则康某某所主张的 2020 年 6 月 29 日至 2020 年 7 月 2 日期间的二倍工资差额，因已超过一年仲裁时效，不予支持。2020 年 7 月 2 日之后，康某某住院治疗未继续工作，享有停工留薪期 6 个月的工资待遇。在停工留薪期间内，康某某享有的停工留薪期工资属于工伤保险待遇，并不属于劳动报酬，康某某此时仍处于身体康复期间，能否继续工作存在不确定性，若要求建设工程公司承担在此期间未签订书面劳动合同的二倍工资，明显加重了用人单位负担。因此，康某某主张停工留薪期内未签订书面劳动合同的二倍工资差额，缺乏依据，不予支持。在停工留薪期满后至生效判决确认双方劳动关系解除之日，康某某未继续回到建设工程公司上班，也未再提供劳动，按照权利义务相一致的原则，导致未能签订书面劳动合同的过错不在建设工程公司，也不存在建设工程公司故意不签订书面劳动合同、规避法定义务的情形。因此，康某某主张支付该期间内未签订书面劳动合同的二倍工资差额亦缺乏依据，不予支持。

福建省南平市中级人民法院依照《中华人民共和国民事诉讼法》第一百七十六条、第一百七十七条第一款第一项之规定，判决如下：

驳回上诉，维持原判。

【法官后语】

按照《中华人民共和国劳动合同法》第八十二条第一款的规定，用人单位自用工之日起超过一个月不满一年未与劳动者订立书面劳动合同的，应当向劳动者每月支付二倍的工资。本案中，建设工程公司自与康某某建立劳动关系之日起已超过一个月未与其签订书面劳动合同，但一个月之后，康某某即因工伤住院治疗，并依法享受6个月的停工留薪期。在此情形下用人单位是否还应支付康某某停工留薪期内未签订书面劳动合同的二倍工资，应综合审查用人单位是否存在违法行为、导致未签订书面劳动合同的原因及用人单位在此过程中是否存在过错。具体理由如下：

一、未签订书面劳动合同的二倍工资属于用人单位因违反法律规定而应承担的惩罚性赔偿

未签订书面劳动合同二倍工资差额制度设立的目的在于对用人单位违反法律规定未及时与劳动者签订书面劳动合同行为的一种惩罚，以二倍工资差额的方式达到惩戒用人单位的同时督促用人单位尽快与劳动者签订书面劳动合同的效果。《中华人民共和国劳动合同法》第八十二条所规定的劳动者与用人单位建立劳动关系的首月，属于法律给予双方确定劳动合同内容的一个过渡期，该期间属于用人单位对劳动者的履行劳动合同能力的合理考察期，在该期间内未签订书面劳动合同，用人单位可免予惩罚。若劳动者在入职之后发生工伤，因双方关于劳动合同的内容尚无法确定，签订书面劳动合同的期限应自劳动者工伤发生之日起顺延至停工留薪期结束后开始继续起算，才能较为合理地符合二

倍工资对用人单位的惩罚目的。

二、应综合审查导致未签订书面劳动合同的原因

认定该惩罚性赔偿还应结合案件具体情况综合考量未签订书面劳动合同的原因。若在用工过程中劳动者发生意外事故导致需要外出就医治疗或因劳动者自身原因不愿再为用人单位提供劳动，且未及时办理辞职手续，或劳动者主观故意不与用人单位签订书面劳动合同，此时双方今后还能否继续履行劳动合同处于未知的不确定状态。且停工留薪期是工伤职工暂停工作接受医疗的期间，在停工留薪期内劳动者并未提供劳动，用人单位要承担劳动者的正常工资待遇和相关工伤费用，若仍苛责用人单位应与劳动者及时签订书面劳动合同或再支付双倍工资，则难免有过分苛责用人单位承担责任过重之嫌。

本案中，虽在停工留薪期间用人单位与康某某的劳动关系仍然存续，但在康某某受工伤之后，其并未继续为用人单位提供劳动，康某某的治疗恢复情况对让双方是否继续保留劳动关系存在不确定性。因此，用人单位与康某某签订书面劳动合同的时间应顺延至停工留薪期结束，停工留薪期间宜认定为非因用人单位原因导致双方未签订书面劳动合同。

三、应看就未签订书面劳动合同用人单位是否具有主观过错

惩罚性赔偿的适用除了外在形式上要审查用人单位是否存在违法行为外，还应从主观上予以审查用人单位对于未签订书面劳动合同是否存在主观过错，客观与主观相结合从而作出符合惩罚性赔偿立法目的的判断。用人单位已履行诚信通知义务，因不可抗力、意外情况或者劳动者拒签等用人单位主观上并不存在过错的原因，造成未签订书面劳动合同的，不宜认定为《中华人民共和国劳动合同法实施条例》第六条所称的用人单位“未与劳动者订立书面劳动合同”的情形。

本案中，康某某在2020年7月2日受工伤之后，向建设工程公司作出相应意思表示要解除劳动关系，但因其仍在工伤治疗期间，在停工留薪期内双方保留劳动关系。因停工留薪期康某某并未提供劳动，双方劳动关系是否存续存在不确定性，双方的劳动合同内容亦无法明确。因此，宜认定非因用人单位原因

而导致双方在2020年7月2日之后未签订书面劳动合同，不存在建设工程公司故意不签订书面劳动合同、规避法定义务的情形。

编写人：福建省南平市中级人民法院　李清萍

26

负有人事管理职责的劳动者主张未签订劳动合同二倍工资差额的效力认定

——魏某诉建设工程公司劳动争议案

【案件基本信息】

1. 裁判书字号

北京市石景山区人民法院（2022）京0107民初2138号民事判决书

2. 案由：劳动争议

3. 当事人

原告：魏某

被告：建设工程公司

【基本案情】

魏某与建设工程公司自2020年4月16日至2021年9月12日期间存在劳动关系，双方未签订书面劳动合同。

魏某主张未签订劳动合同二倍工资差额，建设工程公司主张魏某除了担任会计岗位的同时还担任公司的行政人事管理工作，包括员工订立劳动合同事宜，魏某未签订书面劳动合同系因其本人工作存在过失所致，其存在从中获利的主观恶意。魏某仅认可其担任会计工作。为证明魏某的工作职责和具体内容，建设工程公司提交：（1）2021年9月12日魏某离职交接时双方签订的交接单，其中显示交接内容有“建设工程公司印章5枚：公章、合同章、财务章、人名章、发票章”“劳动合同文件夹一个”，魏某称其为防止建设工程公司向其恶意索赔，将办公室内未由其管理或经手的公章及劳动合同文件夹等物品一并列明进行了交接，为此魏某提交了另案民事判决书，载明在魏某申请劳动仲裁后，建设工程公司以魏某破坏打印机为由向法院提起财产损害赔偿之诉。(2) 魏某与建设工程公司实际管理人梁某之妻王某微信聊天记录，其中载明：2020年7月24日魏某向王某发送消息称“嫂子，工地有新来的管理人员上班，我这里不方便，您带到工地上时让他们签试用期劳动合同”“以免以后出争议”“您那里没有的话，告诉我，我再给打一些”。魏某解释称其发送以上内容的背景为王某打算与工地新来的管理人员签订劳动合同，王某要求魏某为其打印劳动合同后，其仍担心王某不与上述人员签订合同而提醒王某。(3) 建设工程公司其他员工签订的劳动合同，劳动合同中手写填写内容系魏某笔迹。魏某表示其填写以上劳动合同后，交付建设工程公司使用，其未组织其他员工签订过劳动合同。魏某主张其工作均系接受梁某及王某的指示，为此其提交微信聊天记录若干，其中并无其要求签订书面劳动合同并被拒绝的内容。

魏某于2021年9月18日申请仲裁，仲裁委裁决：确认魏某与建设工程公司自2020年4月16日至2021年9月12日期间存在劳动关系；建设工程公司支付魏某2021年9月工资3872.64元；建设工程公司支付魏某2020年4月16日至2021年9月12日期间未休带薪年休假工资5885.06元；驳回魏某其他仲裁请求。因不服该裁决结果，魏某向法院递交起诉状，诉请支付其未签订劳动合同二倍工资差额、加班费及未休年休假工资。

【案件焦点】

用人单位是否需向魏某支付未签订劳动合同的二倍工资差额。

【法院裁判要旨】

北京市石景山区人民法院经审理认为：本案中，魏某向王某发送的微信内容系魏某提示并安排公司管理人员协助其与新入职员工订立劳动合同。双方提交的交接单可以证明魏某工作期间管理建设工程公司的印章和员工劳动合同书，结合魏某填写其他员工劳动合同的情节，法院认定魏某负责公司内部人员劳动合同的签订工作，魏某提交的证据不足以证明其主张。鉴于魏某工作内容包含劳动合同的签订及管理工作的特殊性，魏某未与自己订立书面劳动合同，又未举证证明其曾要求签订劳动合同并被拒绝的事实，故法院认为建设工程公司不应承担未与魏某签订书面劳动合同的法律后果，对魏某主张的未签订劳动合同二倍工资差额，法院不予支持。

北京市石景山区人民法院依据《中华人民共和国劳动合同法》第三十一条、第八十二条，《最高人民法院关于审理劳动争议案件适用法律问题的解释（一）》第四十二条之规定，判决如下：

一、确认魏某与建设工程公司自2020年4月16日至2021年9月12日期间存在劳动关系；

二、建设工程公司支付魏某2021年9月工资3872.64元；

三、建设工程公司支付魏某2020年4月16日至2021年9月12日期间未休带薪年休假工资11770.12元；

四、驳回魏某的其他诉讼请求。

判决后，双方当事人均未上诉，本判决现已生效。

【法官后语】

《中华人民共和国劳动合同法》中关于“未签订劳动合同二倍工资差额”的规定，是通过赋予劳动者“二倍工资”的请求权，促使用人单位主动与劳动者签订符合法律规定的书面劳动合同，通过劳动合同对用人单位和劳动者的权利义务进行确认，以促进双方建立相对和谐稳定的劳动关系，以减少实践中因未签订劳动合同引发的劳动关系纠纷。从法律性质上看，支付二倍工资差额系对用人单位恶意不签订书面劳动合同的惩罚性措施，而非劳动者通过劳动获得的工资报酬，因此判断劳动者主张的二倍工资差额是否成立时，需着重从用人单位的主观恶意性上予以考虑。

实务中，用人单位与劳动者未签订劳动合同的，一般应向劳动者支付二倍工资差额，但是如果劳动者所负责的工作内容包含与员工签订劳动合同，其需举证证明已向用人单位提出签订劳动合同、用人单位予以拒绝的意思表示。结合本案，法院未支持魏某诉请的二倍工资差额，主要基于以下两点：第一，用人单位不具备故意不签订书面劳动合同的主观恶意性。本案中，用人单位提交的微信聊天记录显示，魏某对于新员工入职签订书面劳动合同有明确的认知，用人单位相关人员按照魏某的提示和安排与新员工签订书面劳动合同，并将签订的书面劳动合同交由魏某予以管理，且用人单位在本案仲裁及庭审过程中均未否认过与魏某的劳动关系及双方的权利义务。在此背景下，用人单位未与魏某签订书面劳动合同不具有明显的故意。第二，虽然劳动者担任会计岗位，但同时还负责新入职员工劳动合同的签订及书面劳动合同的保管。据此可以判断魏某明知签订书面劳动合同的必要性以及不签订书面劳动合同时用人单位需承担的法律后果。在此背景下，魏某未积极向公司提出或促进双方签订书面劳动合同，却在离职后提出二倍工资差额，具有明显的恶意获取额外利益的目的，不符合法律规定中对书面劳动合同和二倍工资差额的定性，亦有违劳动关系中的诚信原则，对此法院不予提倡。

另外，法律对二倍工资差额的权利期间有明确的规定，一般仅限于自用工之日满一个月的次日起算至双方订立书面劳动合同的前一日，最长不超过十一个月；同时对于二倍工资差额的诉请法律亦有严格的时效限制，劳动者主张劳动关系存续期间劳动报酬的，可以在其离职后一年内提出，但是二倍工资差额部分则需从劳动者知道其权利被侵害之日起计算一年仲裁时效。上述规定亦能体现出二倍工资差额的规定对用人单位和劳动者主观性目的上的约束性。

编写人：北京市石景山区人民法院　胡媛

27

劳动者停工留薪期工资与正常工资能否同时兼得的认定

——劳务公司诉邓某劳动争议案

【案件基本信息】

1. 裁判书字号

北京市第一中级人民法院（2022）京01民终6033号民事判决书

2. 案由：劳动争议

3. 当事人

原告（上诉人）：劳务公司

被告（被上诉人）：邓某

【基本案情】

邓某于2020年3月28日到劳务公司工作，工作地点为天津某小区项目工地。2020年4月12日邓某因工受伤，同年6月10日被认定为工伤，停工留薪期为8个月。劳务公司未为邓某缴纳工伤保险。

2021年6月21日，邓某申请仲裁，后某区仲裁委裁决：劳务公司支付邓某2020年4月13日至12月11日停工留薪期工资34800元。劳务公司不服仲裁裁决，向法院提起诉讼。劳务公司主张邓某在停工留薪期内仍然在北京市顺义区、平谷区打工，因此，邓某主张停工留薪期工资的请求不应得到支持。为证明其主张，劳务公司申请证人梁某、赵某某出庭作证，梁某当庭陈述2020年5月到6月，其和邓某与安徽某公司签订劳动合同后，在某养殖场工作至2020年8月左右，并申请过劳动仲裁。赵某某当庭陈述其与邓某是工友，邓某受伤后不能手术要静养，静养没多久就走了，听朋友说邓某在2020年8月左右到其他公司上班。邓某对梁某和赵某某的证言均不认可，称其受伤后是跟着男朋友史某某去了其他工地养伤，史某某在工地工作。

【案件焦点】

劳务公司是否应向邓某支付停工留薪期工资。

【法院裁判要旨】

北京市门头沟区人民法院经审理认为：劳务公司主张邓某受伤后不久就在外兼职工作并取得工资，不应再支付停工留薪期工资。其提交的证据不能证明其主张，故法院对此不予采信。劳务公司应按照原工资标准支付邓某 2020 年 4 月 13 日至 12 月 11 日停工留薪期工资。判决：劳务公司给付邓某 2020 年 4 月 13 日至 12 月 11 日停工留薪期工资 34800 元。

劳务公司不服一审判决提起上诉。北京市第一中级人民法院经审理认为：劳务公司虽不认可《认定工伤决定书》和鉴定意见，但未进一步举证证明《认定工伤决定书》和鉴定意见违法，故法院对其主张不予采信。因劳务公司未为邓某缴纳工伤保险，该公司应按照《工伤保险条例》规定的工伤保险待遇项目和标准支付费用。某区劳动鉴定委员会确认邓某停工留薪期为 8 个月，一审法院对工资标准认定并无不当，据此计算的停工留薪期工资未超过法定标准，法院予以维持。劳务公司主张邓某停工留薪期间存在在外工作的情况不应支付工资，该主张缺乏事实及法律依据，法院不予采信。

北京市第一中级人民法院依照《中华人民共和国民事诉讼法》第一百七十七条第一款第一项规定，判决如下：

驳回上诉，维持原判。

【法官后语】

本案例系工伤职工在停工留薪期内继续参加工作，引发的停工留薪期工资与正常工资是否可以兼得的疑难问题。需要通过司法评价，厘清企业用工管理权和工伤职工合法权益的边界，平衡权利之间的冲突，并对该类纠纷形成相对统一的认定思维路径。

一、停工留薪期工资待遇和参加工作工资兼得的合法性审查

（一）依据法律论证三段论推理明确所依从的法律规范大前提

针对停工留薪期工资和正常工资兼得的合法性审查，从法律逻辑上需要在三个方面依次对是否享有停工留薪期、停工留薪期期间认定、停工留薪期期间恢复工作性质进行审查认定。《工伤保险条例》第三十三条对停工留薪期和期限的认定作出了规定，但停工留薪期的终止以及期内恢复工作工资待遇的处理问题，条例并未作明确规定。因此，是否可以劳动者停工留薪期继续参加工作认定停工留薪期终止以及两者兼得的问题，还需要结合各地的具体规定进行分析研判。

（二）根据《工伤保险条例》结合地方实施细则综合分析判断

关于停工留薪期的终止问题，部分省市未作相关规定，而作出相应规定的地区则普遍明确将“工伤医疗机构证明工伤治愈的”“经劳动能力鉴定后”作为终止条件。因此，一是在地方有相应实施细则规定的情况下，在裁判中未经医疗机构证明工伤已经治愈和未经劳动能力鉴定的，仅以劳动者期内恢复劳动来推断其已经治愈并终止其法定待遇，实则与相应规定相违背。二是在地方未对终止停工留薪期作出相应规定的情况下，以劳动者期内恢复工作停止劳动者享受法定的工伤保险待遇，则无法律依据。三是在用人单位明知工伤职工仍处于停工留薪期内，劳动者经用人单位要求或同意恢复工作，在法律法规及司法解释亦未作出禁止规定的情况下，如果简单否定两者可以兼得，则是否存在赋予用人单位管理权即可要求劳动者在享受工伤保险待遇期间额外提供劳动之嫌疑，使得停工留薪期之规定处于不稳定状态。

二、劳动者权利与用人单位管理权的边界和正当性审查

在对劳动者停工留薪期内参加工作的性质认定上，深层次地触及了劳动者享受社会保险和福利的权利与用人单位管理权的边界问题。如案件中有劳动者主张用人单位为了排除劳动者合法权益，不但不配合进行工伤认定，反而要求劳动者继续参加工作致使劳动者不能及时接受治疗的侵害行为。①

---

① 参见山东省淄博市张店区人民法院（2022）鲁0303民初5059号民事判决书。除单独说明外，本书所引案例均来自中国裁判文书网，2024年4月20日访问。以下不再标注。

（一）避免简单否定性评价衍生出的疑难复杂司法问题和案件

基于工伤职工停工留薪期恢复工作直接认定停工留薪期终止或者否定两者兼得，也衍生了更多复杂的问题。例如，根据《工伤保险条例》停工留薪期间工伤职工工资福利待遇不变，亦不能与劳动者解除劳动关系。而一些用人单位则以恢复工作的工伤职工停工留薪期已经终止，对工伤职工采取降低工资待遇、解除劳动关系，[①] 或者按照一般员工进行管理，并以缺勤、旷工为由对工伤职工予以惩戒、开除处理。此种情形又导致前述三种司法观点，一方面认为劳动者恢复工作系放弃了相应停工留薪工伤保险待遇，而另一方面在劳动者原停工留薪期尚未结束时被降低待遇、解除劳动关系等问题处理上，又要假借《工伤保险条例》第三十三条保护已经合法程序确认享有停工留薪期之工伤职工权益，甚至对工伤职工停工留薪期内恢复工作一段时间后，因身体状况需要休养不能从事劳动的，还需要支持工伤职工继续享受原停工留薪期待遇。但由于停工留薪期需连续计算，[②] 又无法支持工伤职工要求补偿恢复劳动期间停工留薪期的窘境。[③]

（二）从程序的正当性对劳动者权利和单位用人管理权边界进行审查

问题的产生，既源于停工留薪期系法定工伤保险待遇，司法裁判最终在相关牵连问题的处置上必须回归法律规定本身，也在于终止停工留薪期及相关问题的处置中，在没有具体法律法规依据的情况下法官适用了自由裁量权，却并未从程序正当性上进行审查。这就要求在司法裁判中：一是从程序合理性来说，为防止工伤职工保险待遇处于不稳定状态，对工伤职工停工留薪期的异议，用人单位应当在依据停工留薪期目录进行确定时，或者在劳动能力鉴定委员会作出认定时便应该提出。而不能事后仅凭劳动者的行为，便否定已经正当程序确认停工留薪期的法定地位。二是司法裁判对于劳动者享有停工留薪期期限，应

---

① 参见贵州省贵阳市中级人民法院（2018）黔01民终4650号民事判决书。

② 参见《北京市工伤职工停工留薪期管理办法》《重庆市工伤职工停工留薪期管理办法》《湖北省工伤职工停工留薪期管理办法》。

③ 参见湖北省武汉市匈口区人民法院（2016）鄂0104民初第2336号民事判决书。

当在程序正当性上采取更加严格的审查标准。对此，可以参照与之相似的误工费问题处理中把握的裁判规则。如司法实践中，在未结合医疗鉴定证明等相反材料情况下，一般不支持仅以医疗机构出具的休假证明超过合理期限为由调整误工时间的主张。从《工伤保险条例》对停工留薪期期限延长所作的规定来说，相应延长期限需经过劳动鉴定委员会确认。而结合各地的实施细则规则，终止停工留薪期也应经劳动鉴定委员会确认。因此，在司法裁判中，应从程序上审查终止停工留薪期的主张，是否符合或者经过劳动能力鉴定委员会或相关主管部门的确认。

三、停工留薪工资待遇和工资认定的合理性审查

一般来说，由于个体的伤情、体质、恢复状况等差异，工伤职工所确定的停工留薪期间不可避免地出现停工留薪期满后工伤职工尚未恢复仍需接受治疗，和停工留薪期未满但劳动者已经伤愈恢复两种情况。然则，实践中多存在停工留薪期未满，也未经劳动能力鉴定委员会等部门证明伤病完全治愈，而劳动者已恢复工作的情况。事实上对于停工留薪期中的医疗而言，应当包括医治期间和疗养期间，换言之，包括在医院接受治疗与出院后休养恢复期间。因此，工伤职工在停工留薪期内恢复工作并不必然推导出“工伤痊愈”的事实结果，反而其因伤病未愈需要继续休养不能从事劳动的，还应该继续享受剩余乃至延长停工留薪期待遇。就工伤职工恢复工作的原因分析来说，以劳动者恢复工作认定其系放弃相应权利或者身体已经恢复，存在较为牵强的逻辑。

本案中，邓某在劳务公司工作期间因工负伤，被认定工伤后，邓某依法应当享有8个月的停工留薪期。现该劳务公司主张刘某在停工留薪期内继续参加工作，但未有充分证据证明。退一步讲，如刘某在停工留薪期内确实继续参加了工作，可能主观上存在经济利益的考量，亦不能径行认定其身体已经恢复而无须支付停工留薪期待遇。如果一概否定性评价劳动者在停工留薪期间继续参加工作为自愿放弃权利或者认定其身体已经恢复，并就此免除用人单位支付停工留薪期工资的法定义务，势必将形成不当的价值引导。对劳动者停工留薪期间工资待遇纠纷的公正裁判，不仅符合人民群众朴素善良的

正义观，也彰显了司法审判促进社会治理、推动社会运行良性健康发展的应有之义。

编写人：北京市第一中级人民法院　唐达　方硕

28

用人单位应按月折算提前离职劳动者的年度绩效工资

——陈某某诉建筑科技公司等劳动争议案

【案件基本信息】

1. 裁判书字号

重庆市第五中级人民法院（2022）渝05民终4216号民事判决书

2. 案由：劳动争议

3. 当事人

原告（上诉人）：陈某某

被告（被上诉人）：建筑科技公司、装配科技公司、装配式房屋公司、置业公司

【基本案情】

陈某某与建筑科技公司签订《劳动合同》，合同期限自2017年7月4日起至2020年7月30日止。陈某某的工资组成为月薪加年终绩效，年终绩效按绩效规定计算。2020年8月5日，陈某某与建筑科技公司签订《解除劳动合同协议》，约定于2020年6月8日解除双方之间的劳动关系；陈某某2020年1月1日至6月8日绩效工资根据公司绩效考核制度规定，按所在部门考核结果进行发放。2020年8月，建筑科技公司的总公司置业公司发布《员工绩效管理制度》，载明绩效奖金发放前离职（包含被动离职）的员工，绩效奖金不再发放。

建筑科技公司以此为由拒绝向陈某某发放绩效奖金。2021 年 3 月 23 日，陈某某以未支付 2020 年度绩效工资等为由，将建筑科技公司、置业公司及其子公司装配科技公司、装配式房屋公司诉至法院，请求支付 2020 年度绩效工资 150000 元等。

【案件焦点】

劳动者在发放年度绩效工资前离职，是否享有当年度的绩效工资。

【法院裁判要旨】

重庆市江津区人民法院经审理认为：陈某某与建筑科技公司签订的《解除劳动合同协议》明确约定，陈某某 2020 年 1 月 1 日至 6 月 8 日绩效工资根据公司绩效考核制度规定，按所在部门考核结果进行发放。现建筑科技公司仅以在陈某某离职后作出的《员工绩效管理制度》约定绩效奖金发放前离职的员工，绩效奖金不再发放的规定，拒绝向陈某某发放绩效奖金，明显损害了陈某某的合法权益，建筑科技公司应当向陈某某发放《解除劳动合同协议》约定的 2020 年 1 月 1 日至 6 月 8 日绩效工资。对于绩效奖金的工资标准，建筑科技公司作为用人单位，未举示充分证据证明陈某某的绩效奖金计算方式，应承担举证不利后果。本案中，根据陈某某离职前 12 个月工资情况，绩效奖金酌情按天折算为 131524 元。

重庆市江津区人民法院依照《中华人民共和国合同法》第八条、第五十二条、第五十四条，《中华人民共和国劳动合同法实施条例》第二十四条，《中华人民共和国民事诉讼法》第六十七条，《最高人民法院关于适用〈中华人民共和国民事诉讼法〉的解释》第九十条之规定，判决如下：

一、建筑科技公司于判决生效后十五日内向陈某某支付 2020 年度绩效工资 131524 元；

二、驳回陈某某对装配科技公司的诉讼请求；

三、驳回陈某某对装配式房屋公司的诉讼请求；

四、驳回陈某某对置业公司的诉讼请求；

五、驳回陈某某的其他诉讼请求。

陈某某不服一审判决，提起上诉。重庆市第五中级人民法院经审理认为：二审法院同意一审法院裁判意见。二审审理中，建筑科技公司与陈某某均确认按正常计算，陈某某2020年度应享有的年终绩效工资为300040元，一审法院按自然日历天数核算陈某某应享有的2020年度绩效工资为131524元具有事实依据，并无不当。

重庆市第五中级人民法院依照《中华人民共和国民事诉讼法》第一百七十七条第一款第一项之规定，判决如下：

驳回上诉，维持原判。

【法官后语】

本案的争议焦点是劳动者提前离职后能否享有当年度劳动关系存续期间对应折算的年度绩效工资，因此判断“年度绩效工资”的属性是厘清本案争议的关键。

一、年度绩效工资的性质

年度绩效工资，是用人单位在年终对劳动者当年的综合表现与实际业绩进行评估后发放的基本工资以外的报酬，其本质上属于奖金范畴。原劳动部《关于贯彻执行〈中华人民共和国劳动法〉若干问题的意见》中明确规定，“工资”是指用人单位依据国家有关规定或劳动合同的约定，以货币形式直接支付给本单位劳动者的劳动报酬，一般包括计时工资、计件工资、奖金、津贴和补贴、延长工作时间的工资报酬，以及特殊情况下支付的工资等。因此，绩效工资作为奖金的一种形式，属于劳动报酬，是劳动者工资的组成部分，而不只是用人单位激励员工、留住人才的手段。

法律并没有明确规定奖金具体的发放方式、标准等，这是法律赋予当事人进行自我约束、自我调整的内容。因此，绩效工资应根据用人单位与员工之间的约定发放，约定的形式包括具有法律效力的规章制度与双方之间直接签订的协议。

二、年度绩效工资争议的举证责任

绩效工资不属于受法律强制性保护的狭义工资范畴，劳动者只能根据单位规章制度规定或劳动合同约定享有。因此，在举证责任分配上，劳动者就双方存在年度绩效工资的约定承担举证责任，否则仅根据年度绩效发放惯例，无法获得法院支持。在劳动者已举证证明有发放年度绩效的约定后，用人单位就应当对年终奖的具体发放条件、发放形式、发放金额等方面承担举证责任，并对不发、少发年终奖承担举证责任。用人单位拒不提交有关年度绩效发放资料的，应推定劳动者年度绩效工资存在的主张成立。

三、提前离职的劳动者能否享有当年度的绩效工资

对提前离职的劳动者能否享有当年度的绩效工资不能一概而论，应当具体问题具体分析。年终奖金是员工的一种特殊奖励，是否发放及发放标准一定程度上属于用人单位自主经营权的范畴。如果年终奖仅与出勤时间挂钩，则按照出勤时间等比例折算支付更为公平合理；如果年终奖必须是建立在全年考评的基础上，工作不满全年无法获得某些考评的数据即达不到发放的条件，则无法发放奖金有一定的合理性。但应当注意的是，年终奖的发放要遵循“约定优先”的原则，用人单位应当在劳动合同中约定或在规章制度中规定发放条件、发放范围和发放数额，且事先告知劳动者，才对劳动者具有约束力。如果没有事前约定或者规定，那么产生争议后用人单位可能就需要按比例支付年终奖。

具体到本案，陈某某与建筑科技公司签订的《解除劳动合同协议》明确约定，陈某某2020年1月1日至6月8日绩效工资根据公司绩效考核制度规定，按所在部门考核结果进行发放。建筑科技公司应就陈某某不符合发放条件承担举证责任，而其仅以陈某某离职后作出的《员工绩效管理制度》为由拒绝绩效奖金的发放，明显损害陈某某合法权益，故建筑科技公司应当按约定向陈某某发放其在职期间的绩效工资。建筑科技公司未举示充分证据证明陈某某的绩效奖金计算方式，应承担举证不利后果。根据陈某某离职前12个月工资情况，法院酌情按天折算对应期间绩效工资具有合理性。

编写人：重庆市江津区人民法院　高静

29

许诺薪资与要约薪资存在差异时用人单位需承担缔约过失责任

——李某某诉教育科技公司劳动争议案

【案件基本信息】

1. 裁判书字号

北京市第三中级人民法院（2022）京03民终5622号民事判决书

2. 案由：劳动争议

3. 当事人

原告（被上诉人）：李某某

被告（上诉人）：教育科技公司

【基本案情】

2021年6月8日，李某某到教育科技公司面试。其间，教育科技公司告知李某某入职后的工资待遇为试用期基本工资9500元，转正后10500元，课时费单算。2021年6月15日，李某某向原工作单位提出辞职，并于2021年7月7日签订《员工离职协议书》。2021年6月17日，教育科技公司向李某某发出《入职邀请函》，写明李某某录用后的工资待遇为试用期7200元，转正后为9000元。6月18日，李某某就薪资差异问题询问，公司工作人员表示“这个没关系的，这个可能是他搞错了吧，然后那个正常该给你的还是之前我跟你讲好的那个”。6月21日公司工作人员又发信息称：“李老师，刚才又和项目经理沟通了，薪资我们目前入职只能给到9000……”由此导致李某某无法入职。李某某遂于2021年6月24日向北京市朝阳区劳动人事争议仲裁委员会申请仲裁，要求教育科技公司赔偿其从原单位辞职造成不能获得年终奖金的损失 9350 元，为准备面试请事假、准备试讲等要求赔偿 2 个月基本工资损失，每月 9350 元，不能按照商定的时间入职、重新找工作的时间损失 31500 元。后仲裁委不予受理，李某某遂诉至法院。

【案件焦点】

面试许诺薪资与入职要约薪资存在差异，用人单位是否承担缔约过失责任。

【法院裁判要旨】

北京市朝阳区人民法院经审理认为：当事人在订立合同过程中有违背诚信原则的行为，造成对方损失的，应当承担赔偿责任。本案中，李某某提交的微信记录一审法院予以认定，其可证明教育科技公司曾承诺李某某月工资为试用期 9500 元、转正后 10500 元，李某某在此基础上辞去原有工作、到教育科技公司办理入职手续，教育科技公司在李某某办理入职手续时方告知其工资标准降低为试用期 7200 元、转正后 9000 元，导致双方不能签订劳动合同，李某某无法入职。上述教育科技公司的行为有违诚信原则，势必给李某某造成经济损失，因此应当予以赔偿。但对于所主张的，如年终奖金等经济损失李某某并未提供充分有效的证据证明。

北京市朝阳区人民法院依照《中华人民共和国民法典》第五百条规定，判决如下：

一、教育科技公司于判决生效后七日内赔偿李某某工资损失 9000 元；

二、驳回李某某的其他诉讼请求。

教育科技公司不服一审判决，提起上诉。北京市第三中级人民法院经审理认为：根据《中华人民共和国民法典》第七条规定："民事主体从事民事活动，应当遵循诚信原则，秉持诚实，恪守承诺。"劳动者和用人单位在入职前就工资待遇的协商属于订立劳动合同的必要过程，在此阶段，用人单位虽未与劳动者签订正式合同甚至未发出正式要约，但仍然应当诚信招工，就工资待遇与劳动者达成一致，恪守承诺。本案中，教育科技公司在面试后协商待遇时已经与李某某达成了一致，又在李某某入职前反悔，其行为违背了社会主义核心价值观的诚信原则，应当对其行为予以否定性评价。

工资待遇是劳动合同中双方最关注的核心条件之一。本案中，教育科技公司在招聘面试及薪资待遇洽谈过程中先是允诺了较高薪水，在李某某从原单位离职准备入职时才告知李某某真实工资待遇，且与面试沟通时承诺情况存在明显差异，使得李某某对预期获得的工资标准的合理期待落空，导致双方最终未能缔结劳动合同。二审法院认为教育科技公司的上述行为属于在劳动合同订立过程中违背诚信原则的行为，应当依法承担缔约过失责任。教育科技公司应当赔偿李某某在此过程中的合理信赖利益损失。一审法院酌定数额并无不当，教育科技公司针对赔偿金额部分的上诉依据不足，二审法院对教育科技公司的上诉理由不予支持。

北京市第三中级人民法院依照《中华人民共和国民法典》第七条、第五百条，《中华人民共和国民事诉讼法》第一百七十七条第一款第一项，《最高人民法院关于适用〈中华人民共和国民事诉讼法〉的解释》第三百三十二条之规定，判决如下：

驳回上诉，维持原判。

【法官后语】

本案涉及劳动争议中用人单位缔约过失责任的认定。在日常的应聘流程中，劳动合同的订立并非一蹴而就，从劳动者与用人单位双方的初次接触到最后成功签订劳动合同之间往往需要经历多个环节，包括劳动者简历的投递筛选、用人单位对劳动者的面试，以及双方就工资待遇等事宜的协商沟通等。在经历上述多个环节且双方就工资待遇方面达成一致后，用人单位才会给劳动者发放入职要约，并在劳动者接受入职后签订正式的劳动合同。故不难看出，劳动者和用人单位在入职前就工资待遇事宜的协商属于双方之间订立劳动合同的必要过程。而在此阶段，用人单位虽未向劳动者发出正式要约，但仍应秉持诚实信用原则，恪守承诺，信守在招工过程中与劳动者协商达成一致的内容，否则将会给劳动者带来许多不可逆的损失。

《中华人民共和国民法典》第五百条规定："当事人在订立合同过程中有下列情形之一，造成对方损失的，应当承担赔偿责任：（一）假借订立合同，恶意进行磋商；（二）故意隐瞒与订立合同有关的重要事实或者提供虚假情况；（三）有其他违背诚信原则的行为。"缔约过失责任指合同双方为了缔结合同而接触或磋商，一方因故意或过失违反基于诚实信用原则所产生的告知、照顾、保护、通知等先合同义务，给对方造成合理的信赖利益损失或（和）固有利益损失，成立缔约过失责任。《中华人民共和国劳动合同法》虽然未明确规定劳动合同不成立情况下的缔约过失责任，但该法第三条所强调的诚实信用原则与缔约过失责任设立的初衷具有一致性，因此可以从该条推知一方因过错而未能订立劳动合同时需要承担缔约过失责任的结论。故在本案中，李某某因信赖教育科技公司而离职、预期落空未入职后不得不重新寻找工作，这些都会造成李某某的信赖利益损失，其有权依照缔约过失责任请求教育科技公司赔偿相应损失。

就赔偿标准，受到损害的是当事人的信赖利益，信赖利益是指一方基于对另一方将与其订约的合理信赖所产生的利益。信赖利益的损失，是指因另一方的缔约过失行为而使合同不能成立或无效，导致信赖人所支付的各种费用和其他损失不能得到补偿。信赖利益以不超过履行利益为原则，法院在裁判过程中一般会综合考虑劳动者原工资收入水平、用人单位曾经承诺的工资标准、用人单位过错程度、劳动者就业条件（目前是否已经就业、原工作单位工资水平）、所应聘岗位的月工资水平（或用人单位所在地上年度职工平均工作标准）、停止工作时间、办理再就业手续等因素，酌情判定。

编写人：北京市第三中级人民法院　郑吉喆　刘嘉玮

30

用人单位对劳动者降薪的效力认定

——岑某某诉资信评估公司劳动争议案

【案件基本信息】

1. 裁判书字号

北京市第一中级人民法院（2022）京01民终2006号民事判决书

2. 案由：劳动争议

3. 当事人

原告（上诉人）：岑某某

被告（被上诉人）：资信评估公司

【基本案情】

岑某某于2017年5月1日入职资信评估公司，2019年11月前其月工资标准为25000元，2019年11月起调整为8000元。2020年6月17日资信评估公司向岑某某出具《解除劳动合同通知书》指出，双方订立劳动合同时所依据的客观情况发生了重大变化，2020年2月岑某某向公司领导反映薪酬低、不合理，2020年6月岑某某多次要求上调薪酬，故公司根据《中华人民共和国劳动合同法》第四十条第三款之规定，决定自2020年6月18日起与岑某某解除劳动合同。

岑某某主张2019年资信评估公司组织架构几次调整，但其工作职责及工作内容并没有被调整，公司于2019年12月2日口头通知其月工资自2019年11月起降为8000元，其当时就表示了不同意，2020年2月其对公司单方面降薪向公司领导提出了异议，但公司仍然按照月工资8000元的标准向其支付工资直至双方劳动合同解除，故其主张公司未与其协商一致单方面降薪，应向其支付2019年11月1日至2020年6月18日期间的工资差额。

资信评估公司主张2019年3月投资者服务部撤销，岑某某的岗位由投资者服务部总经理调整为市场部投资者专员，因公司薪酬套改未完成，故依然按照管理岗的工资标准给岑某某发放工资；2019年11月公司完成薪酬套改，市场部变更为机构合作部，岑某某仍为投资者专员，其工作内容大幅削减，故公司自2019年11月起按照新岗位的工资标准给岑某某发放工资；针对岗位及薪酬调整，公司已于2019年11月与岑某某沟通，岑某某未在1个月内提出异议，并到新岗位报到工作，故其不应向岑某某支付工资差额。

【案件焦点】

资信评估公司应否向岑某某支付工资差额。

【法院裁判要旨】

北京市海淀区人民法院经审理认为：《最高人民法院关于审理劳动争议案件适用法律问题的解释（一）》第四十三条规定，用人单位与劳动者协商一致变更劳动合同，虽未采用书面形式，但已经实际履行了口头变更的劳动合同超过一个月，变更后的劳动合同内容不违反法律、行政法规且不违背公序良俗，当事人以未采用书面形式为由主张劳动合同变更无效的，人民法院不予支持。本案中，虽然双方对岑某某从总经理调整为专员的具体时间存在分歧，但是根据岑某某发送的电子邮件所载内容“11月人力资源部与我沟通时提到我的工资是按照初级投服专员发放的，但到目前为止，我的工作职责、内容远远超过部门其他投服专员”可知，资信评估公司人力资源部在2019年11月与岑某某沟通薪酬时其工作岗位已经为专员。岑某某未提交有效的证据证明其曾在岗位和薪资变更一个月内提出异议，其应承担举证不能的不利后果，法院对岑某某要求资信评估公司支付工资差额的诉讼请求，不予支持。

北京市海淀区人民法院依据《中华人民共和国劳动合同法》第四十七条、第四十八条、第八十七条，《中华人民共和国劳动法》第四十五条之规定，判决如下：

一、资信评估公司于判决生效后十日内支付岑某某违法解除劳动合同赔偿金差额 53665.33 元；

二、资信评估公司于判决生效后十日内支付岑某某 2020 年 1 月 1 日至 2020 年 6 月 18 日期间的未休年假工资 4413.79 元；

三、驳回岑某某的其他诉讼请求。

岑某某不服一审判决，提起上诉。北京市第一中级人民法院经审理认为：本案争议焦点是岑某某劳动报酬的变更是否经过双方协商一致。《中华人民共和国劳动合同法》第三十五条第一款规定，用人单位与劳动者协商一致，可以变更劳动合同约定的内容。变更劳动合同，应当采取书面形式。劳动者的劳动报酬属于劳动合同的重要内容之一，其内容的变更，尤其是对劳动者不利的变更，应当采取书面形式，使劳动者充分了解其民事法律行为的意义及利害关系，避免作出仓促、轻率的决定。本案中，资信评估公司作为用人单位，将岑某某的劳动报酬从每月 25000 元调整为 8000 元，既未通过书面形式变更劳动合同，又未提供充分有效的证据证明双方协商一致，相反岑某某明确就降薪一事提出了异议，加之资信评估公司亦以双方未能就变更劳动合同内容达成协议为由解除双方劳动关系，足以认定岑某某劳动报酬的变更并未经过双方协商一致。岑某某前往新岗位工作系其原工作部门撤并，资信评估公司未能提供充分有效证据证明诉争期间按照月工资标准 8000 元发放的合法性和合理性。据此法院认定资信评估公司应当按照月工资 25000 元的标准向岑某某补足工资差额，同时对未休年休假工资数额重新核算。综上所述，岑某某的上诉请求部分成立。

北京市第一中级人民法院依照《中华人民共和国民事诉讼法》第一百七十七条第一款第二项之规定，判决如下：

一、维持北京市海淀区人民法院（2020）京 0108 民初 48982 号民事判决第一项；

二、撤销北京市海淀区人民法院（2020）京 0108 民初 48982 号民事判决第二项、第三项；

三、资信评估公司于本判决生效后十日内支付岑某某2019年11月1日至2020年6月18日期间工资差额125942.53元；

四、资信评估公司于本判决生效后十日内支付岑某某2020年1月1日至2020年6月18日期间的未休年假工资13793.16元；

五、驳回岑某某的其他诉讼请求。

【法官后语】

调岗、降薪已成为引发劳动仲裁和诉讼的重要起因，在这类案件的处理中，如何有效平衡保护用人单位的经营自主权和劳动者的合法权益，一直是司法实践需要厘清的难题。具体到本案，问题的核心在于用人单位降低劳动者的工资是否发生法律效力。现根据《中华人民共和国劳动合同法》和相关司法解释对这一问题进行分析。

一、劳动合同内容变更应遵循协商一致原则

工作岗位、劳动报酬等是劳动合同的必备条款，也是构成合同的主要内容。在劳动合同履行过程中，由于市场条件变化、用人单位生产经营需要或者劳动者自身原因等主客观因素，用人单位可能会对劳动者的工作岗位、劳动报酬等进行调整。根据《中华人民共和国劳动合同法》第三十五条的规定，用人单位与劳动者协商一致可以调整劳动报酬，在欲降低薪酬时，则更应该与劳动者进行充分协商并达成书面协议。这是意思自治原则的体现，该原则要求权利和义务的设定、变更须遵循当事人的真实意愿，取得当事人的同意，未经协商达成一致意见，任何一方均不得擅自变更合同内容。根据劳动争议举证责任倒置规则，用人单位需对降薪的合法性和合理性承担举证责任。本案中，资信评估公司未举证证明其与岑某某就降薪协商一致，其单方面作出的降薪决定缺乏生效要件。

二、劳动合同口头变更生效仍以协商一致为前提条件

本案中，用人单位资信评估公司主张降薪合法有效的主要理由是岑某某未在一个月内就降薪提出异议，因此还需要进一步探讨劳动合同口头变更生效的规则。根据《中华人民共和国劳动合同法》第三十五条的规定，变更劳动合同

原则上应当采用书面形式。对于劳动合同的口头变更，原《最高人民法院关于审理劳动争议案件适用法律若干问题的解释（四）》（已失效）第十一条未明确规定“用人单位与劳动者协商一致”为生效条件，导致实践中对该规定误读误用。《最高人民法院关于审理劳动争议案件适用法律问题的解释（一）》第四十三条在原规定的基础上进行了修改完善，明确“用人单位与劳动者协商一致”作为劳动合同口头变更生效的前提条件，但是在司法实践中，对于该条款的适用仍存在一些误区，需要予以厘清。具体到本案，一审法院认为，岑某某在得知岗位和薪资变更后，未在一个月内提出异议，则可以视为双方对该变更达成了一致，故而认为降薪发生效力，岑某某主张工资差额没有依据。二审法院认为，降薪是否经过双方协商一致是案件的争议焦点，在未采用书面形式变更劳动报酬的情况下，用人单位需举证证明已就降薪与劳动者协商一致。可以看出，二审法院强调劳动合同口头变更生效仍以协商一致为前提条件，除非能够举证证明双方已经协商一致，否则，即便劳动者在降薪后超过一个月未提出异议，也并不能以此状态直接推定劳动者同意降薪。劳动者未就降薪提出异议并继续提供劳动，可能是出于现实原因考虑，如担心失去工作。因此，劳动者的沉默不能被视为其作出默认的意思表示，不能视为其同意降薪。

三、基于岗位变动的降薪效力认定

用人单位对劳动者薪酬的调整往往是跟随岗位调整进行的，不同岗位对应不同的薪资标准，即所谓的“薪随岗变”。因此，需进一步探讨“薪随岗变”情况下降薪的效力问题。根据《中华人民共和国劳动合同法》第三十五条的规定，调岗同样以协商一致为原则，用人单位首先应当选择与劳动者进行充分协商。根据《中华人民共和国就业促进法》第八条第一款的规定，用人单位享有自主用人的权利。用人单位根据劳动者的工作表现或者其自身生产经营需要调整工作岗位，是其行使用工自主权的重要体现，适当的岗位调整对于企业的生产经营发展不可或缺。在实践中，基于企业自主权的调岗调薪的效力认定，因涉及因素较多，有其复杂性，需在个案中综合考量调岗调薪行为的合法性和合理性，以平衡保护企业自主权和劳动者切身权益。具体而言，可根据调岗的缘由进行区分，一是劳动者自身的原因，如劳动者不能胜任工作的情形，用人单位享有法定的调岗权利，并可执行“薪随岗变”，但仍应合理确定劳动者的薪资标准，即使降薪，降薪幅度也应在合理范围之内。二是用人单位的原因，如因市场经济条件变化、企业自身经营管理需要或者战略调整所引起的用人单位组织架构调整、部门撤并等，此种情况下应依法保障用人单位调岗的权利，但应尽可能在原劳动合同内容下作较小的变更，保障劳动者与新工作岗位的匹配性，在执行“薪随岗变”时，因调岗不能归责于劳动者，原则上不能降低劳动者的薪酬标准。具体到本案，资信评估公司由于部门撤并调整岑某某的工作岗位，且未经协商一致就将其月工资标准从25000元降低为8000元，此等降薪已超出一般人可接受的范围，对劳动者产生了较大的不利影响，显然缺乏合法性和合理性，应属无效。

编写人：北京市海淀区人民法院　李超强

31

劳动者有权拒绝用人单位以虚拟货币支付工资

——沈某某诉胡某、邓某劳动争议案

【案件基本信息】

1. 裁判书字号

北京市第三中级人民法院（2022）京03民终12380号民事判决书

2. 案由：劳动争议

3. 当事人

原告（被上诉人）：沈某某

被告（上诉人）：胡某

被告：邓某

【基本案情】

2019 年 5 月 20 日，沈某某入职网络公司并签订劳动合同，约定实行不定时工作制，月工资 50000 元，全年发放 14 个月工资、目标绩效奖金税前 50000 元/半年、目标年度奖金税前 50000 元/年。

劳动合同履行过程中，扣除社保、公积金后沈某某的月工资实际以 2574 元人民币+虚拟货币 USDT 的方式支付，其中 2574 元人民币已发放至 2020 年 10 月，USDT 已发放至 2020 年 9 月。

2020 年 10 月 17 日，沈某某因个人原因辞职。2020 年 11 月 27 日网络公司注销，胡某、邓某均为网络公司的股东，办理注销时邓某、胡某出具《全体投资人（发起人）承诺书》，承诺公司不存在未结清清算费用、职工工资、社会保险费用等情形，如果违法失信，则由全体投资人（发起人）承担相应的法律后果和责任。

后沈某某以拖欠工资等为由起诉胡某、邓某，要求以人民币形式支付 2020 年 10 月工资 50000 元、2019 年 5 月 20 日至 2020 年 10 月 17 日 14 薪工资 141666.66 元、目标绩效奖金 100000 元、年度绩效奖金 25000 元、加班费 220689.65 元。邓某未到庭应诉，胡某称不存在拖欠工资、奖金等情形，即使拖欠也应以虚拟货币的形式支付。

【案件焦点】

用人单位能否以虚拟货币支付工资。

【法院裁判要旨】

北京市朝阳区人民法院经审理认为：《工资支付暂行规定》第五条规定，工资应当以法定货币支付，不得以实物及有价证券替代货币支付。我国的法定货币是人民币，虚拟货币不应且不能作为货币在市场流通，故胡某称应以虚拟货币支付工资的请求不应得到支持，沈某某要求以人民币的形式支付工资、奖金等符合法律规定，应予以支持。胡某、邓某作为公司股东，在办理注销登记时所承诺的公司未拖欠工资的事宜与实际情况不符，应对公司的债务承担责任。

北京市朝阳区人民法院依照《中华人民共和国民法典》第一百四十二条第一款，《中华人民共和国劳动合同法》第三十条，《中华人民共和国中国人民银行法》第十六条，《中华人民共和国民事诉讼法》第六十七条、第一百四十七条之规定，判决如下：

一、胡某、邓某于判决生效之日起七日内共同支付沈某某2020年10月1日至2020年10月17日期间拖欠的工资人民币24199.74元；

二、胡某、邓某于判决生效之日起七日内共同支付沈某某2019年5月20日至2020年10月17日期间14薪工资人民币141500元；

三、胡某、邓某于判决生效之日起七日内共同支付沈某某2019年5月20日至2020年10月17日期间目标绩效奖金人民币100000元；

四、胡某、邓某于判决生效之日起七日内共同支付沈某某2019年5月20日至2020年10月17日期间目标年度奖金人民币12500元；

五、驳回沈某某的其他诉讼请求。

胡某不服一审判决，提起上诉。北京市第三中级人民法院同意一审法院裁判意见。

北京市第三中级人民法院依照《中华人民共和国民事诉讼法》第一百七十七条第一款第一项之规定，判决如下：

驳回上诉，维持原判。

【法官后语】

随着区块链技术的发展，虚拟货币相关交易逐渐走入大众视野。假借“创新”“契约自由”之名，虚拟货币不断衍生新变种，向多个经济活动领域渗透，其中也有用人单位使用虚拟货币支付劳动者工资的情况。本案中，网络公司系一家区块链领域的创业公司，沈某某入职该公司担任产品副总裁。在劳动关系存续期间，网络公司以部分虚拟资产（USDT）作为工资发放形式。2020年10月17日，沈某某申请辞职，双方因工资、奖金等是否足额发放发生争议，故沈某某提起诉讼。

一、劳动者有权拒绝用人单位以虚拟货币发放工资

（一）工资应当以法定货币支付

以货币形式支付工资，一方面可以实现按劳分配，直接反映劳动者实际付出的劳动量与劳动报酬之间的关系；另一方面有利于发挥工资的激励作用，充分实现劳动者劳动价值。因此，《工资支付暂行规定》第五条规定，工资应当以法定货币支付，不得以实物及有价证券替代货币支付。

（二）我国的法定货币是人民币

法定货币是国家以法律形式赋予强制性通用的货币，每个国家都有自己的法定货币，根据《中华人民共和国中国人民银行法》第十六条规定，我国的法定货币是人民币。

（三）虚拟货币目前已经被全面禁止流通

因虚拟货币的交易炒作活动扰乱经济金融秩序，严重危害人民群众财产安全，2021年9月15日，中国人民银行、中央网信办、最高人民法院等十部门发布《关于进一步防范和处置虚拟货币交易炒作风险的通知》，明确指出比特币、以太币、泰达币等虚拟货币具有非货币当局发行、使用加密技术及分布式账户或类似技术、以数字化形式存在等主要特点，不具有法偿性，不具有与法定货币等同的法律地位，不应且不能作为货币在市场上流通使用。因此目前虚拟货币相关业务全部属于非法金融活动，一律严格禁止。

（四）以虚拟货币发放工资可能导致劳动者合法权益受到损害

一方面，劳动者获得虚拟货币后常需要通过非法渠道兑换或交易成法定货币才能在日常情况下使用，因虚拟货币本身没有任何实际价值，其所谓对应的“价值”波动快、起伏大，劳动者的合法利益存在缩水风险。

另一方面，任何法人、非法人组织和自然人投资虚拟货币及相关衍生品，相关民事法律行为将会被认定无效，由此引发的损失由其自行承担；涉嫌破坏金融秩序、危害金融安全的，将由相关部门依法查处。因此，劳动者参与虚拟货币投资交易活动亦存在法律风险。

综上，用人单位以虚拟货币支付工资的行为违反法律规定，应被认定为无

效，在劳动合同履行过程中劳动者有权拒绝用人单位以虚拟货币支付工资，以维护自身合法权益。

二、本案的典型意义

本案认定胡某要求以虚拟货币方式支付工资的请求违反法律规定，不应予以支持，同时以胡某、邓某在办理注销时承诺的公司不存在未结清工资事宜与事实不符为由判决其对网络公司的债务承担责任。既旗帜鲜明地否定了虚拟货币支付工资的合法性，又彰显了诚信价值，有利于规范企业用工自主权，维护劳动者合法权益，增强劳工双方的风险防范意识，对于营造守法诚信的用工秩序，构建和谐劳动关系，优化营商环境，维护经济金融秩序和社会稳定具有重要意义。

编写人：北京市朝阳区人民法院　李文丹

六、竞业限制

32

竞业限制条款法定解除权的司法审查

——医疗设备公司诉邓某某竞业限制案

【案件基本信息】

1. 裁判书字号

重庆市第五中级人民法院（2022）渝05民终4097号民事判决书

2. 案由：竞业限制纠纷

3. 当事人

原告（被上诉人）：医疗设备公司

被告（上诉人）：邓某某

【基本案情】

2019年2月12日，医疗设备公司与邓某某签订《劳动合同书》《保密协议与竞业限制协议》，主要约定，邓某某在提供服务期间，不能加入任何竞争企业；在竞争性单位缴纳社会保险即视为邓某某从事了竞业行为；竞业限制期为离职后两年；竞业限制补偿在邓某某离职时另行约定；以及违反竞业限制的违约金。

2020年9月30日，医疗设备公司、邓某某签订《解除劳动合同协议书》。医疗设备公司分别于2021年1月9日、2月18日向邓某某银行转账7200元、

1800 元，用途备注为“竞业限制补偿”。随后，邓某某以“转账有误，原路退回”为由，全部转回。

邓某某 2020 年 10 月参保单位为医疗设备公司，自 2020 年 11 月起，参保单位变更为生物科技公司。医疗设备公司的经营范围包括Ⅱ类医疗器械及配套耗材、配件的研发、生产、销售等；生物科技公司的经营范围包括Ⅰ类、Ⅱ类、Ⅲ类（Ⅲ类为许可项目）医疗器械的研发、生产、销售等。

2021 年 4 月 14 日，医疗设备公司申请仲裁，请求裁决：1. 邓某某继续履行竞业限制义务，不得从事与医疗设备公司有竞争关系的业务工作；2. 邓某某支付医疗设备公司竞业限制违约金 864000 元。劳动仲裁委作出《仲裁裁决书》，裁决驳回医疗设备公司全部仲裁请求。

2021 年 4 月 16 日，邓某某申请仲裁，请求裁决：医疗设备公司支付邓某某年薪拖欠部分工资、经济补偿金、未休年休假经济补偿金、加班工资等；解除双方签署的《保密协议与竞业限制协议》。劳动仲裁委作出《仲裁裁决书》，裁决解除双方于 2019 年 2 月 12 日签署的《保密协议与竞业限制协议》，驳回邓某某的其他仲裁请求。

医疗设备公司不服仲裁裁决提出一审诉讼请求：确认医疗设备公司、邓某某于 2019 年 2 月 12 日签订的《保密协议与竞业限制协议》未解除。

【案件焦点】

医疗设备公司与邓某某签订的《保密协议与竞业限制协议》应否被解除。

【法院裁判要旨】

重庆市九龙坡区人民法院经审理认为：医疗设备公司、邓某某签订的《保密协议与竞业限制协议》，虽然未明确经济补偿的具体金额，但可以通过继续协商和相关规定予以确认，不影响协议的效力，双方应严格按协议约定全面履行义务。双方劳动关系解除后，医疗设备公司虽未积极主动就竞业限制补偿金数额与邓某某进行协商，也未及时向邓某某按月发放补偿金，存在一定过错。但邓某某也不能以医疗设备公司未及时履行支付补偿金的义务为由而拒绝履行竞业限制义务。且邓某某在与医疗设备公司劳动关系解除后一个多月，就到与医疗设备公司生产研发同类或相似或相关产品的企业工作，并从事在医疗设备公司处任职的相同岗位，违反了竞业限制义务，构成竞业违约。医疗设备公司就此有权以邓某某违反竞业限制约定为由不支付相应期间的经济补偿。因医疗设备公司的原因未支付经济补偿的时间并未达到三个月，邓某某无权以此为由解除双方的竞业限制协议，故双方的竞业限制协议并未解除。

重庆市九龙坡区人民法院依照《中华人民共和国劳动合同法》第二十三条、第二十四条，《最高人民法院关于审理劳动争议案件适用法律问题的解释（一）》第三十八条，《中华人民共和国民事诉讼法》第六十七条第一款之规定，判决如下：

医疗设备公司与邓某某于2019年2月12日签订的《保密协议与竞业限制协议》未解除。

邓某某不服一审判决，提起上诉。重庆市第五中级人民法院经审理认为：首先，劳动合同解除后，劳动者与用人单位自动进入《保密协议与竞业限制协议》所约定的竞业限制期间，开始履行双方约定的竞业限制条款。根据法律规定，在竞业限制期限内，用人单位应向劳动者按月支付的经济补偿，累计有3个月以上处于未支付状态的，则劳动者有权要求解除竞业限制约定。但医疗设备公司并未累计达到3个月以上未支付竞业限制补偿金，邓某某无权要求解除竞业限制约定。其次，用人单位在劳动合同解除后未履行竞业限制经济补偿金的支付义务，并不意味着劳动者就可以有约不守，劳动者在三个月的期限内仍应继续履行竞业限制义务。本案中，邓某某2020年9月离职，10月底就以相同岗位入职生物科技公司，且生物科技公司的业务经营范围与医疗设备公司的经营范围存在重合，属于竞争性单位，邓某某明显违反双方竞业限制协议约定，应当承担法律责任。故一审认定双方签订的《保密协议与竞业限制协议》未解除并无不当。

重庆市第五中级人民法院依照《中华人民共和国民事诉讼法》第一百七十七条第一款第一项之规定，判决如下：

驳回上诉，维持原判。

【法官后语】

竞业限制制度系为保护用人单位的商业秘密、知识产权等保密事项，通过合同约定的方式对劳动者就业权作出一定限制，目的是淡化劳动者在职期间所掌握的用人单位的技术秘密和经营信息，是企业保护自身商业秘密的重要手段。

竞业限制条款限制了劳动者的就业自由，客观上会造成劳动者收入的减少，为平衡各方利益，用人单位应对劳动者进行经济补偿。但竞业限制条款并非典型的双务合同，劳动者对用人单位不支付经济补偿金的行为，不当然享有不履行竞业限制义务的抗辩权。按照《最高人民法院关于审理劳动争议案件适用法律问题的解释（一）》第三十八条规定，当事人在劳动合同或者保密协议中约定了竞业限制和经济补偿，劳动合同解除或者终止后，因用人单位的原因导致三个月未支付经济补偿，劳动者请求解除竞业限制约定的，人民法院应予支持。也就是说，只有因用人单位的原因，连续三个月未支付经济补偿的情形下，劳动者才享有法定解除权。在用人单位未支付经济补偿的三个月内，劳动者负有一定容忍义务，仍需履行竞业限制条款。这是立法在尊重用人单位的商业利益和双方合同约定之间作出的适当平衡。本案中，劳动者2020年9月离职，10月就在与原用人单位有竞争关系的其他用人单位（相同岗位）就业，明显违反双方合同约定，未能履行竞业限制义务；且用人单位也在法律规定的三个月内支付了经济补偿。劳动者因自身过错，未能获得法定解除权。

经济补偿涉及劳动者的生存权，在劳动者未能依法按期取得经济补偿时，应优先保护劳动者请求解除竞业限制约定的权利。实践中，在竞业限制合同中对经济补偿金未明确约定，劳动者离职时双方也未对此进行补充约定。进而给劳动者造成若没有领取经济补偿就可以另行择业，原竞业限制协议自动失效的错觉，由此产生不必要的纠纷，不利于劳动关系和谐、社会稳定。以本案为例，用人单位虽然在接近法律规定的最后期限内对劳动者支付了经济补偿金，使得竞业禁止协议继续有效。但引起本案纠纷很大部分原因在于用人单位与劳动者在签订竞业禁止协议时，未能对补偿金标准及支付方式明确约定；在解除劳动合同时，即竞业限制协议生效时也未及时对此进行补充约定。法院对此应秉持能动司法理念，结合类案审判实践，有针对性地向主管部门发出司法建议、报送情况反映。

编写人：重庆市第五中级人民法院　徐凯思　王晓宇

33

未约定经济补偿的竞业限制条款宜认定为有效

——工业公司诉夏某某竞业限制案

【案件基本信息】

1. 裁判书字号

重庆市第一中级人民法院（2022）渝01民终4258号民事判决书

2. 案由：竞业限制纠纷

3. 当事人

原告（被上诉人）：工业公司

被告（上诉人）：夏某某

第三人：机电公司

【基本案情】

1993年7月，夏某某入职工业公司。2007年12月1日，工业公司与夏某某签订无固定期限劳动合同，该合同约定夏某某如离开公司，两年内不得从事涉及甲方商业秘密的工作或活动。2021年3月，工业公司批准夏某某的辞职申请，并对夏某某进行保密提醒谈话，夏某某填写《涉密人员离岗离职保密承诺书》，承诺脱密期限为一年，即从2021年4月7日至2022年4月6日。

夏某某离职后到与工业公司有商业竞争关系的机电公司担任总经理，负责公司全面管理工作。工业公司知晓该情况后遂提起本案诉讼，要求判令夏某某不得担任机电公司总经理，并不得在机电公司（含其出资设立的经营范围与母公司同质的子公司、分公司）就职及工作。

【案件焦点】

工业公司和夏某某签订的竞业限制条款是否有效。

【法院裁判要旨】

重庆市北碚区人民法院经审理认为：工业公司和夏某某签订的劳动合同明确约定了乙方如离开公司，两年内不得从事涉及甲方商业秘密的工作或活动。该条款约定了夏某某离职后的竞业限制，但未约定经济补偿和违约责任。根据《最高人民法院关于审理劳动争议案件适用法律问题的解释（一）》第三十六条第一款“当事人在劳动合同或者保密协议中约定了竞业限制，但未约定解除或者终止劳动合同后给予劳动者经济补偿，劳动者履行了竞业限制义务，要求用人单位按照劳动者在劳动合同解除或者终止前十二个月平均工资的 30% 按月支付经济补偿的，人民法院应予支持”之规定，对未约定经济补偿的竞业限制条款，宜认定为合同必备条款缺失，应当进行补充，而不宜直接作无效认定。另外，劳动者所负担的竞业限制义务应当以知悉的商业秘密为条件，本案中确认夏某某离职后的脱密期为一年，且工业公司在夏某某离职时也告知其在脱密期内的竞业限制，现其到与原用人单位存在竞争关系的企业任职，违反了双方有关竞业限制的约定，故对工业公司要求夏某某继续履行竞业限制义务的诉讼请求，应当予以支持。

重庆市北碚区人民法院判决如下：

一、夏某某在一年的竞业限制期限内（从 2021 年 4 月 7 日起至 2022 年 4 月 6 日止）不得担任机电公司总经理，并不得在机电公司（含其出资设立的经营范围与母公司同质的子公司、分公司）就职及工作；

二、驳回工业公司的其他诉讼请求。

夏某某不服一审判决，提起上诉。

重庆市第一中级人民法院依照《中华人民共和国民事诉讼法》第一百七十

七条第一款第一项之规定，判决如下：

驳回上诉，维持原判。

【法官后语】

近年来，用人单位之间关于科研成果、人才的竞争日趋激烈。为有效保护自身商业秘密，用人单位在招聘劳动者时往往会在竞业限制方面进行约定，劳动者若违反竞业限制义务即引发纠纷。在该类案件的审理中，对未约定经济补偿的竞业限制条款作有效认定，不仅有利于保护用人单位的商业秘密，遏制不正当竞争，护航新质生产力的高质量发展；也有利于在职场树立诚实信用的价值取向，确保劳动关系双方的权利都得以维护。对该种条款作有效认定的理由主要包括：

1. 从立法目的来看，用人单位为了提高市场竞争力，保持竞争优势，在产品创新上投入了大量的人力、财力、物力，竞业限制条款也因此受到极大重视。竞业限制条款系针对部分负有保密义务的劳动者离职后对其就业选择权进行限制的特别协议，其涉及劳动者自主择业权和企业商业秘密权之间的冲突。立法机关为了保护企业利益、维护公平竞争，同时保护劳动者合法权益、有效配置人力资源，制定竞业限制的相关规定。因此，只有认可该类条款的效力，才能使劳动关系双方实现共赢。

2. 从法律规定来看，《最高人民法院关于审理劳动争议案件适用法律问题的解释（一）》第三十六条第一款规定，当事人在劳动合同或者保密协议中约定了竞业限制，但未约定解除或者终止劳动合同后给予劳动者经济补偿，劳动者履行了竞业限制义务，要求用人单位按照劳动者在劳动合同解除或者终止前十二个月平均工资的30%按月支付经济补偿的，人民法院应予支持。就该规定而言，竞业限制经济补偿应当是一种强制支付，不以双方是否约定为前提。在没有约定经济补偿的情况下，若劳动者履行了竞业限制义务，其可以向用人单位主张相应的经济补偿，但前提是对该类条款作有效认定。

3. 从社会效果来看，若直接认定未约定竞业限制期间经济补偿的条款无效，则双方当事人自始不受该条款的约束，劳动者很可能会为了某些特定利益泄露其掌握的商业秘密，让双方签订的竞业限制协议沦为一纸空文。但商业秘密具有特殊性，一旦泄露，将直接导致原用人单位的利益遭到即时侵害，甚至失去市场竞争力，且无“恢复原状”的可能，对原用人单位来说可能是致命打击，打击用人单位的创新积极性。故对该类条款认定为有效，更能实现法律效果和社会效果的统一。

新质生产力的发展不仅需要司法的保护，更需要用人单位、劳动者的共同努力。劳动关系双方在约定竞业限制条款时，应充分考虑双方的权利义务，一旦签订协议，各方均应严格遵守，确保市场健康有序发展。

编写人：重庆市北碚区人民法院　周璐　王建金

34

劳务合同中的竞业限制设立及履行行为认定

——薛某某诉信息技术公司劳务合同案

【案件基本信息】

1. 裁判书字号

北京市第一中级人民法院（2022）京01民终1908号民事判决书

2. 案由：劳务合同纠纷

3. 当事人

原告（被上诉人）：薛某某

被告（上诉人）：信息技术公司

【基本案情】

薛某某在退休后与信息技术公司签订期限自2018年1月1日至2019年12月31日的《聘用协议》，约定信息技术公司聘用薛某某从事副总经理工作。2018年1月9日，双方签署《竞业避止协议》，该协议对双方竞业限制的时间、范围、补偿、调整与免除、启动及终止等均作出了约定。

薛某某主张其离职后，信息技术公司一直没有支付《竞业避止协议》约定的竞业避止补偿金。因《竞业避止协议》约定竞业避止补偿金分为两次支付，其起诉时已经到了支付第二次补偿金的期限，故其要求信息技术公司支付24个月即2020年1月1日至2021年12月31日的竞业避止补偿金。信息技术公司不同意薛某某的请求，主张薛某某系退休人员，双方之间是劳务关系，薛某某不享有劳动合同法规定的竞业限制的相关权利，无权主张竞业避止补偿金；《竞业避止协议》签署后，其公司未支付竞业避止补偿金，未启动竞业限制，薛某某不受竞业避止义务的约束，其不具备主张竞业避止补偿金的基础；《竞业避止协议》未经履行就已经终止，薛某某没有依据主张竞业避止补偿金。信息技术公司提交公司协助总经理负责管理人力资源部的财务总监陶某与薛某某之间的微信聊天记录，以证明公司于2020年7月20日告知薛某某不支付竞业避止补偿金、不启动竞业避止限制、《竞业避止协议》自动终止。该聊天记录显示，2020年7月20日陶某向薛某某发送"薛总，今天正式咨询了律师，律师给予了我们正式的答复，跟之前多次与您沟通的结果一致，就是公司不支付竞业避止补偿，不启动竞业避止限制，协议自动终止，供您参考"。薛某某对该证据的真实性予以认可，但主张微信告知不是正式的书面通知，其至今未收到信息技术公司的书面通知，且陶某只是提出意见供参考，并非向其作出不需要履行竞业避止义务的决定。

【案件焦点】

1. 薛某某作为劳务人员，履行竞业限制义务后是否有权要求信息技术公司支付竞业避止补偿；2. 信息技术公司要求提前终止《竞业避止协议》，在通知薛某某后，是否立刻产生效力；3. 薛某某是否有权要求信息技术公司继续支付竞业避止补偿金。

【法院裁判要旨】

北京市海淀区人民法院经审理认为：薛某某与信息技术公司签署的《竞业避止协议》系双方当事人真实意思表示，未违反法律、行政法规强制性规定，合法有效。薛某某虽非劳动合同法意义上的劳动者，但法律并未禁止劳务关系中的双方约定保密及竞业限制义务，双方当事人应依约履行自己的义务。薛某某自 2020 年 1 月 1 日从信息技术公司离职后，履行了《竞业避止协议》约定的竞业避止义务，信息技术公司支付竞业避止经济补偿金系其履行合同的义务，而非启动竞业限制的条件。信息技术公司未就其公司主张在 2020 年 1 月就告知薛某某不启动竞业限制提交证据予以佐证，故法院对此不予采信。2020 年 7 月 20 日，陶某通过微信通知薛某某"公司不支付竞业避止补偿，不启动竞业避止限制，协议自动终止"，陶某可以代表信息技术公司作出意思表示，因此薛某某应知晓 2020 年 7 月 20 日后其无须再继续履行竞业避止义务。

北京市海淀区人民法院依照《中华人民共和国合同法》第六十条之规定，判决如下：

一、信息技术公司支付薛某某 2020 年 1 月 1 日至 2020 年 7 月 20 日期间的竞业避止经济补偿金 139732.54 元；

二、驳回薛某某的其他诉讼请求。

信息技术公司不服一审判决，提起上诉。北京市第一中级人民法院经审理认为：信息技术公司与薛某某在《竞业避止协议》中所作的关于竞业避止条款的约定，其实质为竞业限制约定，为附起始期限的民事法律行为，而非附条件的民事法律行为。劳动者的竞业限制义务与用人单位支付竞业限制补偿金的义务为同时履行的合同义务。故信息技术公司上诉主张支付竞业限制补偿属于启动履行竞业限制义务的先行条件，法律依据不足，法院不予采纳。此外，用人单位对于竞业限制协议的履行享有即时终止的权利，但需明示告知劳动者，默示的拒绝不能终止竞业限制协议的履行。在用人单位告知劳动者终止履行竞业限制时，劳动者则不必再履行竞业限制约定的义务，用人单位也无须再向劳动者支付竞业限制补偿金。一审法院据此事实依据相关规定判定信息技术公司应支付薛某某竞业限制补偿金的期间及金额并无不当。

北京市第一中级人民法院依照《中华人民共和国民事诉讼法》第一百七十七条第一款第一项之规定，判决如下：

驳回上诉，维持原判。

【法官后语】

竞业限制是一项特殊的法律制度，初衷是保护用人单位的商业秘密、知识产权等信息财富不受侵犯，维护企业在竞争中的优势地位，与员工约定竞业限制义务实质是企业的一种权利。

目前竞业限制被专门规定在《中华人民共和国劳动合同法》中，其第二十三条第一款规定，用人单位与劳动者可以在劳动合同中约定保守用人单位的商业秘密和与知识产权相关的保密事项。

一、劳务关系中双方是否可以约定竞业限制义务

因竞业限制被规定在《中华人民共和国劳动合同法》中，因此目前对于劳务合同中是否可以约定竞业限制义务有两种不同的意见。第一种意见认为，竞业限制协议的订立须以劳动合同的存在为前提，依附于劳动合同基础之上，不能独立存在，因此用人单位无法在劳务合同中与劳务人员签订竞业限制协议，劳务人员也无法根据竞业限制协议享受竞业限制的相应补偿。第二种意见认为，虽然《中华人民共和国劳动合同法》只对劳动合同中的劳动者的竞业限制义务作出了规定，但是法律并未禁止其他用工形式约定竞业限制义务。兼职人员、退休人员在提供劳务获取报酬的过程中，同样可以像其他劳动者一样接触到企业的相关保密事项，企业同样也具有与兼职人员、退休人员约定竞业限制义务的权利和必要，因此劳务合同中可以约定竞业限制义务，签署竞业限制协议的双方亦应依约履行各自的义务。

笔者持第二种意见，回归至本案，薛某某与信息技术公司签署竞业限制协议后，基于对协议的遵从和信赖，在薛某某从信息技术公司离职后，再次寻找工作机会的自由受到限制，在薛某某履行竞业限制义务后，如果信息技术公司不依约支付竞业避止补偿金，薛某某必将蒙受一定的信赖利益损失，只有信息技术公司同样遵从协议，向薛某某支付竞业避止补偿金，才能平衡薛某某因履行竞业限制义务而导致的就业自由受限的经济损失。鉴于薛某某与信息技术公司签署的《竞业避止协议》系双方当事人真实意思表示，未违反法律、行政法规强制性规定，合法有效。薛某某虽非劳动合同法意义上的劳动者，但法律并

未禁止劳务关系中双方约定保密及竞业限制义务，双方当事人应依约履行自己的义务，这也符合民法的自愿、公平和诚实信用原则，因此法院判令信息技术公司向薛某某支付竞业避止补偿金。

二、企业提前解除竞业限制协议的法律后果

《最高人民法院关于审理劳动争议案件适用法律问题的解释（一）》第三十九条规定，在竞业限制期限内，用人单位请求解除竞业限制协议的，人民法院应予支持。在解除竞业限制协议时，劳动者请求用人单位额外支付劳动者三个月的竞业限制经济补偿的，人民法院应予支持。《中华人民共和国劳动合同法》更倾向于劳动者权益的保护，劳动者可以在企业提前解除竞业限制协议的情况下，向企业主张额外三个月的竞业限制补偿款。而回归至本案，薛某某与信息技术公司属于平等的民事主体，双方的权利义务受民法规制和调整，而非劳动合同法规制和调整，双方签署的《竞业避止协议》中并没有对企业提前解除竞业限制协议所需承担的责任进行特别约定，因此信息技术公司无须额外向薛某某支付《竞业避止协议》解除后的竞业避止补偿金，故法院判决信息技术公司应支付薛某某竞业避止经济补偿金至2020年7月20日。

编写人：北京市海淀区人民法院　刘晓　王梓霖

35

劳动者违反竞业限制义务的认定标准

——邓某诉教育科技公司劳动争议案

【案件基本信息】

1. 裁判书字号

北京市第一中级人民法院（2022）京01民终7604号民事判决书

2. 案由：劳动争议

3. 当事人

原告、被告（上诉人）：邓某

被告、原告（上诉人）：教育科技公司

【基本案情】

邓某于2019年6月5日入职教育科技公司，双方签订了期限自当日起至2022年6月4日止的劳动合同，约定邓某从事高级渠道经理工作。同日，双方签订保密、竞业禁止和知识产权归属协议一份，约定乙方担任的职务涉及甲方的业务和技术信息，该等信息属于公司的保密信息……乙方在为甲方工作期间以及甲方的劳动关系（无论基于任何原因）解除或终止后的两年内，不得直接或间接地……（3）受雇于竞争对手，无论全职或兼职，也无论是否获得报酬……明确归于竞争对手和竞争产品的公司中包括科技发展公司……乙方不履行上述义务，应当承担以下违约责任：（1）其从事与甲方相竞争的工作所获得的收益归甲方所有；（2）乙方应当向甲方返还已支付的竞业禁止补偿费；（3）向甲方支付违约金，数额为竞业禁止补偿费总额的五倍。

邓某在职期间月工资为31000元，其于2020年11月20日离职。同日，教育科技公司出具竞业禁止通知一份，载明邓某的竞业限制期限自2020年11月21日起至2021年11月20日止，共计12个月，在竞业期间，邓某不得从事竞业禁止行为，否则将承担相应违约责任。竞业禁止通知附件明确竞争对手包括科技发展公司。

根据教育科技公司掌握的信息显示，邓某在2021年上半年期间存在赴科技发展公司的办公地点提供劳动或服务的事实，且这一事实具有规律性。教育科技公司认为邓某明显违反了竞业协议和竞业通知的约定，要求邓某承担违约责任。

【案件焦点】

1. 邓某离职后是否负有竞业限制义务；2. 邓某离职后是否违反了竞业限制义务。

【法院裁判要旨】

北京市海淀区人民法院经审理认为：首先，关于邓某离职后是否负有竞业限制义务。《中华人民共和国劳动合同法》第二十三条规定，用人单位与劳动者可以在劳动合同中约定保守用人单位的商业秘密和与知识产权相关的保密事项。对负有保密义务的劳动者，用人单位可以在劳动合同或者保密协议中与劳动者约定竞业限制条款，并约定在解除或者终止劳动合同后，在竞业限制期限内按月给予劳动者经济补偿。劳动者违反竞业限制约定的，应当按照约定向用人单位支付违约金。本案中，双方签订的竞业禁止协议中明确约定邓某负有保密义务，因邓某在工作中掌握教育科技公司的客户信息、技术信息等商业秘密，故双方约定邓某负有保密义务并无不当。鉴此，法院认定双方约定邓某在解除劳动关系两年内负有竞业限制义务并未违反法律规定，加之邓某离职时教育科技公司向其出具竞业禁止通知时强调了“公司将与您共同履行竞业协议”，且双方均未提出解除竞业禁止协议，故法院认为邓某应当依约履行竞业限制义务。

关于邓某离职后是否违反了竞业限制义务。首先，根据教育科技公司提交的“某思维”官网截图及企业信用信息查询页面，可以证明科技发展公司系“某思维”的运营主体，该公司与教育科技公司均为在线教育培训机构，经营业务中均包括少儿编程教育类业务，经营范围存在重合，故法院认定教育科技公司与科技发展公司存在竞争关系。其次，根据教育科技公司提交的百度地图搜索结果页面、百度搜索结果页面及公证书，可以证明科技发展公司的办公地点位于北京市某区某大厦 7 层。同时，公证书中的视频显示，“邓某”曾多次进入科技发展公司的办公场所，邓某仅主张无法判断，并未明确否认并非其本人。与此同时，教育科技公司工作人员通过“饿了么”手机程序为邓某订购鲜花一束，收货地址为某大厦 A 座，预留收货的手机号码亦为邓某所使用，订单显示已送达。邓某虽否认收到上述物品，但并未提交相应证据，故其该主张，法院不予采信。结合邓某虽主张无法判断视频中是否其本人，但不否认曾去过某大厦 A 座面试，只是不记得是否去过“某思维”的陈述，教育科技公司提交的证据已经达到高度盖然性的证明标准，法院对教育科技公司所持邓某在离职后为科技发展公司提供劳动或相关服务之主张予以采信，邓某违反了竞业限制义务，应承担相应的违约责任。

北京市海淀区人民法院依照《中华人民共和国劳动合同法》第二十三条之规定，判决如下：

一、邓某于判决生效之日起十日内返还教育科技公司 2020 年 12 月至 2021 年 6 月期间的竞业限制补偿金 63595 元；

二、邓某于判决生效之日起十日内支付教育科技公司竞业限制违约金 223200 元；

三、邓某继续履行竞业限制义务至 2021 年 11 月 20 日；

四、驳回教育科技公司的其他诉讼请求。

邓某、教育科技公司均不服一审判决，提起上诉。北京市第一中级人民法院经审理认为：教育科技公司一审诉讼期间提交经公证的视听资料、订单显示，邓某在竞业限制期内的工作日多次出入“某思维”的运营主体科技发展公司办公地点所在地址，同时，收件人为邓某、收货地址为科技发展公司办公地点、预留收货人手机号码为邓某手机号码的物品订单亦已签收，邓某虽主张无法判断视听资料中所涉人员，但邓某并未否认视听资料中所涉人员系其本人、未否认曾前往科技发展公司办公地点所在楼栋，亦未就工作日多次出入上述地点做出合理解释，邓某主张未收到订单物品，但该订单中收件人为邓某、手机号码为邓某使用，邓某该主张亦与订单显示的签收状态不符且未提供证据予以否定，综合以上情况，教育科技公司提交的证据足以证明邓某在科技发展公司从事工作的情形。一审法院认定邓某违反了竞业限制义务并应承担相应的违约责任并无不当。教育科技公司主张因邓某的违约行为造成损失，并提交公证费、律师费等票据予以证明，但上述费用系教育科技公司主张权利而支出的款项，并非必然发生，不足以认定为邓某违反竞业限制的行为造成的经济损失，对于上述证据的关联性，法院不予确认。

北京市第一中级人民法院依照《中华人民共和国民事诉讼法》第一百七十七条第一款第一项之规定，判决如下：

驳回上诉，维持原判。

【法官后语】

一、竞业限制协议主体是否适格的审查

主要的争议点在于如何防止竞业限制义务被滥用，以及如何平衡劳动者就业择业的自主权利与企业商业秘密的保护。竞业限制起源于公司法中的董事、经理竞业禁止制度。目的是防止董事、经理等利用其特殊地位损害公司利益。在劳动法语境中，竞业限制义务的适用对象包括高级管理人员、高级技术人员和其他负有保密义务的人员。因上述人员掌握企业的商业秘密和与知识产权相关的保密事项，若允许他们入职竞争公司，很可能造成原用人单位商业秘密的泄露并影响企业的核心竞争力，影响公平的市场竞争环境。实践中，存在竞业限制的劳动者范围过于宽泛的现象，部分用人单位认为只要在劳动合同或保密协议中约定了劳动者负有保密义务、需履行竞业限制义务，便可以要求劳动者在离职后一段时间内不得从事相应工作，存在义务主体无差别扩张到普通劳动者的趋势。

笔者认为在确定劳动者是不是竞业限制的适格主体时，应从形式要件和实质要件两个方面进行审查。形式要件方面应重点审查以下内容：(1) 双方存在竞业限制约定，竞业限制的范围、地域、期限由用人单位与劳动者协商确定，竞业限制的约定不得违反法律、法规的规定。用人单位仅通过《员工手册》等规章制度的方式要求劳动者承担竞业限制义务，对劳动者不具有法律约束力。(2) 劳动者离职时，用人单位通过发送竞业限制通知等方式再次向劳动者明确需承担竞业禁止义务的要求，明确表达出要求劳动者履行竞业限制义务的意思表示。(3) 竞业限制期内用人单位依约履行支付竞业限制补偿金的义务。实质要件方面，竞业限制所要保护的标的是商业秘密，即不为公众所知悉、具有商业价值并经权利人采取相应保密措施的技术信息和经营信息，以及与知识产权相关的保密事项。实质要件方面应重点审查以下内容：(1) 职务级别。劳动者的职务级别为项目经理、高级运营工作人员，更有可能接触并掌握企业战略规划、商业模式、重大决策、核心资源储备等核心信息。(2) 工作内容。劳动者从事与企业执行、管理以及业务运营等直接相关的工作，更有可能知悉并接触到企业具有商业价值、处于未公开状态的商业秘密及其他保密事项。而普通劳动者通常难以接触并知悉相关事项。(3) 劳动者的收入。劳动者的收入水平应高于同行业普通工作人员的工资标准。(4) 工龄年限。工作年限越长，越有可能掌握企业的核心经营和技术信息，并可能掌握重要、关键的信息资源。

二、劳动者违反竞业限制行为的事实认定

竞业禁止行为的认定遵循“谁主张，谁举证”的基本证明原则，即由原用人单位就劳动者存在违反竞业限制义务的行为承担举证责任。实践中，竞业限制违约行为呈现日趋隐匿的特点，负有竞业限制义务的劳动者通常刻意隐匿再就职情况，如新用人单位协助劳动者与不具备同业关系的第三方公司签订劳动合同及代缴代扣社保，导致用人单位容易陷入举证困难或举证不足的被动局面。

《最高人民法院关于适用〈中华人民共和国民事诉讼法〉的解释》第一百零八条第一款明确规定：“对负有举证证明责任的当事人提供的证据，人民法院经审查并结合相关事实，确信待证事实的存在具有高度可能性的，应当认定该事实存在。”按照学理通说，民事案件以高度盖然性作为一般证明标准。高度盖然性是指法官从证据中虽未形成事实必定如此的确信，但内心形成事实极有可能或非常可能如此的判断，如果用心证百分比衡量，应当在75%以上。[①]为了纠正竞业限制义务举证责任中存在的证据分布不均匀或者证据偏在现象，在竞业限制纠纷中，在原用人单位完成初步举证后，若能达到“高度盖然性”标准时，则应当由劳动者进行自我举证或合理解释，否则劳动者应自行承担不利后果。实践中，用人单位通常无法收集到劳动者入职新公司并签订劳动合同的决定性证据，通过提供离职劳动者日常进出新用人单位的照片、视频、录音等证明资料、在新用人单位收或邮寄快递的证明资料、个人社交媒体发布竞争公司相关信息的证明资料、竞争公司在各类宣传渠道上展示劳动者个人信息的证明材料等证据的佐证和相互印证，推断出劳动者为新用人单位提供劳动或服务的事实。

关于用人单位拍摄的劳动者视频、照片等证据的合法性问题。在认定隐蔽

① 吴如巧：《我国民事诉讼证明标准体系的再检讨》，载《南大法学》2023年第1期。

型违反竞业限制义务行为时，离职劳动者进出新单位工作场所的视频资料是举证证明劳动者存在竞业限制行为的关键和核心证据。录制此类视频通常是通过偷拍偷录的形式获得，客观上不具备事先征得离职劳动者的同意或者允许其知情的可行性，因此收集此类证据需遵守不进入他人私密空间、不侵犯私人生活安宁等个人信息及隐私保护要素。而影响音视频合法性的主要因素包括场合、手段以及内容两部分。《最高人民法院关于适用〈中华人民共和国民事诉讼法〉的解释》第一百零六条规定，"对以严重侵害他人合法权益、违反法律禁止性规定或者严重违背公序良俗的方法形成或者获取的证据，不得作为认定案件事实的根据"，应当理解为规制对象系对涉及对方当事人的隐私场所进行的偷录并侵犯对方当事人或其他人合法权益的行为，而在公共场所录制的音视频可以作为认定案件相关事实的依据。[①] 因此，用人单位在公司门口等公共场所偷拍偷录劳动者出入场景的证据可以作为认定劳动者入职新公司的有效证据。

编写人：北京市海淀区人民法院　杨朔

36

竞业限制协议的审查要素与价值平衡认定

——教育公司诉刘某劳动争议案

【案件基本信息】

1. 裁判书字号

北京市第一中级人民法院（2022）京 01 民终 3079 号民事判决书

2. 案由：劳动争议

---

① 参见最高人民法院（2015）民提字第 212 号民事判决书。

3. 当事人

原告、被告（上诉人）：教育公司

被告、原告（被上诉人）：刘某

【基本案情】

刘某（乙方）于2015年10月9日入职教育公司（甲方），从事IT工程师岗位工作。双方在劳动合同中约定甲方每月向乙方额外支付500元，作为乙方的保密及竞业禁止的补偿费用。另，双方约定自合同签署之日直至乙方从甲方处离职后的2年期间内，除非获得甲方书面同意，乙方不得以任何方式从事任何与甲方及其关联公司所从事或拟从事的业务相竞争的业务或相类似的业务。此外，在劳动合同附件《职位说明书》载明："需要保守的商业秘密：包括并不限于服务器/交换机用户名/密码，以及设备配置信息。"刘某于2019年11月24日离职，刘某离职前12个月平均工资的30%低于北京市最低工资标准。

刘某以要求教育公司支付2019年11月25日至2020年12月31日的竞业限制补偿金为由申请仲裁，仲裁委员会裁决：1. 教育公司支付刘某2019年11月25日至2020年12月31日的竞业限制补偿金26905.75元；2. 驳回刘某的其他仲裁请求。双方均不服该仲裁裁决，均于法定期限内提起诉讼，刘某起诉在先。刘某起诉请求：教育公司支付2019年11月25日至2020年12月31日竞业限制经济补偿金28600元。教育公司起诉请求：该公司不支付刘某2019年11月25日至2020年12月31日竞业限制补偿金26905.75元。

【案件焦点】

1. 刘某是否属于竞业限制的人员；2. 教育公司是否应向刘某支付竞业限制经济补偿金。

【法院裁判要旨】

北京市海淀区人民法院经审理认为：本案的争议焦点在于刘某是否属于竞

业限制的人员。首先，刘某与教育公司签订的劳动合同约定了竞业限制条款；其次，劳动合同约定刘某的劳动报酬包含每月500元的竞业禁止补偿费，作为刘某保密及竞业禁止的补偿费用；再次，劳动合同附件职位说明书载明刘某需要保守商业秘密；最后，刘某在职期间的工作内容涉及数据服务器管理，能够接触教育公司的客户信息及运营数据。综合以上情况，足以认定刘某属于其他负有保密义务的人员。现教育公司未提交证据证明刘某离职后违反了竞业限制义务，亦无证据证明教育公司曾在刘某离职之日至2020年12月31日期间告知刘某无须履行竞业限制义务，故教育公司应支付刘某2019年11月25日至2020年12月31日竞业限制经济补偿金，鉴于刘某主张的数额未高于法定标准，法院不持异议，予以采纳。北京市海淀区人民法院判决：教育公司支付刘某2019年11月25日至2020年12月31日的竞业限制经济补偿金28600元。

教育公司不服一审判决，提起上诉。北京市第一中级人民法院经审理认为：《中华人民共和国劳动合同法》是兼具公法性质的社会法，且由于在劳动关系中劳动者处于弱势的受支配地位，故为了保护劳动者的合法权益，限制用人单位的行为界限，其很多条文对于用人单位来说是强制性规定。其第二十四条第一款规定的“竞业限制的人员限于用人单位的高级管理人员、高级技术人员和其他负有保密义务的人员”即这样的条款，其明确限定竞业限制人员的范围，目的在于防止用人单位滥用支配地位订立不利于劳动者的条款，保护劳动者就业权。因此，该规定的强制性是针对用人单位来说的，而并非针对劳动者来说的。对于劳动者来说，如果劳动者订立了带有竞业限制条款的格式劳动合同，并在劳动合同解除之后依约履行了竞业限制义务，则其信赖利益应受保护；对于用人单位来说，其提供带有竞业限制条款的劳动合同让劳动者签署，却又在劳动者离职并履行了竞业限制义务后，以该劳动者不属于“高级管理人员、高级技术人员和其他负有保密义务的人员”为由拒绝支付竞业限制经济补偿，这显然有违诚实信用原则。

至于劳动合同中“甲方按照本合同约定向乙方支付的劳动报酬中已经包

含了因承担本合同第十九条不竞争义务而应由甲方做出的所有及全部经济补偿”的约定，法院认定其为无效约定。一方面，因为《中华人民共和国劳动合同法》第二十三条第二款明确规定竞业限制补偿需在劳动者离职后按月给付，目的在于解决劳动者因就业受限而可能导致的生活困难，为其生存提供持续稳定的经济保障，因此，对于用人单位来说，该规定属于强制性规定；另一方面，本案中的劳动合同系用人单位制作并提供的格式合同，上述约定系用人单位利用格式合同免除自己需支付竞业限制经济补偿的法定责任、排除劳动者履行竞业限制义务之后获得履行对价的权利，故法院根据《中华人民共和国劳动合同法》第二十六条第一款第二项，否定上述约定的效力。

现教育公司未提交证据证明刘某离职后违反了竞业限制义务，亦无证据证明其曾在刘某离职之日至2020年12月31日期间告知刘某无须履行竞业限制义务，故教育公司应支付刘某2019年11月25日至2020年12月31日竞业限制经济补偿金，一审判决认定的经济补偿金额准确，法院予以确认。

北京市第一中级人民法院依照《中华人民共和国民事诉讼法》第一百七十七条第一款第一项之规定，判决如下：

驳回上诉，维持原判。

【法官后语】

《中华人民共和国劳动合同法》（以下简称《劳动合同法》）设立竞业限制制度的立法目的在于保护用人单位的商业秘密，该制度在客观上限制了劳动者的就业选择权。因此限定适用竞业限制的主体范围，对于防止用人单位滥用支配地位侵害劳动者的择业自由权十分必要。当前，由于实践中对“其他负有保密义务的人员”的判断标准存在不同理解，致使很多基层普通员工也被要求与用人单位签订竞业限制协议。竞业限制泛化问题，不仅在一定程度上遏制了劳动力在市场主体之间的自由流动，也背离了立法本意。

本案中，劳动者离职后依约履行竞业限制协议，诉请用人单位支付对应的竞业限制补偿金，但用人单位则以与所有员工签订格式劳动合同中均约定竞业限制条款，劳动者以此主张经济补偿金违背诚实信用原则增加企业成本为由主张竞业限制条款无效。针对竞业限制条款的滥用症结，在裁判中应当通过法律解释、举证责任分配等合理平衡各方利益，促使市场主体行为回归至竞业限制制度的立法目的。其中应当注意以下几点：

一、《劳动合同法》社会法性质对用人单位的强制性规定

《劳动合同法》第一条立法宗旨之一，就是明确劳动合同双方当事人的权利和义务，保护劳动者的合法权益。而《劳动合同法》又是兼具公私法性质的社会法。因此，在考虑劳动者是否属于竞业限制的人员时，需要从其社会法性质来进行整体解读。根据《劳动合同法》第二十四条第一款之规定，竞业限制的人员限于用人单位的高级管理人员、高级技术人员和其他负有保密义务的人员。竞业限制的范围、地域、期限由用人单位与劳动者约定，竞业限制的约定不得违反法律、法规的规定。但是如何审查劳动者是否属于适格的负有保密义务的人员？有观点认为，根据《劳动合同法》第二十三条第二款之规定，基于劳动者签订保密协议的事实，即可以认定劳动者属于负有保密义务的人员。有观点认为，可以根据劳动者的工作岗位、内容及签订保密协议的事实，推定而无须审查地判断劳动者是否可以接触商业秘密。① 还有观点认为，应当要求用人单位承担举证责任证明劳动者接触了公司商业秘密。

实则，上述观点在审查劳动者是否属于适格的负有保密义务的人员时，往往是从不同角度切入对劳动者权益进行保护的。就本案而言，在考虑劳动者是否属于竞业限制的人员，首先应基于《劳动合同法》社会法性质来考量。对于用人单位来说，《劳动合同法》第二十三条虽然使用了“可以”等文字表述，但其性质却是授权性的强制性规定。其条文的根本目的还是平衡保护用人单位商业秘密、保障劳动者就业权、促进劳动力合理流动以及正常的商业竞争之间的关系。换言之，上述规定的强制性针对的是用人单位，而非劳动者。因此，在案件审理中，针对劳动者依约履行了竞业限制条款后向用人单位主张给付经济补偿的，即便用人单位可能在签订劳动合同时有意扩大了竞业限制人员范围，

---

① 参见杨俊生：《竞业限制纠纷案件的法律适用》，载《人民司法》2024年第4期。

但在双方约定不违反法律、法规的规定下，可以通过形式审查的方式认定用人单位与劳动者竞业限制条款的效力，以合理保护劳动者信赖利益。

二、用人单位滥用竞业限制条款的实质审查

实践中，一些用人单位常常采取无差别地与劳动者约定竞业限制条款和高额的违约金方式限制劳动者权利。究其原因，还是竞业限制条款存在一定的操作空间，可以给其带来潜在巨大收益。一方面，用人单位以侵害劳动者合法权益的方式扩大竞业限制人员范围，并以较低的成本和约定高额违约补偿金遏制人才外流。一些用人单位还会根据自身意愿在劳动者离职时，以通知的方式免除自身义务，有选择性地支付劳动者竞业限制经济补偿。另一方面，根据《最高人民法院关于审理劳动争议案件适用法律问题的解释（一）》第三十八条之规定，因用人单位原因导致三个月未支付经济补偿，劳动者可以请求解除竞业限制。因此，用人单位未按约支付补偿金并不必然导致竞业限制条款失效，用人单位可以选择性地通过诉讼获取高额违约金或打压竞争对手。

就本案而言，依用人单位陈述其通过格式劳动合同的方式与劳动者统一约定竞业限制条款，显然存在用人单位滥用支配地位扩大竞业限制范围的嫌疑。但本案系用人单位在劳动者遵守竞业限制协议后，企业又主张劳动者不属于竞业限制人员范围因此不应承担竞业限制经济补偿金。针对用人单位滥用竞业限制条款向劳动者提起诉讼的案件，需要根据不同情况有区别地进行处理。一是在劳动关系中可以约定离职后竞业限制义务的人员范围限于知悉用人单位商业秘密和与知识产权相关的保密事项的劳动者，针对可能无差别扩大到普通劳动者的情形应进行严格审查。二是遵循主体推定的审查方式，针对高级管理人员、高级技术人员其明确主张自己不属于“其他负有保密义务的人员”时，应根据双方约定、用人单位特点、劳动者岗位和工作内容等严格审查劳动者是否知悉公司商业秘密。三是当劳动者主张其不属于可以约定竞业限制义务的人员时，由用人单位承担相应的举证证明责任，强化用人单位举证说明义务。必要时，对劳动者接触的商业秘密作出具体说明，避免仅依据劳动者与用人单位签订保密协议的事实而认定其属于其他负有保密义务的人员。

三、基于诚实信用原则平衡各方利益

就本案而言，刘某与教育公司签订的劳动合同明确约定了竞业限制条款以及工资报酬中的竞业禁止补偿费用，同时，劳动合同附件职位说明书亦载明刘某需要保守商业秘密。而从刘某在职期间的工作内容来说，主要涉及数据服务器管理，属于可以接触用人单位的客户信息及运营数据的人员范畴。根据上述事实，形式要件上满足《劳动合同法》对于“其他负有保密义务的人员”基本要求，因此可以认定刘某属于其他负有保密义务的人员。而教育公司在案件审理时未提交证据证明刘某离职后违反了竞业限制义务，亦无证据证明教育公司曾在刘某离职之日至2020年12月31日期间告知刘某无须履行竞业限制义务。“任何人不得从自己的错误行为中获益。”司法产品最重要的是让人们理性地接受和认同。[①] 例如，在最高人民法院发布的“开发商‘自我举报’无证卖房毁约案”中，[②] 法院针对开发商企图通过诉讼让违背诚信的行为获取不正当利益诉求，综合权衡合同目的、履行情况、立法目的等因素，对开发商不诚信行为采取否定性评价，有效传递公平理念，保护消费者的合法权益。本案中，用人单位居于支配地位要求劳动者签署竞业限制协议，却在劳动者履行竞业限制义务后又以劳动者不属于竞业限制主体范围为由，主张不承担经济补偿义务，有违诚实信用原则。法院在自由裁量权行使中，对用人单位的行为采取否定性评价，较好地平衡了各方利益，促使市场主体行为回归理性，更加符合竞业限制制度的立法目的。

编写人：北京市第一中级人民法院　唐达　方硕

---

① 参见张贺：《让社会主义核心价值观成为全社会共识——访中共中央党校报刊社社长兼总编辑谢春涛》，载《人民日报》2014年1月22日。

② 参见《人民法院大力弘扬社会主义核心价值观十大典型民事案例》，载最高人民法院网，https://www.court.gov.cn/zixun/xiangqing/229041.html，2024年4月19日访问。

37

竞业限制义务违约责任的认定标准及法律适用

——刘某某诉科技公司劳动争议案

【案件基本信息】

1. 裁判书字号

北京市第二中级人民法院（2022）京 02 民终 11657 号民事判决书

2. 案由：劳动争议

3. 当事人

原告、被告（上诉人）：刘某某

被告、原告（被上诉人）：科技公司

【基本案情】

刘某某于 2015 年 3 月 23 日入职科技公司，担任销售岗位。双方于 2018 年 3 月 23 日签订期限至 2021 年 3 月 22 日的劳动合同。

2018 年 1 月 3 日，科技公司（甲方）与刘某某（乙方）签订《保密及竞业限制协议》。该协议载明："乙方承诺：乙方在任职期间及不论何种原因离职之日起二年内，不得直接或间接以任何方式受雇于或代表任何其他第三人从事与甲方或其关联机构类似或有竞争性业务之工作包括自己开业经营同类产品、从事同类业务……甲方在解除或终止劳动协议后，在竞业限制期限内按月给予劳动者经济补偿。甲乙双方约定每月竞业禁止补偿金数额为乙方离职前上一个月正常出勤所对应的标准岗位工资（该标准岗位工资不包括奖金、年终奖、提成、补贴、津贴等其他收入）的 25%……乙方如违反本协议所约定的竞业限制条款，应当立即终止在甲方有竞争性的单位的工作，恪守本协议竞业限制的约定；乙方支付本人于甲方离职前上一个月正常出勤所对应的标准岗位工资的 24 倍作为违约金，并承担由此而造成的所有甲方之损失……”

2020 年 8 月 10 日，刘某某因个人原因离职，离职前月岗位工资为 18500 元。当日，科技公司作出《履行保密及竞业限制相关义务提示函》，提醒其切实履行竞业限制义务，并注明软件公司等公司为竞业限制公司。

2020 年 8 月 14 日，刘某某入职软件公司，担任销售岗位。

2020 年 8 月至 9 月期间，科技公司多次向刘某某支付竞业补偿。刘某某将钱款退还并注销银行账户。

2020 年 10 月 20 日，科技公司向刘某某发送邮件，要求刘某某遵守竞业限制义务并提供真实有效的收款账户信息。2020 年 12 月 28 日，科技公司再次向刘某某发送《关于要求提供竞业补偿金收款账号、履行竞业限制义务凭证及提示相关后果的警示函》。

另查，科技公司在本案诉前向北京市西城区劳动人事争议仲裁委员会申请仲裁，请求：1. 刘某某继续履行竞业限制义务，从软件公司及其关联公司离职；2. 支付违约金 444000 元；3. 支付维权费用 128500 元。2021 年 10 月 18 日，该委员会作出裁决书，裁决：1. 刘某某继续履行竞业限制义务；2. 刘某某支付科技公司违反竞业限制违约金 54112.50 元；3. 驳回科技公司的其他仲裁请求。后双方均不服该裁决，在法定时限内起诉至法院。刘某某诉讼请求：1. 无须履行竞业限制义务；2. 无须向被告支付违反竞业限制义务违约金 54112.5 元；3. 本案诉讼费由科技公司承担。科技公司诉讼请求：1. 刘某某继续履行竞业限制义务，并从软件公司及其关联公司离职；2. 刘某某向科技公司支付违约金 444000 元；3. 刘某某赔偿科技公司因本案所支出的合理费用 128500 元；4. 本案诉讼费用由刘某某承担。

再查，截至 2022 年 3 月 30 日案件开庭当日，刘某某仍在软件公司工作。

【案件焦点】

刘某某的行为是否违反了竞业限制义务。

【法院裁判要旨】

北京市西城区人民法院经审理认为：劳动者违反竞业限制约定的，应当按照约定向用人单位支付违约金。本案中，科技公司与刘某某签订的《保密及竞业限制协议》中已明确约定了双方的竞业限制权利及义务。该协议系双方平等、协商签订，未违反法律、法规的规定，双方当事人均应遵守上述协议中的相关权利义务的约定。根据庭审查明的事实，可以认定科技公司在双方解除劳动合同后已履行了支付竞业限制补偿金的义务，而刘某某入职软件公司的行为，明显违反了双方《保密及竞业限制协议》的规定，应承担违约责任。

关于违约金数额问题。本案中，双方约定的违约金数额与刘某某可得的竞业限制补偿金数额差距过大。因科技公司未举证证明其公司因刘某某行为所受到的实际损失，故法院基于公平原则和诚实信用原则，同时综合考虑刘某某离职前担任的岗位、在岗时间、其过错程度及持续时间等因素依法确定违约金为200000元，对于科技公司主张的违约金过高部分及刘某某主张无须支付违约金的请求均不予支持。另外，科技公司主张刘某某支付律师费等维权费用的请求，缺乏法律依据，法院不予支持。

关于刘某某是否应当继续履行竞业限制义务的问题。劳动者违反竞业限制约定，向用人单位支付违约金后，用人单位要求劳动者按照约定继续履行竞业限制义务的，人民法院应予支持。因此，双方应当按照《保密及竞业限制协议》的约定，继续履行竞业限制协议至2022年8月9日。科技公司要求刘某某从软件公司及关联公司离职的请求，不属于劳动争议案件受理范围，法院对此不予处理。

北京市西城区人民法院判决如下：

一、原告（被告）刘某某继续履行竞业限制义务至2022年8月9日；

二、本判决生效之日起十日内，原告（被告）刘某某支付被告（原告）科技公司违反竞业限制违约金200000元；

三、驳回原告（被告）刘某某的诉讼请求；

四、驳回被告（原告）科技公司的其他诉讼请求。

刘某某不服一审判决，提起上诉。北京市第二中级人民法院经审理认为：刘某某在科技公司从事销售工作，属于能够掌握该公司商业秘密的人员范围，双方签订的《保密及竞业限制协议》系双方平等协商，并未违反法律、法规的强制性规定，应属合法有效，双方当事人均应遵守。科技公司在双方解除劳动关系后主动履行单位方的协议义务。刘某某离职后的行为明显违反其负有的竞业限制义务，应承担相应的违约责任。关于违约金数额问题，鉴于刘某某违约故意明显，且在科技公司提起诉讼后仍未从软件公司离职，一审法院酌情确定其向科技公司支付违反竞业限制违约金200000元，并无不当。另，一审法院判决刘某某应当继续履行竞业限制义务至协议期满，亦无不当。

北京市第二中级人民法院依照《中华人民共和国民事诉讼法》第一百七十条第一款第一项之规定，判决如下：

驳回上诉，维持原判。

【法官后语】

《中华人民共和国劳动合同法》第二十三条规定："用人单位与劳动者可以在劳动合同中约定保守用人单位的商业秘密和与知识产权相关的保密事项。对负有保密义务的劳动者，用人单位可以在劳动合同或者保密协议中与劳动者约定竞业限制条款，并约定在解除或者终止劳动合同后，在竞业限制期限内按月给予劳动者经济补偿。劳动者违反竞业限制约定的，应当按照约定向用人单位支付违约金。"第二十四条规定："竞业限制的人员限于用人单位的高级管理人员、高级技术人员和其他负有保密义务的人员。竞业限制的范围、地域、期限由用人单位与劳动者约定，竞业限制的约定不得违反法律、法规的规定。在解除或者终止劳动合同后，前款规定的人员到与本单位生产或者经营同类产品、从事同类业务的有竞争关系的其他用人单位，或者自己开业生产或者经营同类产品、从事同类业务的竞业限制期限，不得超过二年。"从以上法条可以看出，竞业限制设立的目的在于通过保护用人单位的商业秘密，防止人才流失来维护用人单位的竞争优势。

为妥善处理因竞业限制产生的劳动争议案件，须对竞业限制条款的有效性进行审查。审查范围一般包括以下方面内容：(1) 用人单位是否具有值得保护的利益；(2) 劳动者是否掌握相关的利益；(3) 竞业限制条款对于时间、范围、地域等因素的约定是否合理正当；(4) 劳动者因此受到的不利益是否可以通过获得补偿来填补。具体到本案，科技公司的经营范围为计算机软件的技术开发、咨询，这与刘某某后入职的新公司在经营范围上存在重合性，公司之间存在竞业关系。刘某某作为销售人员，掌握了科技公司的客户资料，并且与科技公司签订了《保密及竞业限制协议》，故其应当按照协议要求诚信履行竞业限制义务。刘某某离职后，科技公司依约向其支付补偿金。但刘某某迅速入职竞业单位，退还补偿金并注销补偿金支付账户，经科技公司屡次提示后，仍然不予纠正。刘某某违约的主观故意明显，应当向科技公司支付违约金。

本案是一起典型的劳动者违反竞业限制义务而承担违约责任的案例。此类案件中，有以下几个问题需要注意：(1) 关于商业秘密的界定。如前所述，竞业限制设立的目的在于保护用人单位的商业秘密，但《中华人民共和国劳动合同法》并未对商业秘密作出具体明确的界定。笔者认为，此处的商业秘密应当与《中华人民共和国反不正当竞争法》中所规定的商业秘密为同一范畴。在司法实践中，部分用人单位将所有企业的经营信息或技术信息均纳入竞业限制协议的保护中，无形中扩大了商业秘密的适用范围。(2) 关于竞业限制主体的范围。《中华人民共和国劳动合同法》规定的竞业限制的人员限于用人单位的高级管理人员、高级技术人员和其他负有保密义务的人员。但部分用人单位不论员工从事何种岗位、何种级别以及是否解除商业秘密，均一律签订竞业限制协议，变相扩大了适用主体范围。(3) 关于竞业单位的范围。竞业限制要求劳动者离职后不得开展与原企业竞争的业务或者受雇于竞争对手。实践中，有的劳动者表面上入职与原用人单位无任何竞争关系的单位，由新单位发放工资、缴纳社保，但实际上是由新单位通过劳务派遣或者外包等形式为竞业单位提供劳动；劳动者名义上、实质上的新用人单位均为劳动者规避其背负的竞业限制协议提供便利条件。

竞业限制协议本质上是对劳动者离职后择业权的一种限制，故用人单位应当对劳动者进行合理的补偿。为维持法益的平衡，笔者建议：用人单位应当认真审查单位商业秘密范畴，并合理确定背负人的范围。这样不仅能够有效维护单位的竞争优势，减少不必要的经济补偿支出，同时也可以保障劳动者的正常就业权利。而劳动者在签订了竞业限制协议后应当诚信履行。如希望解除竞业协议，也应当通过与用人单位协商等方式进行处理，而非直接违反约定。此外，作为劳动者的新用人单位，为避免用工风险，应当在面试及背景调查时查询拟录用人员是否负有竞业限制责任，不应当为劳动者违反竞业限制义务提供便利条件。

编写人：北京市西城区人民法院　刘敏

38

竞业限制义务与保密义务的辨析与认定

——郭某某诉资产管理顾问公司劳动争议案

【案件基本信息】

1. 裁判书字号

北京市第三中级人民法院（2022）京03民终5830号民事判决书

2. 案由：劳动争议

3. 当事人

原告（被上诉人）：郭某某

被告（上诉人）：资产管理顾问公司

【基本案情】

郭某某于2011年9月22日与资产管理顾问公司签订劳动合同，约定郭某某于2011年10月24日入职资产管理顾问公司，担任助理经理，双方签订《劳动合同书》与《〈劳动合同书〉补充协议》，签订合同时工资标准为14000元/月，离职前12个月平均工资是18500元，郭某某最后工作至2019年11月29日，资产管理顾问公司于2019年11月29日向郭某某出具《劳动合同终止证明》。郭某某于2019年11月17日退休并享受退休待遇。上述《〈劳动合同书〉补充协议》约定郭某某为乙方，资产管理顾问公司为甲方，第八条载明："乙方在离职后的1年内不得以提供外部服务、成为全职或兼职员工等任何方式直接或间接利用在甲方的客户资源（甲方客户资源包括甲方已拥有的和即将获得的潜在客户资源），如有违反，将承担相当于离职前一年工资的违约金，违约金不足以弥补损失的，应当继续赔偿。"《劳动合同终止证明》载明："致有关机构……郭某某女士于2011年10月24日入职我司，在财税服务部担任助理经理职位。该员工与我司的劳动关系已于2019年11月29日终止。该员工与我司订立有保守商业秘密和竞业禁止的约定，其离职后一年内应保守我司的商业秘密并不得利用在我司获得的客户资源……"落款为资产管理顾问公司公章。

郭某某主张依据《〈劳动合同书〉补充协议》第八条和《劳动合同终止证明》，其遵守了竞业限制约定，资产管理顾问公司应当支付其竞业限制补偿金243925.34元，具体数额是按照其2018年12月至2019年11月期间税前应发工资计算的总额。资产管理顾问公司对此予以否认，主张双方并未约定竞业限制条款，郭某某所依据的条款属于对商业秘密的保护条款，《〈劳动合同书〉补充协议》第八条重点是后半句"直接或间接利用在甲方的客户资源"，《劳动合同终止证明》中所载"竞业禁止"也是《〈劳动合同书〉补充协议》第八条的意思，重点是不得利用在其公司的客户资源，其公司不限制郭某某从事相关工作。关于《〈劳动合同书〉补充协议》第八条中对违约金约定的依据是，因为如果泄露商业秘密，损失不太好计算，所以根据《中华人民共和国反不正当竞争法》按照工资约定了违约金。

郭某某就本案劳动争议向北京市朝阳区劳动人事争议仲裁委员会（以下简

称朝阳仲裁委）提出仲裁申请，朝阳仲裁委作出京朝劳人仲不字（2020）第140号不予受理通知书，决定不予受理。郭某某不服该不予受理通知书，诉至法院。

【案件焦点】

郭某某与资产管理顾问公司的约定条款是否属于竞业限制。

【法院裁判要旨】

北京市朝阳区人民法院经审理认为：竞业限制是指用人单位与劳动者约定在解除或者终止劳动合同后一定期限内，劳动者不得到与本单位生产或者经营同类产品、从事同类业务的有竞争关系的其他用人单位任职，或者自己开业生产或者经营同类产品的约定。竞业限制是保密的手段，通过约定竞业限制，减少或限制商业秘密被泄露的概率；保密是竞业限制的目的，约定竞业限制最终目的是保护用人单位的合法权益。用人单位在与劳动者签订保密或竞业限制协议时，须对保密协议与竞业限制协议进行明确。本案中，双方签订的《〈劳动合同书〉补充协议》第八条是否属于竞业限制约定，文义不明。该条约定了保密义务，并以“不得提供外部服务、成为全职或兼职员工”的限制语义列举了保密的方式；同时，《劳动合同终止证明》中载明资产管理顾问公司称郭某某与其订立竞业禁止的约定，资产管理顾问公司主张该“竞业禁止”系《〈劳动合同书〉补充协议》第八条的意思。结合上述情况，法院对郭某某关于双方约定条款系竞业限制的主张予以采纳。

关于郭某某要求支付竞业限制补偿数额的情况。《中华人民共和国劳动合同法》第二十三条规定：“用人单位与劳动者可以在劳动合同中约定保守用人单位的商业秘密和与知识产权相关的保密事项。对负有保密义务的劳动者，用人单位可以在劳动合同或者保密协议中与劳动者约定竞业限制条款，并约定在解除或者终止劳动合同后，在竞业限制期限内按月给予劳动者经济补偿。劳动者违反竞业限制约定的，应当按照约定向用人单位支付违约金。”《最高人民法院关于审理劳动争议案件适用法律问题的解释（一）》第三十六条第一款规定："当事人在劳动合同或者保密协议中约定了竞业限制，但未约定解除或者终止劳动合同后给予劳动者经济补偿，劳动者履行了竞业限制义务，要求用人单位按照劳动者在劳动合同解除或者终止前十二个月平均工资的30%按月支付经济补偿的，人民法院应予支持。"本案中，郭某某虽已享受退休待遇，但其仍具有提供劳动的能力，双方签订《〈劳动合同书〉补充协议》第八条系双方真实意思表示，应当按照约定履行。郭某某主张其按照约定履行了竞业限制义务，资产管理顾问公司对此未提交反证，法院对郭某某该主张予以采纳。双方未对竞业限制补偿进行约定，根据上述法律和司法解释规定，资产管理顾问公司应当按照郭某某在劳动合同解除或者终止前十二个月平均工资的30%按月支付经济补偿，经核算，资产管理顾问公司应支付郭某某2019年12月1日至2020年11月30日竞业限制补偿66600元。

北京市朝阳区人民法院依照《中华人民共和国劳动合同法》第二十三条，《中华人民共和国劳动争议调解仲裁法》第六条，《最高人民法院关于审理劳动争议案件适用法律问题的解释（一）》第三十六条之规定，判决如下：

一、资产管理顾问公司于判决生效之日起七日内给付郭某某2019年12月1日至2020年11月30日竞业限制补偿66600元；

二、驳回郭某某的其他诉讼请求。

资产管理顾问公司不服一审判决，提起上诉。北京市第三中级人民法院同意一审法院裁判意见。

北京市第三中级人民法院依照《中华人民共和国民事诉讼法》第一百七十七条第一款第一项之规定，判决如下：

驳回上诉，维持原判。

【法官后语】

实践中，用人单位与劳动者往往会在一份协议中同时约定保守商业秘密和竞业限制义务，常导致双方产生模糊认识，认为保密协议和竞业限制协议没有区别，从而使得双方对彼此的权利义务产生分歧。同时，竞业限制的义务主体，一般为未退休的劳动者，对于因劳动者退休双方劳动关系终止的情形下，劳动者是否还是竞业限制义务主体，双方也易产生异议。笔者认为应从竞业限制的立法本意厘清上述问题，在司法实践中对用人单位和劳动者的约定进行识别。

一、竞业限制的概念

竞业限制，是指用人单位与劳动者约定在解除或者终止劳动合同后一定期限内，劳动者不得到与本单位生产或者经营同类产品、从事同类业务的有竞争关系的其他用人单位任职，或者自己生产或者经营同类产品、从事同类业务。

二、竞业限制义务与保密义务的区别

竞业限制义务与保密义务是两个不同的法律概念。保密义务，是指用人单位针对知悉企业商业秘密的劳动者签订相应的协议，并据此要求劳动者保守用人单位商业秘密。通常认为，竞业限制是保密的手段，通过订立竞业限制协议，可以减少和限制商业秘密被泄露的概率；保密是竞业限制的目的，订立竞业限制协议最终的目的是保护用人单位的合法权益。竞业限制义务与保密义务有如下区别：

1. 法律基础不同。保密义务一般是法律的直接规定或劳动合同的随附义务，不管用人单位与劳动者是否签订保密协议，劳动者均有义务保守商业秘密。竞业限制是基于用人单位与劳动者的约定产生，没有约定的，无须承担竞业限制义务。因此，用人单位须与劳动者进行约定并签订竞业限制协议，否则，劳动者无须履行竞业限制义务。

2. 适用对象不同。因保密义务属于劳动合同的随附义务，亦为忠诚义务，所有劳动者均需履行。但并非所有劳动者均需履行竞业限制义务，需按照用人单位与劳动者的约定来履行。

3. 限制内容不同。保密义务劳动者承担的义务仅限于保密，并不限制劳动者的就业权，是对商业秘密的泄露或使用行为进行的限制。竞业限制义务不仅限制劳动者泄密，还限制劳动者的就业行为，对劳动者要求更高，劳动者负担更重。

4. 存续期限不同。保密义务一般期限较长，只要商业秘密存在，劳动者的保密义务就存在，除非用人单位商业秘密或知识产权已经公开。而竞业限制期限较短，最长不超过两年。

5. 法律责任不同。对于用人单位的法律责任而言，劳动者履行保密义务无须支付补偿，竞业限制因对劳动者离职后的自主择业权进行了限制，用人单位需要支付经济补偿。对于劳动者的法律责任而言，劳动者违反保密义务属于侵权行为，要承担侵权责任，如停止侵害、赔偿损失等。劳动者违反竞业限制义务属于违约行为，要承担违约责任，如继续履行、支付违约金等。

在司法实践中，上述竞业限制义务和保密义务的不同之处对于识别用人单位和劳动者的约定属于竞业限制协议还是保密协议具有重要作用。

三、退休人员是不是竞业限制主体

对于劳动者与用人单位签订了竞业限制条款，当达到法定退休年龄而终止劳动合同后，是否应履行竞业限制义务，并有权享有竞业限制补偿。对此有不同的观点，一种观点认为，因劳动者达到退休年龄后，双方劳动关系终止，基于劳动关系约定的竞业限制条款即终止。另一种观点认为，虽然劳动合同因劳动者达到法定退休年龄终止，但竞业限制条款仍然有效，对双方仍然具有约束力。

《中华人民共和国劳动合同法》第二十四条第一款规定："竞业限制的人员限于用人单位的高级管理人员、高级技术人员和其他负有保密义务的人员。竞业限制的范围、地域、期限由用人单位与劳动者约定，竞业限制的约定不得违反法律、法规的规定。"竞业限制义务的适用主体主要是能够接触或掌握用人单位商业秘密，离职后能利用商业秘密的劳动者。据此，笔者认为，对于竞业限制义务主体的定位，并不以是否退休为准。劳动者达到法定退休年龄依然可以继续劳动，我国法律没有限制劳动者在办理退休手续后继续工作的权利，劳动者可以自由决定是否继续就业或者自行创业，竞业限制的约定亦限制了退休人员自由择业的权利，劳动者履行竞业限制义务后，仍可要求用人单位支付相应的竞业限制补偿。

在本案中，用人单位与劳动者签订《〈劳动合同书〉补充协议》中明确约定了劳动者离职后不得利用其单位的客户资源，但亦通过"不得提供外部服务、成为全职或兼职员工”进行了对劳动者的择业限制。区别于保密协议，该协议中实际对劳动者进行了竞业限制的约定。同时，该案中用人单位提供的《劳动合同终止证明》载明双方约定过竞业限制。故而，法院对本案中用人单位关于双方系仅约定保密义务而非竞业限制义务的抗辩未予采纳。该劳动者虽为退休人员，但不影响其履行竞业限制义务并向用人单位主张支付竞业限制补偿的权利。

编写人：北京市朝阳区人民法院　孙霜悦

七、社会保险

39

双重劳动关系中工伤保险责任由发生工伤时的用人单位承担

——餐饮公司诉牛某工伤保险待遇案

【案件基本信息】

1. 裁判书字号

山东省淄博市中级人民法院（2022）鲁03民终841号民事判决书

2. 案由：工伤保险待遇纠纷

3. 当事人

原告（上诉人）：餐饮公司

被告（被上诉人）：牛某

【基本案情】

牛某系剧院员工，社保由剧院缴纳，因剧院经营困难，长期在外自谋职业。牛某从2008年3月开始向餐饮公司提供劳动，餐饮公司每月向牛某发放工资，餐饮公司通知牛某办理缴纳社保的手续，2013年10月14日，牛某向餐饮公司出具《社会保险不愿缴纳申请书》，载明："因个人原因，不愿由餐饮公司缴纳各项社会保险，因不交保险引起的纠纷或者损失，由本人全额承担"，故餐饮公司未为牛某缴纳社保。2017年9月6日，牛某在去餐饮公司的上班途中与他人发生交通事故，牛某受伤，经交警部门认定，牛某负事故次要责任。事故发生后牛某未再向餐饮公司提供劳动，餐饮公司为牛某发放工资至2018年9月。牛某在另案中要求确认与餐饮公司存在劳动关系，该案一审二审生效判决确认牛某与餐饮公司自2008年3月至2018年9月期间存在劳动关系。2020年5月12日，淄博市张店区人力资源和社会保障局作出《认定工伤决定书》，认定牛某于2017年9月6日受到的伤害为工伤，用人单位为餐饮公司。2020年12月9日，淄博市劳动能力鉴定委员会作出《劳动能力鉴定结论书》，鉴定牛某构成九级伤残。牛某提起劳动仲裁要求餐饮公司支付相关工伤保险待遇，淄博市张店区劳动人事争议仲裁委员会裁决餐饮公司支付牛某各项工伤待遇共计135173.13元。餐饮公司不服仲裁裁决，认为应由社保缴纳单位即剧院承担责任，遂向法院起诉。

【案件焦点】

1.《社会保险不愿缴纳申请书》是否具有法律效力；2. 牛某的工伤保险待遇是否应由餐饮公司承担。

【法院裁判要旨】

山东省淄博高新技术产业开发区人民法院经审理认为：首先，《中华人民共和国社会保险法》第三十三条规定："职工应当参加工伤保险，由用人单位缴纳工伤保险费，职工不缴纳工伤保险费。"《工伤保险条例》第二条第一款规定："中华人民共和国境内的企业、事业单位、社会团体、民办非企业单位、基金会、律师事务所、会计师事务所等组织和有雇工的个体工商户（以下称用人单位）应当依照本条例规定参加工伤保险，为本单位全部职工或者雇工（以下称职工）缴纳工伤保险费。"故为职工缴纳工伤保险系法定义务，牛某给餐饮公司出具的《社会保险不愿缴纳申请书》违反法律规定，无法律效力。

其次，人力资源和社会保障部《实施〈中华人民共和国社会保险法〉若干规定》第九条规定："职工（包括非全日制从业人员）在两个或者两个以上用人单位同时就业的，各用人单位应当分别为职工缴纳工伤保险费。职工发生工伤，由职工受到伤害时工作的单位依法承担工伤保险责任。”本案中，牛某在两个用人单位同时就业，各用人单位应当分别为牛某缴纳工伤保险费，牛某在餐饮公司工作时发生工伤事故应由餐饮公司及餐饮公司办理的工伤保险承担责任。餐饮公司虽在发生诉讼后咨询工伤保险缴纳事项，但未能证明双方劳动关系存续期间缴纳工伤保险不能，辩解不能成立。

最后，《工伤保险条例》第六十二条第二款规定：“依照本条例规定应当参加工伤保险而未参加工伤保险的用人单位职工发生工伤的，由该用人单位按照本条例规定的工伤保险待遇项目和标准支付费用。”故餐饮公司未为牛某缴纳工伤保险的后果应由餐饮公司承担。

山东省淄博高新技术产业开发区人民法院依照《工伤保险条例》第三十七条、第六十二条第二款，《山东省贯彻〈工伤保险条例〉实施办法》第二十五条，《中华人民共和国劳动争议调解仲裁法》第二条、第六条，《中华人民共和国民事诉讼法》第六十四条之规定，判决如下：

一、确认餐饮公司与牛某于 2021 年 6 月 18 日解除劳动关系；

二、餐饮公司支付牛某各项工伤待遇共计 135173. 13 元；

三、驳回餐饮公司的诉讼请求。

餐饮公司不服一审判决，提起上诉。山东省淄博市中级人民法院经审理认为：一审认定事实清楚，适用法律正确。

山东省淄博市中级人民法院依照《中华人民共和国民事诉讼法》第一百七十七条第一款第一项之规定，判决如下：

驳回上诉，维持原判。

【法官后语】

本案主要涉及双重劳动关系中工伤保险责任的承担问题。

司法实践中双重劳动关系可以劳动者是否同时提供劳动为标准将其划分为两类。一类为非同时提供劳动，劳动者向每个单位提供的劳动可以时间为界限进行相对划分，前一段劳动结束后再进行下一段劳动，并不交叉进行，如停薪留职人员、未达到法定退休年龄的内退人员、企业富余职工、“两不找”人员、下岗职工、放长假的职工以及其他非在岗职工。《最高人民法院关于审理劳动争议案件适用法律问题的解释（一）》第三十二条第二款规定，企业停薪留职人员、未达到法定退休年龄的内退人员、下岗待岗人员以及企业经营性停产放长假人员，因与新的用人单位发生用工争议而提起诉讼的，人民法院应当按劳动关系处理，本案即属于此类情况。另一类为劳动者向不同用人单位同时提供劳动，系出于工作性质要求或是劳动者有富余的时间和精力，无法以时间为界限进行相对划分。例如，《中华人民共和国劳动合同法》第六十九条规定，从事非全日制用工的劳动者可以与一个或者一个以上用人单位订立劳动合同。除此之外，全日制用工的劳动者也存在双重劳动关系情况，如商场品牌专柜的销售员，若同时受商场与品牌商的用工管理、领取两者共同的劳动报酬，则与两者同时存在劳动关系；外卖骑手同时登录多家外卖平台，随机接受平台派单派送，可能与多家外卖平台公司同时存在劳动关系。新型用工方式能够发挥灵活就业的优势，但削弱了劳动者与用人单位之间的人身依附关系力度，一旦突破一定程度则双方无法构成劳动关系。经济发展导致劳动关系呈现多样性、创新性特点，此后这一类双重或多重劳动关系将会更多出现，一旦发生纠纷，关系相对复杂，审理难度较大。

双重劳动关系中劳动者的工伤保险责任由发生工伤时的用人单位承担，我国人力资源和社会保障部发布的《实施〈中华人民共和国社会保险法〉若干规定》自2011年7月1日起施行，其中第九条对此已进行了明确规定，本案适用该规定作出判决，该案折射出的问题，应引起重视。首先，本案历时较久、明显超出单一劳动关系工伤纠纷案件。其中主要难度在于工伤认定。其次，在上述第二类双重劳动关系中，非工伤单位是否应支付停工留薪期工资具有争议。《工伤保险条例》第三十三条的立法目的是保障停工留薪期内劳动者的工资福利待遇不变，但劳动者的收入来源是双份，若非工伤用人单位仍有支付义务，则因职工与其他单位工伤而支付，有悖公平原则；如果没有支付义务，则《工伤保险条例》第三十三条的立法目的无法完全实现。况且，非工伤单位亦因职工停工而产生损失，是否有权要求职工或工伤单位承担还需将来立法进行明确。

最后，该类案件可能引发行民交叉案件。后建立劳动关系的用人单位在建立劳动关系时因社会保险经办机构原因不能及时缴纳工伤保险的，因其同样承担工伤保险责任，有可能提起行政诉讼以及时避免用工风险，职工一旦发生工伤，行民案件交叉进行的，应避免程序空转。

在双重劳动关系中，职工应对自己的工作经历尽到如实陈述义务，让先后用人单位都知晓其他用人单位的客观情况，并且在本单位的工作不得侵犯另一单位的权益；职工有权在每一用人单位都享受社会保险权益。用人单位在与职工建立劳动关系时应全面知晓职工的工作经历，同意建立多重劳动关系的应综合考量用工的法律风险并及时缴纳社保。通过多方合力，激发社会劳动活力，降低工伤产生的社会总成本，及时、快速、有效地保障各方当事人权益。

编写人：山东省淄博高新技术产业开发区人民法院　李圣前　谢玉滨

40

用人单位未为劳动者购买工伤保险应承担工伤保险待遇责任

——建筑劳务公司诉吴某工伤保险待遇案

【案件基本信息】

1. 裁判书字号

四川省绵阳市中级人民法院（2022）川 07 民终 3293 号民事判决书

2. 案由：工伤保险待遇纠纷

3. 当事人

原告（上诉人）：建筑劳务公司

被告（被上诉人）：吴某

【基本案情】

建筑劳务公司系某高速公路LJ××合同段隧道施工的劳务承包人，吴某自2021年4月5日起在建筑劳务公司所承包的隧道右洞从事开挖（炮工）工作。2021年4月18日14时许，吴某从工作台车上摔落。当日，被送往医院住院治疗，入院诊断为腰椎骨折。2021年5月21日，吴某经治疗恢复良好、好转出院。2021年8月26日，平武县人力资源和社会保障局以工伤决定书认定吴某在工地受伤为工伤。该认定工伤决定书在“职工姓名”栏记载吴某，在“用人单位”栏记载建筑劳务公司，并明确告知申请行政复议权和提起行政诉讼权。2022年1月10日，某劳动能力鉴定委员会以初次（复查）鉴定意见书将吴某伤残等级鉴定为八级，吴某为此给付鉴定费300元。2022年3月1日，申请人吴某向平武县劳动人事争议仲裁委员会申请仲裁：1. 请求仲裁庭依法裁决解除申请人与被申请人之间的劳动合同关系；2. 请求仲裁裁决被申请人支付申请人工伤保险待遇赔偿各项费用合计为306825.00元。2022年4月11日，平武县劳动人事争议仲裁委员会作出内容为“一、申请人与被申请人事实劳动关系于2021年8月21日吴某出院康复、休息期满解除；二、被申请人支付申请人各项工伤保险待遇合计为261386.00元；三、申请人后期医疗费用以实际发生为准并由被申请人支付；四、驳回申请人的其他仲裁请求”的仲裁裁决。

建筑劳务公司另提出如下诉讼请求：1. 判决确认建筑劳务公司与吴某不存在事实劳动关系；2. 判决建筑劳务公司不应支付被告一次性伤残补助金、一次性工伤医疗补助金、一次性伤残就业补助金、住院护理费、住院伙食补助费、停工留薪期待遇、劳动能力鉴定费、复查费、后续医疗费、交通食宿费合计261386元；3. 判决吴某后期医疗费用不应由建筑劳务公司支付。

另查明，建筑劳务公司与吴某未签订书面劳动合同，建筑劳务公司也未为吴某购买工伤保险。

又查明，2021年5月21日上午，吴某自2021年4月5日至4月18日从事炮工的报酬，在扣除生活费后余额为3220元（14天×250元/天－14天×20元/天），由施某某通过微信转账给吴某；2020 年四川省全部城镇单位就业人员平均工资数额为 74520 元，计算为 6210 元/月（74520 元/年÷12 月）。

还查明，建筑劳务公司于 2017 年 11 月 14 日注册成立，经营范围为建筑劳务分包、铁路工程、道路工程、土石方工程等。

【案件焦点】

1. 建筑劳务公司应否承担吴某因工而产生的工伤保险待遇的用工主体责任；2. 关于工伤保险待遇的项目、标准及数额确定。

【法院裁判要旨】

四川省平武县人民法院经审理认为：第一，关于建筑劳务公司与吴某之间是否存在事实劳动关系及建筑劳务公司是否应承担吴某工伤保险待遇的用工主体责任。首先，建筑劳务公司为“中华人民共和国境内的企业”，具备用工主体资格。其次，对于认定工伤决定书，双方均未在法定期限内申请行政复议或提起行政诉讼，该认定工伤决定书已生效，具备法律约束力。据此，可以推定建筑劳务公司与吴某之间存在事实劳动关系。最后，建筑劳务公司未提供否认存在事实劳动关系的证据，应承担举证不力的法律后果。即便按照其所称，未与吴某建立劳动关系，而是建筑劳务公司与他人（自然人）建立了劳务合同关系，但基于本案建筑劳务公司所分包的隧道施工劳务系工程施工的实质，按照《四川省工伤保险条例》第二十三条第一款、第二款的规定，吴某享有的工伤保险待遇也应由建筑劳务公司承担用工主体责任。

第二，关于工伤保险待遇的项目、标准及数额确定。按照《人力资源和社会保障部关于执行〈工伤保险条例〉若干问题的意见（二）》第七条第三款的规定，本案的保险待遇应按照生产经营地即四川省的相关规定予以确定。本案的工伤保险待遇争议在仲裁过程中，建筑劳务公司没有到庭参加仲裁。在吴某提出申请解除事实劳动关系的前提下，仲裁委依照相关法律法规和其他规范性文件的规定认定或酌定的数额，于法有据，法院予以确认。亦即，建筑劳务公司应向吴某给付停工留薪期待遇、一次性伤残补助金、一次性工伤医疗补助金、一次性伤残就业补助金、住院伙食补助费、停工留薪期护理费等共计261386元。关于吴某的后期医疗费问题，其可待实际发生后另行通过合法途径予以主张。

四川省平武县人民法院判决如下：

一、建筑劳务公司与吴某之间的事实劳动关系于2021年8月21日解除；

二、建筑劳务公司于判决生效之日起十日内向吴某给付停工留薪期待遇、一次性伤残补助金、一次性工伤医疗补助金、一次性伤残就业补助金、住院伙食补助费、停工留薪期护理费等共计261386元；

三、吴某因工伤所致的后期医疗费待实际发生后可另行通过合法途径向建筑劳务公司主张；

四、驳回建筑劳务公司的其他诉讼请求。

建筑劳务公司不服一审判决，提起上诉。四川省绵阳市中级人民法院经审理认为：

关于建筑劳务公司与吴某之间是否存在事实劳动关系，是否应向吴某支付工伤保险待遇相关费用的问题，二审法院同意一审法院的意见，吴某与建筑劳务公司之间形成事实劳动关系。建筑劳务公司未为吴某购买工伤保险，按照《工伤保险条例》第六十二条第二款的规定，建筑劳务公司应向吴某支付相关工伤保险待遇费用。

关于一次性伤残补助金的计算标准是否正确的问题。鉴于吴某入职时间较短，双方对工资亦无明确的书面约定，一审法院综合考虑，按2020年四川省全部城镇单位就业人员平均工资74520元/年即6210元/月标准计算一次性伤残补助金并无不当。

关于建筑劳务公司是否应当支付吴某一次性工伤医疗补助金、一次性伤残就业补助金、交通费、食宿费的问题。根据《工伤保险条例》第三十七条第二款的规定，建筑劳务公司与吴某之间形成事实劳动关系，在双方解除事实劳动关系后，建筑劳务公司应向吴某支付一次性工伤医疗补助金和一次性伤残就业补助金161460元。关于交通费和住宿费，本案建筑劳务公司未为吴某购买工伤保险，无法按照法律规定的异地就医程序认定交通费、住宿费，一审法院根据本案的实际情况，酌情支持吴某500元交通费、住宿费并无不当。

四川省绵阳市中级人民法院依照《中华人民共和国民事诉讼法》第一百七十七条第一款第一项之规定，判决如下：

驳回上诉，维持原判。

【法官后语】

工伤保险是国家针对工伤事故和职业危害强制采取的保障劳动者基本权益、分散用人单位工伤风险的一项社会保险制度。但在审判实务中，存在用人单位未给劳动者购买工伤保险，且以双方不存在劳动关系为由拒绝承担工伤保险责任的情形。本案即涉及用人单位未为劳动者购买工伤保险，劳动者发生工伤后，工伤保险待遇责任承担的相关问题。

一、关于建筑劳务公司与吴某是否存在事实劳动关系的认定

在认定双方是否存在事实劳动关系上，主要从以下方面进行说理论证：一是从建筑劳务公司注册登记的信息来看，属于《中华人民共和国劳动合同法》第二条规定的“中华人民共和国境内的企业”，能够成为“用人单位”，具备用工主体资格。二是对于认定工伤决定书，双方均未在法定期限内申请行政复议或提起行政诉讼，该认定工伤决定书已生效，具备法律约束力。据此，可以推定双方之间存在事实劳动关系。三是建筑劳务公司未提供否认存在事实劳动关系的证据，应承担举证不力的法律后果。根据现有证据，吴某系在建筑劳务公司工地工作，接受建筑劳务公司工作人员的工作安排及工作考核，从建筑劳务公司工作人员处领取报酬，故吴某与建筑劳务公司之间形成事实劳动关系。

二、关于用人单位未为劳动者购买工伤保险，劳动者发生工伤后，工伤保险待遇责任如何承担的问题

建筑劳务公司与吴某存在事实劳动关系，应受法律保护。现吴某于上班工作期间受到伤害，被认定为工伤，故应享受工伤保险待遇。按照《工伤保险条

例》第六十二条第二款“依照本条例规定应当参加工伤保险而未参加工伤保险的用人单位职工发生工伤的，由该用人单位按照本条例规定的工伤保险待遇项目和标准支付费用”的规定，建筑劳务公司作为用人单位未给吴某购买工伤保险，现吴某因工受伤，建筑劳务公司应当按照《工伤保险条例》规定的工伤保险待遇项目和标准向吴某支付相关费用。对于吴某主张的一次性伤残补助金，吴某入职不足一个月，双方均未提供吴某有效的工资证据，按吴某受伤时上年度即2020年度四川省全部城镇单位就业人员平均工资74520元/年，即6210元/月标准计算一次性伤残补助金并无不当。

另外，即使建筑劳务公司与吴某不存在劳动关系，按照《人力资源和社会保障部关于执行〈工伤保险条例〉若干问题的意见》第七条“具备用工主体资格的承包单位违反法律、法规规定，将承包业务转包、分包给不具备用工主体资格的组织或者自然人，该组织或者自然人招用的劳动者从事承包业务时因工伤亡的，由该具备用工主体资格的承包单位承担用人单位依法应承担的工伤保险责任”和《四川省工伤保险条例》第二十三条第二款“个人挂靠单位对外经营，其聘用的人员发生工伤的，由被挂靠单位承担工伤保险责任”的规定，吴某享有的工伤保险待遇也应由建筑劳务公司承担用工主体责任。即建设工程领域中，因工伤亡的劳动者工伤保险责任的承担并不以劳动者和用人单位之间存在劳动关系为前提。

工伤保险作为社会保险制度的一个重要组成部分，是国家对职工履行的社会责任，也是职工应该享受的基本权利。用人单位应当按照法律规定为劳动者缴纳工伤保险在内的社会保险，不缴纳的，应承担相应的法律责任。

编写人：四川省平武县人民法院　吴波

41

为离职员工多缴社保费用后要求返还的诉求不属于法院受理范围

——器材公司诉郭某某社会保险案

【案件基本信息】

1. 裁判书字号

江苏省淮安市中级人民法院（2022）苏08民终755号民事判决书

2. 案由：社会保险纠纷

3. 当事人

原告（被上诉人）：器材公司

被告（上诉人）：郭某某

【基本案情】

郭某某系器材公司员工。2020年8月15日，郭某某因上班时不慎被脱落的模具压伤左脚大脚趾，受伤后被送至医院住院治疗，于2020年9月26日好转出院在家休养。当月，经人力资源和社会保障局认定郭某某为工伤，可享受六个月停工留薪期。故在2020年8月至2021年2月期间，器材公司向郭某某正常发放工资。停工留薪期满后，器材公司分别于2021年3月4日、3月15日、7月10日通过电话及书面形式通知郭某某复工或履行请假手续，但郭某某均未予回复。故自2021年3月起器材公司停发了郭某某工资。2021年8月，郭某某向器材公司提出要求解除劳动合同，当月公司复函告知劳动合同解除。2021年3月至7月，器材公司在工资停发期间，为郭某某代缴社保1458元；2021年8月至11月，劳动合同解除后，器材公司未停止为郭某某代缴社保，共缴纳社保 5624 元。后器材公司多次以不当得利为由，要求郭某某退还公司为其代缴的社保费用未果。原告遂诉至法院，要求郭某某退还社保费用 7082 元。

【案件焦点】

1. 在解除劳动关系后，公司为离职员工多缴了社会保险费，现公司要求该员工返还社会保险费的诉求，是否属于法院受理民事纠纷的范围；2. 如属于，该诉求是否应得到支持。

【法院裁判要旨】

江苏省涟水县人民法院经审理认为：社会保险应当由用人单位自行申报，代扣代缴，由于客观原因导致用人单位为离职员工多缴社会保险费用，造成社会保险缴费与劳动关系真实状态不符，离职员工收益无法律依据，应当返还不当得利。本案中，原告器材公司为被告郭某某多缴社保，被告郭某某构成不当得利，故对器材公司要求郭某某返还其代缴纳的社会保险费的诉讼请求，法院予以支持。

江苏省涟水县人民法院依照《中华人民共和国民法典》第一百二十二条，《中华人民共和国社会保险法》第六十条，《社会保险费申报缴纳管理规定》第十一条和《中华人民共和国民事诉讼法》第一百四十二条之规定，判决如下：

被告郭某某于判决生效后十日内返还原告器材公司社保代缴款人民币 7082 元。

郭某某不服一审判决，提起上诉。江苏省淮安市中级人民法院经审理认为：本案中，2021 年 3 月，郭某某在停工留薪期满后，未到器材公司上班，也未履行相应请假手续，双方于 2021 年 8 月 9 日解除劳动合同，故郭某某应当返还器材公司 2021 年 3 月至 8 月停发工资期间为郭某某代缴的个人应承担的社保费用 1857 元，且二审中郭某某也同意予以返还，故一审判令郭某某返还该部分费用并无不当。

对于解除劳动合同之后，器材公司继续为郭某某缴纳的2020年9月至11月社会保险费用，郭某某应否根据不当得利予以返还的问题。社会保险费用的缴纳是国家社会保险征缴部门与缴费义务主体（用人单位和劳动者）之间管理与被管理的行政关系，并非劳动争议当事人之间的民事关系。且社会保险的登记、核定、缴纳、待遇的给付、监管均属于社会保险经办机构及相关职能部门的法定职责。据此，已经缴纳的社会保险费用能否返还，也应当由社会保险经办机构及相关职能部门处理，而非人民法院民事案件的受理范围。器材公司以不当得利为由主张郭某某返还用人单位缴纳的2021年9月至11月的社会保险费用的诉请，不属于人民法院受理民事纠纷的范围。故一审法院判令郭某某以不当得利予以返还不当，依法予以纠正。

江苏省淮安市中级人民法院依照《中华人民共和国民事诉讼法》第一百七十七条第一款第二项之规定，判决如下：

一、撤销江苏省涟水县人民法院（2021）苏0826民初9952号民事判决；

二、上诉人郭某某于判决生效后十日内返还被上诉人器材公司社保代缴款人民币1857元；

三、驳回被上诉人器材公司的其他诉讼请求。

【法官后语】

劳动争议的处置涉及劳动部门等多个职能部门，本案对用人单位在员工离职后因客观情况等原因多缴社保费用的纠纷作出清晰法律认定，对化解该类型矛盾纠纷、明确纠纷处理方法具有重要意义，主要体现在以下三个方面：

一、区分劳动关系存续期间和劳动关系解除后的不同处理方法

本案中，器材公司请求郭某某返还的社会保险费分为两个部分，分别是2021年3月至8月停发工资期间（劳动关系尚未解除）为郭某某代缴的个人应承担的社保费用1857元以及2021年9月至11月期间（劳动关系已经解除）为郭某某多缴的社保费用5225元。

法院针对劳动关系尚未解除期间，郭某某不履行劳动者义务的行为进行否

定评价，即其既未按规定至公司上班，亦未履行相应请假手续的行为。此时郭某某未为公司提供正常劳动，无法获得相应的劳动报酬，公司此时为保护劳动者权益，仍将其作为社保缴费对象，代为缴纳了相应费用。法院认定此行为是用人单位为员工个人缴纳的社保费用进行先行垫付，个人应当予以返还。对于在劳动关系解除后公司多缴的社保费用，法院从不当得利及行政机关的管理和被管理的角度进行具体分析，区分不同阶段的情况。

二、劳动关系解除后用人单位多缴社保行为的定性

器材公司认为，在解除劳动关系后，因关于社保待遇问题双方未能达成一致意见，为保障郭某某从社保基金领取社保待遇，公司为其多缴了三个月的社保。故可以认为郭某某在没有依据的情况下获得社保利益，客观上给公司造成了损失，其获得的利益属于不当得利，应当返还。

但根据社会保险法的相关规定，社会保险费实行统一征收。用人单位应当自行申报、按时足额缴纳社会保险费，非因不可抗力等法定事由不得缓缴、减免。用人单位应当为职工代扣代缴社会保险费用，并告知职工相关情况。如用人单位未按时足额缴纳社会保险费的，由社会保险费征收机构责令其限期缴纳或者补足。同时，用人单位或者个人认为社会保险费征收机构的行为侵害自己合法权益的，可以依法申请行政复议或者提起行政诉讼。据此，法院认为社会保险费用的缴纳是国家社会保险征缴部门与缴费义务主体（用人单位和劳动者）之间管理与被管理的行政关系，并非劳动争议当事人之间的民事关系。且社会保险的登记、核定、缴纳、待遇的给付、监管均属于社会保险经办机构及相关职能部门的法定职责。据此，已经缴纳的社会保险费用能否返还，也应当由社会保险经办机构及相关职能部门处理，而非人民法院民事案件的受理范围。

三、强化司法的规范指引功能

在司法实践中，用人单位为员工代缴、多缴社保的行为时常发生，此类案件纠纷一般同时掺杂劳动关系认定等复杂问题。本案通过对劳动关系存续期间的正确梳理，明确不同阶段用人单位和员工之间关于社保费用缴纳的权利义务，

同时对离职后多缴社保行为进行清晰法律关系认定，对于不在劳动关系存续期间多缴社保的行为，认定为不属于法院受理的纠纷范围。

编写人：江苏省淮安市淮安区人民法院　衡永金

42

超龄劳动者工伤救济的责任划分

——金某某诉物业公司劳动争议案

【案件基本信息】

1. 裁判书字号

湖北省武汉市中级人民法院（2022）鄂01民终15688号民事判决书

2. 案由：劳动争议

3. 当事人

原告（上诉人）：金某某

被告（上诉人）：物业公司

【基本案情】

金某某于2005年10月8日入职物业公司，从事保洁工作，工作地点位于某小区，双方签订了劳动合同。2009年7月，金某某办理了退休手续，开始享受养老保险待遇，其办理退休手续前物业公司未为金某某缴纳社保。2018年8月8日19时，金某某在下班路上与案外人徐某某发生交通事故，经武汉市公安局洪山区交通大队认定：徐某某承担此事故的全部责任。金某某受伤治疗后，回到物业公司工作一段时间，2019年8月后，金某某再未到岗上班，物业公司支付金某某工资至2019年8月。2021年7月29日，市人社作出武人社工险决字（2021）第1233号《认定工伤决定书》，认为金某某的申请情形符合《工伤保险条例》第十四条第五项规定的工伤认定范围。诉讼中，经金某某申请，法院委托司法鉴定所就金某某的劳动能力等级进行了鉴定，司法鉴定所出具《司法鉴定意见书》，根据《劳动能力鉴定职工工伤与职业病致残等级》之规定，金某某的致残等级评定为七级。金某某向物业公司主张工伤赔偿未果，2021 年 8 月 17 日，金某某向武汉市洪山区劳动人事争议仲裁委员会申请仲裁，仲裁委出具不予受理通知书。金某某不服仲裁裁决结果，故诉至法院，请求判令：1. 物业公司支付金某某四次手术住院费 111724.49 元，住院 67 天护工费 12020 元，医院门诊费 7485.55 元，医院购药（白蛋白）3000 元；2. 物业公司支付金某某自购药费用 5219.6 元，伤残鉴定费 2300 元，交通费 1182 元；3. 物业公司支付金某某四次住院期间伙食补助 6700 元，两次手术后出院护理费用 12640 元，两次（第一次、第二次）手术营养费 9020.58 元；4. 物业公司支付金某某第三次、第四次手术出院后护理费用 20680 元，营养费 9020.58 元，第三次、第四次手术后的误工费 40592.61 元；5. 物业公司支付金某某一次性伤残补助金 40592.61 元，医疗补助金 36082.32 元，就业补助金 54123.48 元；6. 物业公司支付金某某年终奖 1600 元，以上金额扣除保险支付的 54100 元后，共计 320145.52 元；7. 诉讼费用由物业公司承担。

【案件焦点】

超龄劳动者因工作原因受伤，工伤认定后工伤保险待遇的责任应如何划分。

【法院裁判要旨】

湖北省武汉市洪山区人民法院经审理认为：根据《认定工伤决定书》，金某某应当享受工伤保险待遇。关于物业公司责任问题，虽金某某办理退休手续后无法缴纳工伤保险，但经核实金某某入职物业公司时未办理退休手续，退休之前物业公司未为其依法缴纳工伤保险。根据相关政策规定，劳动者退休前缴纳了工伤保险，退休后仍在原用人单位继续工作，发生工伤的，可以享受工伤保险待遇。因此物业公司存在过失，应承担相应的责任。

湖北省武汉市洪山区人民法院依照《中华人民共和国社会保险法》第三十

三条、第三十六条、第三十八条、第四十一条、第四十二条,《中华人民共和国民事诉讼法》第六十七条之规定,判决如下:

一、物业公司于判决生效之日起十个工作日内支付金某某工伤住院期间护理费 9963.1 元、伙食补助费 3350 元;

二、物业公司于判决生效之日起十个工作日内支付金某某一次性伤残补助金 58633.51 元、一次性工伤医疗补助金 73671 元;

三、驳回金某某的其他诉讼请求。

金某某、物业公司均不服一审判决,提起上诉。湖北省武汉市中级人民法院经审理认为:首先,金某某在达到退休年龄前后连续在物业公司工作,在达到退休年龄前劳动关系存续期间,该公司并未依法为其缴纳工伤保险,怠于履行缴纳工伤保险的义务,存在过失或过错。因物业公司在其退休前未依法缴纳工伤保险,必然导致金某某无法在工伤行政部门享受工伤保险待遇。其次,社保行政部门已认定其符合申请工伤的法定要件,经劳动能力鉴定部门鉴定为七级伤残,物业公司虽有异议,但未启动和推动异议程序的进行,故在上述结论未推翻前,可以作为本案认定案件事实的依据,故物业公司应参照工伤保险待遇进行赔偿。

湖北省武汉市中级人民法院依照《中华人民共和国民事诉讼法》第一百七十七条第一款第一项之规定,判决如下:

驳回上诉,维持原判。

【法官后语】

超龄劳动者即超过法定退休年龄后继续从事劳动的人员,是劳动力市场的重要组成部分。超龄劳动者享受养老保险待遇或者领取退休金,无法与公司缔结劳动关系,只能构成劳务关系。根据《工伤保险条例》第十八条之规定,构成劳动关系是申请工伤认定的前提。而在司法实践中,未享受职工基本养老保险待遇的超龄劳动者可以申请工伤认定。依据《工伤保险条例》第六十二条第二款的规定,依照本条例规定应当参加工伤保险而未参加工伤保险的用人单位职工发生工伤的,由该用人单位按照本条例规定的工伤保险待遇项目和标准支付费用。即使超龄劳动者可以认定工伤,在当前的社会保险体制下,用人单位原则上无法给超龄劳动者办理工伤保险，超龄劳动者无法向相关机构主张工伤保险待遇。这使得超龄劳动者只能向用人单位主张工伤保险待遇。故，超龄劳动者工伤认定后工伤保险待遇的责任是否由用人单位承担成为法律适用的难点。

本案的特殊之处在于金某某并非入职物业公司时就已经达到退休年龄并享受退休待遇，两者性质上并不同，金某某是在退休前就已经入职物业公司，物业公司有义务和条件为其缴纳工伤保险，其怠于履行缴纳工伤保险的义务，存在过失或过错。而如果金某某入职物业公司时就已经退休，物业公司当然无法为其缴纳工伤保险。物业公司以用人单位原则上无法给超龄劳动者办理工伤保险为由认为应免除自身责任，依据不足。故二审法院采纳一审法院的观点，认为物业公司应当参照工伤保险待遇项目和标准向金某某支付费用。

本案中，用人单位在超龄劳动者退休前未按法律规定为其缴纳工伤保险，法院依法判决其为超龄劳动者承担工伤保险待遇，而在司法实践中，大部分超龄劳动者是在退休后入职用人单位，而用人单位受当前社会保险体制限制，原则上无法给超龄劳动者办理工伤保险，若“一刀切”地让用人单位承担超龄劳动者的工伤保险待遇，无疑会加重企业的经济负担，为超龄劳动者和企业增加了诉累。浙江、江苏、广东、四川和天津等地已经出台了超龄劳动者参加工伤保险的意见或办法，将参保人员的年龄上限定为65周岁。笔者认为，将65周岁作为参保年龄的上限具有合理性，65周岁以下的人员仍具有较强的劳动能力，在超龄劳动者中的占比最高，65周岁以上的人群通常难以再胜任工作要求，发生工伤的概率也更高，如果允许其参保，将会给工伤保险基金带来过大的压力。同时，养老保险待遇并不能冲抵工伤风险，应当允许用人单位自愿给已享受养老保险待遇的人员缴纳工伤保险。将65周岁以下的超龄劳动者纳入工伤保险的覆盖范围，有助于超龄劳动者在遭受工伤时获得有效的医疗救治和生活保障，而且为用人单位规避了直接承担超龄劳动者巨额工伤赔偿责任的风险，对营造良好的营商环境和保障老年人权益具有重要的社会和经济意义。

编写人：湖北省武汉市洪山区人民法院　祝涛　郑强

43

超出工伤保险名录用药应结合用药的必要性和合理性确定责任承担主体

——代某某诉机械公司劳动争议案

【案件基本信息】

1. 裁判书字号

福建省泉州市中级人民法院（2023）闽05民终1617号民事判决书

2. 案由：劳动争议

3. 当事人

原告、被告（上诉人）：代某某

被告、原告（上诉人）：机械公司

【基本案情】

2020年10月21日，代某某以学徒工身份进入机械公司工作，2021年1月起担任磨具工，工资以计件方式发放，时间不固定。2021年5月26日，代某某在车间调试磨床导轮与砂轮间距准备打磨连通过程中，右手不慎被砂轮绞磨，该事故被泉州市鲤城区人力资源和社会保障局认定为工伤，后被泉州市劳动能力鉴定委员会鉴定为劳动功能性障碍等级（伤残）八级。代某某受伤后，分别到明新华侨医院及910医院治疗，在910医院产生医疗费用64553.01元。机械公司未为代某某缴纳工伤保险费。后代某某就工伤赔偿事宜等向泉州市劳动人事争议仲裁委员会申请仲裁。该仲裁委员会经审理作出裁决，裁决机械公司向代某某支付医疗费、一次性伤残补助金、一次性伤残就业补助金、一次性工伤医疗补助金等各项共计427749.56元。后双方均不服仲裁裁决并提起诉讼。

诉讼过程中，机械公司对代某某医疗费中不符合工伤保险诊疗项目目录、工伤保险药品、工伤保险住院服务标准的费用金额及超出同类目录及标准的费用进行鉴定。某司法鉴定中心接受委托，出具司法鉴定意见书认为，代某某医疗费用中不符合上述目录及服务标准的费用为 22763.33 元，其中喷他左辛注射液属阿片类镇痛药，临床可用于术后痛、内脏及癌性疼痛，价格 111.3 元/支，规格 1mg：30ml/支，共使用 4 支，计 445.20 元；工伤保险项目中的舒芬太尼，属阿片类镇痛药，价格 57.15 元/支，规格 50μg：1ml/支，按照 4 支计算，按舒芬太尼支付，参比工伤保险支付项目可报销 228.6 元，超工伤保险同类医疗费标准部分 216.6 元；特需病房床位属有特殊服务需求（非医疗因素）病房，共住 20 天，计 4800 元；工伤保险项目中的市级床位费最高限价 30 元/天，按照 20 天计算，计 700 元，超工伤保险同类医疗费标准部分 4100 元。即考虑超出同类工伤保险诊疗项目目录、工伤保险药品、工伤保险住院服务标准的费用金额 4316.6 元。

【案件焦点】

代某某医疗费中是否应扣除不符合工伤保险诊疗项目目录、工伤保险药品、工伤保险住院服务标准的费用金额 22763.33 元。

【法院裁判要旨】

福建省泉州市鲤城区人民法院经审理认为：超出工伤保险诊疗项目目录、工伤保险药品、工伤保险住院服务标准的治疗费用虽不属于工伤保险基金的赔付范畴，但该部分费用是否应由用人单位支付应以该部分治疗是否属于保障劳动者基本治疗的情形、是否属于合理治疗为认定标准来确定。本案中，在工伤保险项目中有同类药物的喷他左辛注射液，对比该药物及同类药物的作用及剂量，鉴于伤情的复杂性和医疗行为的复杂性，医疗机构选择该药物应是符合代某某伤情的必要性和合理性；特需病房床位费用 4800 元，结合某司法鉴定中心的分析说明，特需病房床位属有特殊服务需求（非医疗因素）病房，通常情况下，未主动选择医疗机构不会配备特殊病房，代某某无证据证明系医疗机构因其伤情需要而给予配备，该项费用超出工伤保险市级床位费限额部分 4100 元应予以扣除；陪伴床 60 元通常是为了陪护所需支出，该项费用可在护理费中列支，但因医疗机构以医疗费列支，代某某以医疗费主张符合常理，且为代某某实际损失，予以采纳；病历复印费 7.8 元不属于治疗范畴，应予以扣除；其余费用机械公司未能举证证明有不合理性及不必要性，结合某司法鉴定中心对该部分的分析说明，可认定属于为了保障代某某的基本治疗而支出的费用，属于合理治疗的范畴。综上，根据代某某的伤情，其医疗费中特需病房床位费用 4800 元中超出工伤保险市级床位费限额部分 4100 元及病历复印费 7.8 元不属于治疗范畴应予以扣除，其医疗费损失应以 60445.21 元（64553.01 元-4100 元-7.8 元）认定。双方之间其余关于工资、一次性伤残就业补助金、一次性工伤医疗补助金等的争议，法院结合案件查明事实予以处理。

福建省泉州市鲤城区人民法院依照《中华人民共和国劳动法》第七十三条，《最高人民法院关于审理劳动争议案件适用法律问题的解释（一）》第十四条、第十六条，《工伤保险条例》第三十条、第三十三条、第三十七条、第六十二条第二款，《福建省实施〈工伤保险条例〉办法》第二十五条、第二十六条、第二十七条、第二十八条，《中华人民共和国民事诉讼法》第六十七条第一款之规定，判决如下：

一、机械公司与代某某之间的劳动合同关系于 2022 年 5 月 19 日解除；

二、机械公司应于判决生效之日起十日内向代某某支付医疗费、住院期间伙食补助费、住院期间护理费、停工留薪期工资、一次性伤残补助金、一次性伤残就业补助金、一次性工伤医疗补助金共计 428028.46 元；

三、驳回代某某的其他诉讼请求；

四、驳回机械公司的诉讼请求。

代某某及机械公司均不服一审判决，提起上诉。福建省泉州市中级人民法院经审理认为：超过工伤保险诊疗项目目录、工伤保险药品、工伤保险住院服务标准的治疗费用虽不属于工伤保险基金的赔付范畴，但如果属于因必要治疗而支付的合理费用，亦应由机械公司支付。

福建省泉州市中级人民法院依照《中华人民共和国民事诉讼法》第一百七十七条第一款第一项之规定，判决如下：

驳回上诉，维持原判。

【法官后语】

《工伤保险条例》第三十条规定，“治疗工伤所需费用符合工伤保险诊疗项目目录、工伤保险药品目录、工伤保险住院服务标准的，从工伤保险基金支付”。但上述名录不能涵盖所有的医疗药品，超出目录实际产生的医疗费用应由工伤职工自行承担还是由工伤职工所在单位承担呢？有观点认为，仅在用人单位同意或认可使用不符合目录和标准的治疗方案产生医药费时，用人单位才承担该费用；也有观点认为，劳动者和用人单位各承担50%；等等。

笔者认为，超出目录实际产生的医疗费用应结合是否属于保障劳动者基本治疗的情形、是否属于以合理治疗为认定标准来确定责任承担的主体。首先，我国现行法律法规中并未规定超范围工伤医疗费应由工伤劳动者自行承担，故而不能必然地认定该部分医疗费由劳动者承担。其次，《工伤保险条例》第一条规定，“为了保障因工作遭受事故伤害或者患职业病的职工获得医疗救治和经济补偿，促进工伤预防和职业康复，分散用人单位的工伤风险，制定本条例”，可见其制定是为了分散而非免除用人单位的工伤风险。若超出部分的医疗费由劳动者承担，则可能产生投保工伤保险后获得赔偿反而更少的结果，显然背离了工伤保险制度的立法目的。且从案件的鉴定意见中可看出，许多治疗伤情的必要药品，诸如纱布、缝线等并未包含在工伤保险诊疗项目目录、工伤保险药品目录内。由于工伤保险诊疗项目目录、工伤保险药品目录的局限性和滞后性，工伤的治疗项目和费用必然有不在上述名录范围的内容。劳动者在工作中是为用人单位的利益而遭受工伤，若该医疗费用由劳动者支付亦不符合法的价值取向。最后，若要求治疗机构在治疗前取得用人单位同意亦不符合客观现实。劳动者在医疗机构治疗工伤，所采治疗方案往往是由主治医师根据伤情的复杂性和医疗行为的应急性自行确定或在征得患者同意的情况下制定，大多数情况下难以实现在治疗之前征询用人单位同意，如果要求医疗机构必须依目录和标准制定治疗方案或等待用人单位对所采取的治疗方案表示同意，可能不利于工伤的救治。但若“一刀切”将所有超出名录、标准范围的医疗费全部由用人单位承担，又可能会造成劳动者非理性的医疗行为，在治疗过程中对保障标准、用药等提出不合理的要求，人为增加医疗费用。综上，超出工伤保险诊疗项目目录、工伤保险药品目录、工伤保险住院服务标准的费用，系属于因必要治疗而支付的合理费用，应由用人单位承担；否则应由劳动者自行承担。

关于超出目录以外医疗费支出是否合理及必要举证责任，根据谁主张，谁举证的原则，应由用人单位承担。通常情况下，用人单位会通过申请鉴定的方式来确定。从案件的鉴定过程及鉴定意见可以看出，目前的做法仅是对费用是否在目录范围以及目录内是否有同类用药进行对比，并未对治疗的必要性进行充分说明。考虑到从医学的角度，医生用药都有其合理性，故从鉴定的角度看，目前很难得出有关治疗必要性的鉴定意见，只能由法院根据用药清单进行综合判断。建议鉴定机构提升关于治疗必要性鉴定的相关技术，在鉴定过程中引入医学专家参与，以专业角度分析治疗过程，以便更好化解劳动者与用人单位之间的矛盾。

编写人：福建省泉州市鲤城区人民法院　刘丽兰　陈慧

八、劳动争议仲裁

44

劳动仲裁裁决类型的认定标准

——保安服务公司诉万某某劳动合同案

【案件基本信息】

1. 裁判书字号

四川省泸州市中级人民法院（2022）川 05 民终 913 号民事裁定书

2. 案由：劳动合同纠纷

3. 当事人

原告（被上诉人）：保安服务公司

被告（上诉人）：万某某

【基本案情】

万某某于 2012 年 1 月 1 日入职保安服务公司并被派往某超市合江店从事保安工作，双方签订书面劳动合同。合同载明：经双方协商一致约定，万某某超时及节假日加班工资和年休假工资由保安服务公司每月发放到万某某工资里，不再另行安排调休。2020 年 12 月 31 日，某超市合江店与保安服务公司间签订的《保安服务合同》到期，不再续签，包括万某某在内的派驻人员全部退回保安服务公司。在此之前，保安服务公司曾与万某某和同在某超市合江店工作的人员协商另行安排工作事宜，但万某某表示想继续在某超市合江店工作（另行签订合同）。2020 年 12 月 31 日，万某某向保安服务公司提交《保安员辞职申请表》，载明辞职类型为“自动辞职”，辞职理由为“某超市退回，年龄过大，无岗位安排”。2021 年 1 月 1 日，万某某与人力资源管理公司签订《劳动合同书》，继续留在某超市合江店工作。2021 年 1 月 12 日，保安服务公司向万某某发出《终止、解除劳动关系通知书》，载明：“万某某同志：你于 2020 年 12 月 31 日申请自动辞职，根据《中华人民共和国劳动合同法》的有关规定，经甲乙双方劳动当事人协商一致，从 2021 年 1 月 1 日止，解除劳动合同，终止劳动关系。”2021 年 12 月 1 日，万某某向合江县劳动人事争议仲裁委员会申请仲裁，请求保安服务公司支付经济补偿金 19939.14 元，未休年休假工资 8148.80 元。2022 年 1 月 11 日，该仲裁委员会作出仲裁裁决书，裁决保安服务公司向万某某支付经济补偿金 19122.30 元，驳回万某某的其他仲裁请求。保安服务公司不服，向一审法院提出诉讼，请求判决不向万某某支付经济补偿金 19122.30 元。

【案件焦点】

仲裁裁决是否为终局裁决。

【法院裁判要旨】

四川省合江县人民法院经审理认为：首先，保安服务公司与万某某签订固定期限劳动合同，期限自 2020 年 1 月 1 日至 2020 年 12 月 31 日，万某某于合同终止之日提出辞职申请，保安服务公司于 2021 年 1 月 12 日批准，此时双方的劳动合同已履行完毕，合同自然终止，不存在解除的问题。其次，万某某已于合同终止次日与他人重新签订劳动合同，已用实际行动表明不再与保安服务公司续签合同的意思表示。因此，万某某的离职不符合法律规定的经济补偿金支付条件。万某某认为本案仲裁裁决应属终局裁决，法院认为，本案所涉仲裁并非只有经济补偿金一项，且仲裁裁决书已经载明不服裁决，可在仲裁裁决书送达之日起十五日内向人民法院提起诉讼，故万某某的主张不能成立。综上，保安服务公司要求不支付万某某经济补偿金的请求符合法律规定，应当予以支持。

四川省合江县人民法院依照《中华人民共和国劳动合同法》第四十四条第一项、第四十六条之规定，判决如下：

保安服务公司不向万某某支付经济补偿金19122.30元。

万某某不服一审判决，提起上诉。四川省泸州市中级人民法院经审理认为：本案的争议焦点为仲裁裁决是否为终局裁决以及一审法院应否受理此案。《最高人民法院关于审理劳动争议案件适用法律问题的解释（一）》第十八条规定："仲裁裁决的类型以仲裁裁决书确定为准。仲裁裁决书未载明该裁决为终局裁决或者非终局裁决，用人单位不服该仲裁裁决向基层人民法院提起诉讼的，应当按照以下情形分别处理：（一）经审查认为该仲裁裁决为非终局裁决的，基层人民法院应予受理；（二）经审查认为该仲裁裁决为终局裁决的，基层人民法院不予受理，但应告知用人单位可以自收到不予受理裁定书之日起三十日内向劳动争议仲裁机构所在地的中级人民法院申请撤销该仲裁裁决；已经受理的，裁定驳回起诉。"第十九条规定："仲裁裁决书未载明该裁决为终局裁决或者非终局裁决，劳动者依据调解仲裁法第四十七条第一项规定，追索劳动报酬、工伤医疗费、经济补偿或者赔偿金，如果仲裁裁决涉及数项，每项确定的数额均不超过当地月最低工资标准十二个月金额的，应当按照终局裁决处理。"本案中，仲裁裁决并未明确载明该裁决为终局裁决或者非终局裁决，劳动者依据调解仲裁法追索经济补偿金19939.14元及未休年休假工资8148.8元，而仲裁裁决仅确定经济补偿金19122.3元，且不超过当地月最低工资标准十二个月金额19800元，因此，仲裁裁决应当按照终局裁决处理。那么，用人单位保安服务公司不服该仲裁裁决向一审法院提起诉讼，一审法院受理并审理此案不当，依法应予纠正。综上，万某某的上诉请求成立，应予支持。原判决适用法律错误，导致处理结果不当，依法予以纠正。

四川省泸州市中级人民法院依照《中华人民共和国民事诉讼法》第一百七十七条第一款第二项之规定，裁定如下：

一、撤销四川省合江县人民法院（2022）川0522民初470号民事判决；

二、驳回保安服务公司的起诉。

【法官后语】

本案的争议焦点是仲裁裁决是否为终局裁决以及人民法院是否应当受理此案。仲裁裁决的类型分为终局裁决和非终局裁决，但对于如何判定仲裁裁决是终局裁决抑或非终局裁有两种不同观点。一种观点认为，判断仲裁裁决类型应当以仲裁裁决书载明的类型为准。即仲裁裁决书明确载明为终局裁决的，就是终局裁决；明确载明为非终局裁决的，就是非终局裁决。对于未明确载明仲裁裁决类型的，应当根据《最高人民法院关于审理劳动争议案件适用法律问题的解释（一）》第十九条的规定进行认定，即劳动者依据《中华人民共和国劳动争议调解仲裁法》第四十七条第一项规定，追索劳动报酬、工伤医疗费、经济补偿或者赔偿金，如果仲裁裁决涉及数项，每项确定的数额均不超过当地月最低工资标准十二个月金额的，应当按照终局裁决处理。反之，则为非终局裁决。另一种观点认为，应当首先看仲裁裁决书有无交代诉讼权利，即仲裁裁决书明确载明不服裁决，可以向人民法院提起诉讼的，即为非终局裁决；仲裁裁决书未明确载明提起诉讼的权利的，再按照第一种观点进行审查认定。

第二种观点的理由是既然仲裁裁决书已明确交代了诉讼权利，则表明裁决为非终局裁决。此种理由是类推适用民事一审裁判交代上诉权利，即表明是非终审裁判的理念，显然是不妥的。原因是仲裁裁决类型的判定标准是依据仲裁裁决书载明的类型，而非依据仲裁裁决书是否交代诉讼权利，这一点已通过《最高人民法院关于审理劳动争议案件适用法律问题的解释（一）》第十八条的规定予以明确，并通过第十九条规定进一步明确了对于未明确载明仲裁裁决类型的裁决，判定该类裁决是终局裁决还是非终局裁决的构成要件。持第二种观点的，隐含认为非终局仲裁裁决书的标准样式不明确载明“非终局裁决”字样。然而，无论是终局裁决书还是非终局裁决书的标准样式都应当明确载明“终局裁决”或者“非终局裁决”字样。

本案生效裁判采用第一种观点。《中华人民共和国劳动争议调解仲裁法》第四十七条第一项规定，因追索经济补偿金不超过当地月最低工资标准十二个月金额等方面争议的仲裁裁决为终局裁决，同时第四十九条规定用人单位对前述终局裁决不服，可向中级人民法院申请撤销，而不能向人民法院起诉。本案符合因追索经济补偿金不超过当地月最低工资标准十二个月金额的规定，应认定仲裁裁决为终局裁决，故用人单位的起诉不符合受理条件，受理后，应裁定驳回起诉，并告知其正确的司法救济途径，即向中级人民法院申请撤销仲裁裁决。

编写人：四川省泸州市中级人民法院　谢银虎

45

当事人持仲裁机构《逾期未立案证明》起诉的司法审查与处理

——邹某诉套装门公司劳动争议案

【案件基本信息】

1. 裁判书字号

重庆市第二中级人民法院（2022）渝02民终2814号民事裁定书

2. 案由：劳动争议

3. 当事人

原告（上诉人）：邹某

被告（被上诉人）：套装门公司

【基本案情】

2021年11月16日，邹某因与套装门公司发生劳动争议而申请仲裁，提出解除双方劳动关系等请求。重庆市开州区劳动人事争议仲裁委员会作出《逾期未立案证明》，内容为：邹某诉套装门公司工资、社会保险、经济补偿争议一案，本委于2021年11月16日收到仲裁申请书后，告知其需要补充相关证据材料，至今未提供，故在5日内未立案，情况属实。邹某持前述《逾期未立案证明》提起本案诉讼，请求解除邹某与套装门公司之间的劳动关系；套装门公司为邹某补缴2004年1月至2010年12月的养老保险和失业保险；套装门公司支付解除劳动关系经济补偿金50000元。

【案件焦点】

劳动争议仲裁机构因当事人未按要求补正材料出具《逾期未立案证明》，能否认定案涉劳动争议已经过仲裁前置程序。

【法院裁判要旨】

重庆市开州区人民法院经审理认为：邹某于2021年10月5日向套装门公司申请辞职，套装门公司于当日同意邹某辞职，法院确认邹某与套装门公司之间的劳动关系于2021年10月5日解除。邹某解除其与套装门公司之间劳动关系的情形，不符合法律规定的用人单位应当支付经济补偿金的情形，对于邹某要求套装门公司支付经济补偿金的诉讼请求，法院不予支持。邹某要求套装门公司为其补缴2004年1月至2010年12月的养老保险和失业保险，因用人单位欠缴社会保险费应当由相关行政部门进行处理，不属于人民法院受理民事案件的范围，故在本案中不予处理。

重庆市开州区人民法院依照《中华人民共和国劳动合同法》第七条、第三十六条，《中华人民共和国民事诉讼法》第六十七条第一款之规定，判决如下：

一、确认邹某与套装门公司之间的劳动关系于2021年10月5日解除；

二、驳回邹某的其他诉讼请求。

邹某不服一审判决，提起上诉。重庆市第二中级人民法院经审理认为：我国劳动争议处理机制采取的是“一调一裁两审制”，仲裁是诉讼前置程序，当事人未经仲裁不能直接向人民法院提起诉讼。同时，为畅通司法救济渠道，迅速解决当事人之间的纠纷，法律规定劳动争议仲裁机构在逾期未作出受理决定或仲裁裁决的情况下，当事人直接提起诉讼的，人民法院应予受理。本案中，重庆市开州区劳动人事争议仲裁委员会逾期未立案的原因是邹某未按要求补正材料，而非重庆市开州区劳动人事争议仲裁委员会逾期未在法定期限内履行法定职责，该种情形属于劳动争议仲裁机构在行使仲裁过程中的正当事由，如允许邹某直接向人民法院提起诉讼，将会导致法律设置劳动争议仲裁前置程序的立法目的落空。因此，邹某应当按照重庆市开州区劳动人事争议仲裁委员会的告知内容在补正材料后重新申请仲裁，不能直接向人民法院提起诉讼。

重庆市第二中级人民法院依照《中华人民共和国劳动法》第七十九条，《中华人民共和国劳动争议调解仲裁法》第二十九条和第四十三条第一款，《最高人民法院关于适用〈中华人民共和国民事诉讼法〉的解释》第三百二十八条之规定，裁定如下：

一、撤销重庆市开州区人民法院（2022）渝0154民初1352号民事判决；

二、驳回邹某的起诉。

【法官后语】

我国目前的劳动争议处理实行的是“一调一裁两审制”。仲裁是诉讼的前置程序，不经仲裁，当事人不能直接向人民法院提起诉讼。根据《中华人民共和国劳动争议调解仲裁法》第二十九条和《最高人民法院关于审理劳动争议案件适用法律问题的解释（一）》第十二条的规定，劳动争议仲裁机构不予受理或逾期未作出决定、逾期未作出仲裁裁决的，当事人可向人民法院提起诉讼。上述规定旨在提供因仲裁机构的原因未对当事人提出的仲裁请求作出处理时，当事人的权利救济途径。本案的重点在于邹某在收到劳动人事争议仲裁委员会告知其补充相关材料而未提供的情况下，案涉劳动争议是否产生已经经过仲裁程序以及本案诉讼应如何处理。

一、劳动人事争议仲裁委员会作出的《逾期未立案证明》不能表明具备起诉条件

实际上，本案尚未经过仲裁程序。理由如下：其一，本案邹某在向开州区劳动人事争议仲裁委员会申请仲裁时，仲裁委员会未予立案，实际上未进入仲裁程序就终结了仲裁，因此未经过仲裁程序。其二，仲裁系因邹某原因未予立

案。劳动争议仲裁机构在法定期间内行使仲裁权是其法定职责，也是进行仲裁程序、迅速解决当事人之间纠纷的关键。仲裁委员会告知邹某需要补充相关证据材料，但是邹某未予提供，此种情况不属于劳动争议仲裁机构不予受理或逾期未作出决定、逾期未作出仲裁裁决等不履行法定职责或不严格按照法定期限履行法定职责的情形。综上所述，本案劳动争议尚未经过仲裁程序。

二、法院不应受理未经过仲裁程序的案件

劳动争议案件经劳动人事争议仲裁委员会仲裁是提起诉讼的前置程序。当事人对仲裁裁决不服的，方可向人民法院提起诉讼。邹某提起的本案诉讼，人民法院应不予受理；已经受理的，应裁定驳回起诉。

首先，本案中，劳动争议仲裁机构未受理本案的原因是邹某未按劳动争议仲裁机构的要求补充材料，此种情形如被认定为案涉劳动争议已经经过仲裁前置程序，不利于维护“一调一裁两审”制度的稳定，易造成该制度流于形式，从而使得大量劳动争议案件未经仲裁程序而直接进行审判程序，将会为规避劳动争议仲裁前置程序的行为大开方便之门。

其次，《中华人民共和国劳动争议调解仲裁法》及此前的有关法律规定“先裁后审”的目的，是借助劳动争议仲裁委员会方便查清事实的优势及时解决劳动争议。案件未经仲裁程序，法院受理后有许多事实需要查明，难以做到准确、高效，不利于争议的及时化解。

先裁后审的做法在实践中具有一定的优越性，特别是在分流劳动和人事争议案件，保证准确、及时解决劳动和人事争议方面发挥了积极的作用。本案劳动争议不应被认定为已经经过仲裁前置程序，邹某应当按照劳动争议仲裁机构告知内容补充材料后重新申请仲裁。

编写人：重庆市第二中级人民法院　崔明莉

九、其　他

46

言辞型职场性骚扰的司法认定及行为后果

——向某某诉铝业公司劳动争议案

【案件基本信息】

1. 裁判书字号

福建省厦门市中级人民法院（2022）闽02民终3983号民事判决书

2. 案由：劳动争议

3. 当事人

原告（上诉人）：向某某

被告（被上诉人）：铝业公司

【基本案情】

向某某于2017年5月2日进入铝业公司工作，岗位为操作工。铝业公司《员工手册》载明："1.10不得对女性员工进行言语及肢体上的不当行为，一经发现，将予以辞退，无任何赔偿，严重者移交司法处理。"该《员工手册》有经职工代表大会讨论通过，向某某确认有学习过前述《员工手册》。2021年9月9日，向某某在铝业公司微信群中询问某女性员工"想来帮我搓背吗"，要求该女性员工"加个私微"，并发出多个唇印表情。经他人劝说，向某某拒不撤回上述消息。关于前述微信聊天的情况，庭审过程中，向某某陈述称："是公司经理发了红包，我抢了最多，女性员工就问我手气怎么这么好，我回复我要去洗澡，女员工回复她在洗菜，我就问她要不要帮我搓背。"向某某据此认为系该女性员工主动找向某某聊性骚扰话题，其没有错。2021 年 9 月 10 日，铝业公司以向某某"任职期间屡次与多名员工发生口角""不服从领导安排""在工作微信群中当众向女性员工骚扰""反复劝诫无效"为由开除向某某。

向某某以铝业公司违法解除劳动合同为由主张支付赔偿金。

【案件焦点】

铝业公司开除向某某是否属于违法解除劳动合同。

【法院裁判要旨】

福建省厦门市集美区人民法院经审理认为：向某某在铝业公司微信工作群中对女性员工发表具有性骚扰性质的不当言语。铝业公司《员工手册》载明："1.10 不得对女性员工进行言语及肢体上的不当行为，一经发现，将予以辞退，无任何赔偿，严重者移交司法处理。"该《员工手册》的制定有经过民主程序，且向某某确认已学习过该《员工手册》。铝业公司根据《员工手册》中对保护女职工免受侵犯的规定对员工进行管理、处罚，系合法行使企业自主管理权。向某某已学习过该《员工手册》，应知晓前述规定并严格遵守，现其违反《员工手册》规定，对女性员工进行言语的不当行为，铝业公司以向某某违反公司规章制度为由解除与向某某的劳动关系，未违反法律规定，无须支付向某某违法解除劳动合同的赔偿金。

福建省厦门市集美区人民法院依照《中华人民共和国劳动合同法》第三十九条第二项，《中华人民共和国民事诉讼法》第六十七条，《最高人民法院关于适用〈中华人民共和国民事诉讼法〉的解释》第九十条之规定，判决：

驳回原告向某某的全部诉讼请求。

向某某不服一审判决，提起上诉。福建省厦门市中级人民法院经审理认为：

向某某在公司微信工作群中对女性员工发表具有性骚扰性质的不当言语，经劝说后仍不撤回，违反了《员工手册》中关于“不得对女性员工进行言语及肢体上的不当行为，一经发现，将予以辞退，无任何赔偿，严重者移交司法处理”的规定。《中华人民共和国妇女权益保障法》第四十条规定：“禁止对妇女实施性骚扰。受害妇女有权向单位和有关机关投诉。”《女职工劳动保护特别规定》第十一条规定：“在劳动场所，用人单位应当预防和制止对女职工的性骚扰。”铝业公司制定的《员工手册》符合上述法律的规定，应当为劳动者所遵守，向某某亦已确认知晓公司的规章制度并同意遵守，且根据本案查明的事实，向某某同时还存在在工作场所吵架、打架等违反《员工手册》规定的行为。因此，一审法院认定铝业公司以向某某违反公司规章制度为由解除与向某某的劳动关系，未违反法律规定，并无不当，法院予以维持。综上，一审法院认定事实清楚，适用法律正确，判决结果并无不当；向某某的上诉请求，缺乏依据，法院依法不予支持。

福建省厦门市中级人民法院依照《中华人民共和国民事诉讼法》第一百七十七条第一款第一项之规定，判决如下：

驳回上诉，维持原判。

【法官后语】

随着社会文明的进步，性骚扰逐步从道德范畴抽离成为法律概念。《中华人民共和国民法典》人格权编明确将其定义为“违背他人意愿，以言语、文字、图像、肢体行为等方式对他人实施性骚扰的”行为，并赋予机关、企业、学校等单位预防、制止性骚扰义务。本案的争议焦点涉及对相关不当言语的定性及解除劳动合同合法性认定问题。

一、言语型职场性骚扰的认定

《中华人民共和国民法典》第一千零一十条第一款规定：“违背他人意愿，以言语、文字、图像、肢体行为等方式对他人实施性骚扰的，受害人有权依法请求行为人承担民事责任。”根据该条文，除传统意义上的肢体接触行为外，诸如言语、文字、图像等以非接触的信息传播方式表达违背信息接受者意愿的性内容，亦可导致性骚扰的侵权结果。由于言语、文字、图像在表意方式上具有同质性，且在司法证明模式上存在近似性，故可一同纳入“言辞型性骚扰”范畴中加以理解和认识。[①] 言辞型职场性骚扰，即以言语、文字和图像等形式在职场实施的性骚扰。

相对于肢体行为，以言语、文字、图像的形式实施的性骚扰行为边界更为模糊。从实体标准来看，在审理认定时应重点把握以下要素：

1. 行为人实施与性相关的行为，就言辞型性骚扰而言，如向他人发送具有性内容的文字、语音、图片或视频资料。本案中，2021 年 9 月 9 日，向某某在铝业公司微信工作群中称其要去洗澡，并询问某女性员工“想来帮我搓背吗”，要求该女性员工“加个私微”，并发出多个唇印表情，该内容涉及性挑逗或性试探，故应认为向某某对该女性员工实施了与性相关的言辞行为。

2. 违背他人意愿。即骚扰者的行为对被骚扰者而言是不可接受或不受欢迎的，引起被骚扰者的反感、不适。“违背他人意愿”是受害人主观状态的反映，关键在于如何判定。一般而言，首先应充分考虑被骚扰员工是否存在拒绝或警告的意思表示或向用人单位投诉等。其次在被骚扰员工未进行明确拒绝的意思表示的情况下，应考虑到职场环境中被骚扰员工往往碍于面子不敢反抗、不愿表态，其表现可能是沉默回应、借口推辞或转移话题等间接反对方式。此时，应从社会大众角度出发审度该行为是否系不受欢迎的，若是，则推定为违背了被骚扰人意愿的性骚扰行为，而无须将是否明确拒绝、是否实施自救或是否报警作为判定违背他人意愿的必备因素。本案中，向某某在微信工作群中询问某女性员工“想来帮我搓背吗”，要求该女性员工“加个私微”，并发出多个唇印表情，虽然该女性员工未予以直接回应，但该言语已包含性暗示及性挑逗意味，且该不当言论发表后引起了女性员工的极度不适。

3. 该行为系在职场中发生的，可导致被骚扰人感觉身处羞辱性的工作环境。本案中，向某某系在微信工作群中发布具有性骚扰性质的不当言论，对

---

① 参见王天玉：《言辞型职场性骚扰的司法裁判逻辑》，载《妇女研究论丛》2020 年第 5 期。

被骚扰女性员工的人格权造成侵犯，导致其不良的心理感受及不友好的工作环境。

二、用人单位以劳动者存在性骚扰行为为由解除劳动合同的合法性

本案中，铝业公司内部规章制度及《员工手册》内容相对完备，制定程序规范，其中明确规定“不得对女性员工进行言语及肢体上的不当行为，一经发现，将予以辞退，无任何赔偿，严重者移交司法处理”，落实了前述法律赋予用人单位的职场性骚扰防治义务，应为劳动者所共同遵守。因此，在认定向某某行为构成言辞型职场性骚扰，且上述规章制度经民主程序通过并为向某某所明知的前提下，铝业公司以严重违反公司规章制度为由解除与向某某的劳动关系，未违反法律规定，系合法解除。

另外，如行为人的性骚扰行为涉及范围较广或给被骚扰人造成生理及心理上的严重不适，给工作环境造成不良影响，则即使涉案公司未将性骚扰行为明确列为劳动关系单方解除事由，用人单位亦可以违反社会主义核心价值观、公序良俗及劳动者基本职业道德为由，解除双方之间的劳动关系。在认定性骚扰事实时，可考虑适当降低证明标准，以切实保护女性职工合法权益。

防治职场性骚扰系用人单位的法定义务。实践中，用人单位应积极制定职场性骚扰的相关规章制度并严格履行民主程序，在规章制度中对职场性骚扰的定义、各类表现形式、处罚措施予以明确，并建立合理的内部投诉和调查程序，适时对员工进行反职场性骚扰的培训，加强对受害员工的心理疏导，切实落实对女性的保护和尊重，营造安全、平等的职场环境，树立健康的企业形象，形成良好的社会风尚。

编写人：福建省厦门市集美区人民法院　郑嘉颖

47

企业开展全员微信链接推广活动的合法性审查

——陈某诉妇产医院劳动争议案

【案件基本信息】

1. 裁判书字号

重庆市第三中级人民法院（2022）渝03民终997号民事判决书

2. 案由：劳动争议

3. 当事人

原告、被告（被上诉人）：陈某

被告、原告（上诉人）：妇产医院

【基本案情】

陈某自2013年11月16日起在妇产医院从事驾驶员工作，劳动合同期限至2022年10月22日。2021年8月30日，妇产医院向陈某出具劳动合同解除终止通知单。陈某收到上述通知后，于2021年12月23日向重庆市涪陵区劳动人事争议仲裁委员会申请仲裁，要求妇产医院向其支付包括工作期间因未发朋友圈被每月克扣的200元工资在内的各项赔偿金共计372808元。2022年2月8日，重庆市涪陵区劳动人事争议仲裁委员会作出裁决，由妇产医院支付陈某违法解除劳动合同的各项赔偿金合计53200元。因双方均不服仲裁裁决，先后诉至法院。

另查明，2017年6月10日，妇产医院总经理林某、企划部主任周某、行政部主任杜某三人召开总经理办公会通过制定开展院内员工微信朋友圈推广活动。同月12日制作了《妇产医院关于常规开展全员微信链接推荐活动的通知》，并于同月20日印发，内容为：从6月13日开始开展常规的全员推荐推广文章的活动，全院全体员工每日向各自所在的医院微信推广小组推荐社会关注度较高的、女性喜欢关注的文章或链接，每人每天最多推送 2 条链接给小组讨论，小组每日推荐至少 2 条给医院进行筛选，个人考核对微信号粉丝量在 200 人以上视为有效，从七月开始，每个考核期核对粉丝量，未达到粉丝量的乐捐 200 元/人。2017 年 7 月至 2021 年 8 月期间，因陈某未在朋友圈转发推送妇产医院的微信链接，妇产医院扣除被告陈某工资 10000 元。妇产医院亦基于陈某未在朋友圈转发推送相应链接，认为陈某未遵守公司的规章制度，未完成交付的工作任务，遂解除了双方的劳动关系。

【案件焦点】

企业开展全员微信链接推广活动是否具有合法性。

【法院裁判要旨】

重庆市涪陵区人民法院经审理认为：用人单位在制定、修改有关劳动报酬、工作时间、劳动纪律以及劳动定额管理等直接涉及劳动者切身利益的规章制度时，应当经过职工代表大会或者全体职工讨论，提出方案和意见，与工会或者职工代表平等协商确定，并将直接涉及劳动者切身利益的规章制度公示或者告知劳动者。现妇产医院并未举证证明《妇产医院关于常规开展全员微信链接推广活动的通知》系通过民主程序制定并向包括陈某在内的员工进行了公示或告知，妇产医院基于该规章制度减少陈某的劳动报酬，并解除了与其的劳动关系，不具有合法性。

重庆市涪陵区人民法院依照《中华人民共和国劳动合同法》第四十七条、第八十七条，《最高人民法院关于审理劳动争议案件适用法律问题的解释（一）》第四十四条，参照《国家统计局关于工资总额组成的规定》第十一条之规定，判决如下：

一、妇产医院于判决生效之日起十五日内向陈某支付 2017 年 7 月至 2021 年 8 月少发的工资 10000 元、违法解除劳动合同的赔偿金 50809.6 元，共计 60809.6 元。

二、驳回妇产医院的其他诉讼请求。

三、驳回陈某的其他诉讼请求。

妇产医院不服一审判决，提起上诉。重庆市第三中级人民法院审理经认为：《妇产医院关于常规开展全员微信链接推广活动的通知》因涉及劳动报酬和微信朋友圈个人生活，属于直接涉及劳动者切身利益的规章制度，需经法定程序讨论通过，方具有合法性。本案中，该通知仅由总经理办公会讨论决定，该会议通过的决议属于单方要求，在妇产医院没有证据证明该制度经职工代表大会或者全体职工讨论的情况下，《妇产医院关于常规开展全员微信链接推广活动的通知》不具有合法性。

重庆市第三中级人民法院依照《中华人民共和国民事诉讼法》第一百七十七条第一款第一项之规定，判决如下：

驳回上诉，维持原判。

【法官后语】

近年来，职工的朋友圈已是企业宣传的“必争之地”，“朋友圈考核”更是让劳动者在工作中处于进退两难的境地，遵从指示便要牺牲个人生活空间，拒绝服从将面临罚款、解雇的风险。也由此引发企业以“朋友圈考核”不合格为由对职工进行罚款或是解除劳动关系的诉讼案件，导致企业经营管理自主权与职工私生活安宁权不断产生冲突。如何认定企业经营管理自主权的合法性及合理性，是审查该类案件的重点。

一、企业行使经营管理自主权的合法性审查

企业经营管理自主权的权利基础来源于法律法规的赋权与劳动关系双方之间合意，因此合法性审查也即审查企业行使经营管理自主权是否在法定或者意定的限度之内。

首先，审查企业是否在法定限度内行使经营管理的自主权。《中华人民共和国劳动法》《中华人民共和国劳动合同法》《中华人民共和国公司法》等法律法规的相关规定赋予企业制定企业规章等权利，实现经营管理自主权。同时企业还应当遵守《中华人民共和国民法典》公序良俗原则以及其他特别规定。本案中，《中华人民共和国劳动法》及《中华人民共和国劳动合同法》规定用人单位在制定、修改或者决定有关劳动报酬、工作时间、休息休假、劳动纪律以及劳动定额管理等直接涉及劳动者切身利益的规章制度或者重大事项时，应当经职工代表大会或者全体职工讨论，提出方案和意见，与工会或者职工代表平等协商确定。妇产医院制定的微信推广通知因涉及劳动报酬和微信朋友圈个人生活，显然属于直接涉及劳动者切身利益的规章制度，其仅经过总经理办公会讨论并进行了传达和征求意见，并未经职工代表大会或者全体职工讨论，未经法定程序进行，因此《妇产医院关于常规开展全员微信链接推广活动的通知》不具有合法性。

其次，审查企业是否在一定限度内行使经营管理自主权。劳动关系得以维持的前提条件是职工接受企业的管理并配合企业的合理安排，企业的经营管理自主权本质是一种单方决定权，当此种权力的行使涉及职工的切身利益，而该事项立法上又无明确规定时，企业需要与全体职工、职工代表或职工个人进行平等协商，由双方对各自权利义务范围达成合意。合意的方式包括明示与默示，明示即通过语言或文字等可显露于外的形式，最为常见的如职工与企业对工作内容达成合意后订立的劳动合同。而以默示的方式达成的合意则需要通过双方实际履行情况进行推定。司法实践中，由于市场的多变性，企业基于对市场形势的研判，往往经常性地行使经营管理自主权，对固有的劳动内容进行修改。由于劳动关系的从属性，企业在修改劳动内容的过程中处于强势地位，职工处于弱势地位，出于自身利益的考虑，往往没有话语权，故而对以默示的方式达成合意的审查应格外审慎。在审查过程中，应重点审查合意的实质内容与达成合意的过程是否存在违法或损害职工合法利益的情形。

二、企业行使经营管理自主权的合理性审查

为规范企业行使经营管理自主权，除了审查合法性外，还应审查合理性。对合理性的审查，可从以下三方面入手：

第一，职业要素。我国法律规定了企业规章制度的主要内容，但对规章制度的外延并未规定。企业为了满足生产经营的需要，不断扩大约束职工的各项制度，将与工作内容无关的事项纳入规章制度之中，过多地介入职工私人空间。

因此，审查企业的规章制度，要以职业因素相关性为限制标准，排除企业规章中与劳动工作无关的不合理部分。同时也要考虑到不同工作岗位有着不同的工作要求，对于有限工作岗位对职工作出的合理性限制，应当根据企业的发展方向以及工作内容进行判断。

第二，行业习惯。行业习惯是某一行业中普遍采用的做法或规则，能够被人们所认知、接受与遵守的行业交易习惯，是经人们长期反复适用的实践性基础上形成的具有规范意义的做法。因此在规章制度的合理性审查中，尊重企业经营管理自主权，也应当尊重合理的行业习惯。

第三，公序良俗。在《最高人民法院关于审理劳动争议案件适用法律问题的解释（一）》第四十三条规定，变更劳动合同未采用书面形式，但已经实际履行了口头变更的劳动合同超过一个月，且变更后的劳动合同内容不违反法律、行政法规、国家政策以及公序良俗，当事人以未采用书面形式为由主张劳动合同变更无效的，人民法院不予支持。最高人民法院肯定了公序良俗原则在劳动司法领域的适用。企业制定的规章制度应当考虑对社会秩序与社会利益的影响，在不违反劳动基准与公序良俗的基础上，承认企业规章制度的合法性与合理性。

编写人：重庆市第三中级人民法院 伍柯聿

48

具有关联关系用人单位中劳动者工龄计算的认定

——黄某某诉健康管理公司劳动争议案

【案件基本信息】

1. 裁判书字号

北京市第二中级人民法院（2022）京 02 民终 7321 号民事判决书

2. 案由：劳动争议

3. 当事人

原告（被上诉人）：黄某某

被告（上诉人）：健康管理公司

【基本案情】

2021 年 11 月 17 日，黄某某以健康管理公司为被申请人向北京市丰台区劳动人事争议仲裁委员会提起本案仲裁前置程序，要求健康管理公司支付 2020 年 7 月 10 日至 2021 年 11 月 11 日未签订书面劳动合同二倍工资差额 108000 元、该期间工作日延时加班工资 26156.25 元、休息日加班工资 62775 元，2021 年 10 月 1 日至 2021 年 11 月 11 日工资 20213 元以及违法解除劳动关系赔偿金 22500 元。2022 年 1 月 10 日，该仲裁委作出裁决书，裁决：健康管理公司支付黄某某 2021 年 10 月 28 日至 2021 年 11 月 11 日工资 2023 元及违法解除劳动关系赔偿金 4000 元，驳回黄某某其他仲裁请求。黄某某不服该仲裁裁决，于法定期限内起诉，诉讼请求与仲裁请求内容一致。

黄某某主张其于 2020 年 7 月 10 日入职健康科技公司，担任前台及销售，双方未签订劳动合同，月基本工资 4000 元加提成，每月 10 日发放上月基本工资，20 日发放上月提成，工资通过健康科技公司企业微信、赵某 1 支付宝、赵某 2 微信支付；2021 年 7 月，单位所有员工搬至新馆，即健康管理公司的注册地址，黄某某工资待遇不变，日常工作由赵某 1、赵某 2、袁某管理；健康科技公司的注销手续及健康管理公司的注册手续，黄某某均有参与办理，二公司属于关联关系，实际控制人相同，赵某 1 与赵某 2 系姐弟关系，健康科技公司法定代表人吕某是赵某 1 丈夫。健康管理公司认可吕某、赵某 1、赵某 2 之间的身份关系，但主张健康科技公司与健康管理公司是两个独立的法人主体；健康科技公司不再经营后，健康管理公司购买健康科技公司部分器材；黄某某是健康科技公司员工，并非健康管理公司员工，黄某某曾为其公司短暂帮忙，其公司未向黄某某支付工资，不同意黄某某全部诉讼请求。

黄某某提交支付宝转账电子回单、微信支付电子转账凭证、考勤表、前台加销售薪资标准，证明其在职期间工资标准以及健康管理公司尚欠付其 2021 年

10月1日至2021年11月11日工资。健康管理公司不予认可。黄某某主张在职期间存在加班，健康管理公司未支付休息日及延时加班工资，但未就此举证。黄某某提交辞退书，显示“黄某某女士，由于公司对你工作不满，即于2021年11月11日将你辞退”。其上有赵某2本人签名及健康管理公司印章，证明2021年11月11日健康管理公司将其辞退。

另，健康科技公司于2021年8月25日核准注销，股东为张某某、吕某、苟某；健康管理公司于2021年10月28日成立，股东为袁某、赵某2、李某。

【案件焦点】

1. 用人单位成立之前，劳动者提供劳动，能否由该用人单位支付劳动报酬；2. 健康科技公司与健康管理公司能否构成关联关系，劳动者工龄能否合并计算。

【法院裁判要旨】

北京市丰台区人民法院经审理认为：劳动者的合法权益受法律保护。当事人对自己提出的主张，有责任提供证据。

关于劳动报酬的认定。健康管理公司于2021年10月28日成立。一方面，自健康管理公司成立之后，黄某某为该公司提供劳动，接受该公司的用工管理，公司虽然主张双方不存在劳动关系，但未就此举证，法院不予采信。故法院确认2021年10月28日至2021年11月11日期间双方存在劳动关系，黄某某要求健康管理公司支付该期间工资，应予支持。另一方面，健康管理公司成立之前，根据黄某某提交的微信记录等证据可以看出，黄某某曾为健康管理公司办理营业执照、搬家、处理健身馆日常工作事务等付出劳动，接受健康管理公司负责人员的用工管理，劳动成果最终由健康管理公司受益，故黄某某要求健康管理公司承担2021年10月1日至2021年10月27日劳动报酬的诉讼请求，法院亦予支持。关于工资标准，因用人单位应对劳动者的工资情况承担举证责任，健康管理公司未就此举证，应承担不利后果；黄某某初步证实了其存在部分业绩，结合现有证据及工作岗位性质，法院采信黄某某有关工资支付情况之主张，结合考勤表及相关工资记录，确认健康管理公司应支付黄某某 2021 年 10 月 1 日至 2021 年 11 月 11 日工资 20045 元。

关于关联关系的认定。健康科技公司于 2021 年 8 月 25 日注销，住所地为某区甲路×××号；健康管理公司于 2021 年 10 月 28 日成立，住所地为某区乙路××号 11 号楼地下一层部分、12 号楼 1 层×××。首先，根据黄某某提交的公众号截图，显示账户主体为健康科技公司，介绍详情中明确有“目前已搬家扩店”之表述，并标注“新店”地址为某区乙路××号院 12 号楼，而该址系健康管理公司注册地；其次，大众点评截图中显示地址为乙路××号院 12 号楼，经营资质详情中企业名称为健康科技公司；再次，黄某某与赵某 2、袁某、赵某 1 的微信记录的时间自健康科技公司存续时起，跨越该公司注销、健康管理公司成立之前并直至 2021 年 11 月，中间存在“老馆”“新店”的表述，能够看出黄某某日常工作接受赵某 2、袁某、赵某 1 的管理；最后，双方均认可健康科技公司与健康管理公司法定代表人存在亲属关系。综上，法院有理由相信健康科技公司与健康管理公司均系健身行业，黄某某在健身馆内从事前台及销售工作；健康科技公司与健康管理公司存在人员混同，经营范围相同，使用同一微信公众号，对外宣传二公司地址变更为搬家扩店，属于劳动争议案件中用人单位存在关联关系的认定范畴。

黄某某提交的辞退书中显示健康管理公司将黄某某辞退，其上有法定代表人赵某 2 签名及健康管理公司盖章，健康管理公司虽主张该公章系黄某某私自加盖，但未就此举证，法院难以采信，且用人单位应对其公章负有严格管理的义务，故法院对该辞退书内容予以采信，健康管理公司据此解除双方劳动关系，存在不妥，应予纠正，黄某某要求健康管理公司支付违法解除劳动关系赔偿金的诉讼请求，法院予以支持。另，劳动者非因本人原因从原用人单位被安排到新用人单位工作，原用人单位未支付经济补偿，劳动者依据《中华人民共和国劳动合同法》第三十八条规定与新用人单位解除劳动合同，或者新用人单位向劳动者提出解除、终止劳动合同，在计算支付经济补偿或赔偿金的工作年限时，劳动者请求把在原用人单位的工作年限合并计算为新用人单位工作年限的，人民法院应予支持。故黄某某要求健康管理公司支付违法解除劳动关系赔偿金 22500 元的诉讼请求，符合法律规定，法院予以支持。

关于黄某某的其他诉求。健康管理公司于 2021 年 10 月 28 日成立，黄某某要求该公司支付 2020 年 7 月 10 日至 2021 年 11 月 11 日期间未签订书面劳动合同二倍工资差额，缺乏依据，法院不予支持。黄某某未就其加班情形进行举证，故其主张 2021 年 10 月 28 日至 2021 年 11 月 11 日期间工作日延时加班工资及休息日加班工资的诉求，缺乏依据，法院不予支持。2020 年 7 月 20 日至 2021 年 10 月 27 日期间，健康管理公司尚未成立，黄某某主张该期间工作日延时及休息日加班工资，亦缺乏依据，法院不予支持。

北京市丰台区人民法院依照《中华人民共和国劳动法》第五十条，《中华人民共和国劳动合同法》第四十八条，《最高人民法院关于审理劳动争议案件适用法律问题的解释（一）》第四十六条，《中华人民共和国民事诉讼法》第六十七条，《最高人民法院关于适用〈中华人民共和国民事诉讼法〉的解释》第九十条之规定，判决如下：

一、健康管理公司于判决生效之日起七日内支付黄某某 2021 年 10 月 1 日至 2021 年 11 月 11 日工资 20045 元；

二、健康管理公司于判决生效之日起七日内支付黄某某违法解除劳动关系赔偿金 22500 元；

三、驳回黄某某其他诉讼请求。

健康管理公司不服一审判决，提起上诉。北京市第二中级人民法院经审理认为：关于违法解除劳动关系赔偿金，劳动者非因本人原因从原用人单位被安排到新用人单位工作，原用人单位未支付经济补偿，劳动者依据《中华人民共和国劳动合同法》第三十八条规定与新用人单位解除劳动合同，或者新用人单位向劳动者提出解除、终止劳动合同，在计算支付经济补偿或赔偿金的工作年限时，劳动者请求把在原用人单位的工作年限合并计算为新用人单位工作年限的，人民法院应予支持。根据查明的事实，在计算赔偿金的工作年限时，一审法院支持黄某某把在健康科技公司的工作年限合并计算为健康管理公司工作年限的请求，并无不当。

北京市第二中级人民法院依照《中华人民共和国民事诉讼法》第一百七十七条第一款第一项之规定，判决如下：

驳回上诉，维持原判。

【法官后语】

存在关联关系的用人单位因注销、新设导致劳动者劳动关系“空档期”，为新用人单位筹备设立阶段提供劳动的劳动者有权要求新成立的单位支付此期间的劳动报酬；在计算支付经济补偿或赔偿金的工作年限时，劳动者有权主张将“空档期”的工龄连续计算。

一、为用人单位筹备设立阶段付出劳动的劳动者，其报酬支付主体问题

首先，用工开始即应支付报酬。用工实质是一种与劳动关系相附随的连续性的行为过程，用工之日是这一连续性行为过程的时间起点。对用工之日在构成要件方面应适用最基本的实质要件来判定，即双方主体合格、有劳动给付和接受行为、双方存在用工管理等附属性，即可认定用工已开始。

其次，劳动者在用人单位筹备设立阶段提供劳动，其报酬支付主体应区分不同情形：用人单位正式成立后，应由该单位向劳动者支付劳动报酬；若用人单位最终未能正式成立，劳动者在筹备阶段的工作应视为提供劳务，由相关主体或出资人支付报酬。本案中，根据黄某某提交的微信记录等证据，在健康管理公司成立之前，黄某某即为该公司办理营业执照、搬家、处理健身馆日常工作事务等事宜付出劳动，后该公司正式成立，故劳动者主张连续提供劳动期间劳动报酬的合理诉求，应予支持。

二、关联关系项下工龄连续计算的特殊情形

（一）工作年限合并计算

根据《最高人民法院关于审理劳动争议案件适用法律问题的解释（一）》第四十六条的规定，劳动者非因本人原因从原用人单位被安排到新用人单位工作，原用人单位未支付经济补偿，新用人单位向劳动者提出解除、终止劳动合

同，在计算支付经济补偿或赔偿金的工作年限时，劳动者有权请求将其在原用人单位的工作年限合并计算为新用人单位的工作年限。此即工龄连续计算的法律依据。1995年《中华人民共和国劳动法》实施后，企业职工实行劳动合同制，工龄的提法逐步被“同一用人单位连续工作时间”或“本单位工作年限”所替代。而本单位工作年限，是指劳动者与同一用人单位不间断地保持劳动关系的时间，应从劳动者向该用人单位提供劳动之日起计算。至于双方是否签订劳动合同，不应影响工作年限的计算。为保证劳动者在与用人单位解除或者终止劳动合同时能够享受《中华人民共和国劳动合同法》规定的劳动者在提供劳动期间的经济补偿，只要非劳动者本人原因更换用人单位，劳动者应享有其全部工作年限的经济补偿。

用人单位符合下列情形之一的，应当认定属于“劳动者非因本人原因从原用人单位被安排到新用人单位工作”：(1) 劳动者仍在原工作场所、工作岗位工作，劳动合同主体由原用人单位变更为新用人单位；(2) 用人单位以组织委派或任命形式对劳动者进行工作调动；(3) 因用人单位合并、分立等原因导致劳动者工作调动；(4) 用人单位及其关联企业与劳动者轮流订立劳动合同；(5) 其他合理情形。

(二) 关联企业的认定

国务院《中华人民共和国税收征收管理法实施细则》第五十一条给出了界定标准：(1) 在资金、经营、购销等方面存在直接或间接拥有或控制关系；(2) 直接或间接地同为第三者所控制或拥有；(3) 在利益上具有关联的其他关系。实践中，各企业在法律上相互独立，但彼此间经营业务持续关联，股东和主要管理人员存在交叉，财产存在混同；企业出于业务安排或规避法律风险，可能将员工在关联企业间流动使用，导致员工劳动关系的不固定。此时应当从企业的股东、实际控制人及劳动者工资发放、日常用工管理、社会保险缴纳等方面判断企业间是否存在关联关系。若认定存在关联关系，则应依照上述规定，将劳动者在原用人单位的工作年限合并计算为新用人单位的工作年限。

（三）劳动关系“空档期”工龄能否连续计算

本案的特殊之处在于，存在关联关系的用人单位系时空前后的不同主体，因前单位注销、新单位成立而客观上存在时空上的断档，以致该期间为前单位注销、新单位设立持续提供劳动的劳动者无有劳动关系的相对方，也即出现了非因劳动者本人原因而致的劳动关系“空档期”。

首先，劳动关系建立的时间应当是计算工作年限的起始时间。依据《中华人民共和国劳动合同法》第七条规定，用人单位自用工之日起即与劳动者建立劳动关系。故确定劳动关系起算点的核心标准是“用工之日”。判断双方是否存在或建立劳动关系，应当以是否开始用工为标准，而非以是否签订劳动合同为准。实践中，用人单位正式成立之前，劳动者在筹备设立阶段提供劳动，若此后用人单位正式成立了，劳动者在筹备阶段的工作年限应作为本单位的工作年限。

其次，本案中，健康科技公司和健康管理公司系属同一行业，经营范围相同，法定代表人系亲属关系，人员混同，共用同一企业微信号，对外宣传二公司地址变更为搬家扩店。根据这些事实足以认定两家单位具有高度关联性，属于劳动争议案件中用人单位存在关联关系的范畴。

此外，用人单位基于各种考虑未及时或拒绝出具书面通知的情形下，用工关系中处于弱势地位的普通劳动者，难以在单位发生注销、新设的过程中明确区分劳动报酬的支付主体以及劳动关系变更的时间点，面对相同管理者持续做出的工作安排指令，更是难以以单位主体不明晰为由推脱或拒绝，在此情形下，用人单位具有较强的举证能力而不举证，应承担消极举证的不利后果。故，为新单位筹备设立持续提供劳动的劳动者主张劳动关系“空档期”的工龄连续计算的，应予支持，以实现保护劳动者合法权益的立法初衷和目的。

编写人：北京市丰台区人民法院　焦语晨

49

员工离职后网络虚拟账号权益归属的认定

——李某诉科技公司劳动争议案

【案件基本信息】

1. 裁判书字号

福建省厦门市中级人民法院（2023）闽 02 民终 147 号民事判决书

2. 案由：劳动争议

3. 当事人

原告（上诉人）：李某

被告（上诉人）：科技公司

【基本案情】

科技公司通过其员工实名认证注册了多个抖音账号，并将抖音账号绑定该公司法定代表人实际控制的银行账户，交由员工从事抖音直播活动，员工定期向公司汇报直播活动数据。李某系科技公司员工，岗位为直播间主播，科技公司实行综合工时工作制，李某的正常工作时间为每日 9 点 30 分至 18 点 30 分，但工作时间根据工作岗位特性采用不固定上班时长。李某在科技公司工作期间，于每日下班后，通常是 21 时至 24 时，通过其父亲手机号实名注册的抖音账号开展网络直播活动，直播内容与其在公司工作的直播内容高度雷同，并产生了一定数额的营业款，该抖音号绑定的收款账户为李某本人的银行卡、支付宝以及微信账户。李某在科技公司工作期间，就工作所用直播账号涉及的各种数据、流量、成本消耗等以发送日工作情况汇总表等形式向其主管汇报，所汇报的直播账号并未包括李某父亲实名注册的抖音账号。后李某辞职并与科技公司发生劳动争议，李某申请劳动仲裁，要求裁决科技公司支付欠付工资、二倍工资及离职补偿；科技公司提起仲裁反请求，要求李某归还包含李某父亲实名注册的抖音账号在内的多个抖音账号及这些账号运营期间的营业款。劳动仲裁委裁决支持科技公司关于返还前述抖音账号及其运营期间的营业款的仲裁请求。李某不服，向法院提起诉讼。

【案件焦点】

李某父亲实名注册的抖音账号及其运营期间产生的营业款是否归属于科技公司。

【法院裁判要旨】

福建省厦门市思明区人民法院经审理认为：讼争账号系以李某父亲的名义实名认证，绑定的收款账户并非科技公司，科技公司也无证据证明其已取得账号注册人的使用许可，故其主张该账号归属于科技公司并要求返还缺乏依据，法院不予支持。关于该抖音账号直播运营产生的营业款是否应返还科技公司的问题，该账号直播绝大部分在李某工作时间之外进行，不足以证明该直播系执行科技公司职务行为产生的收入，其性质不足以认定为科技公司的营业款，科技公司主张返还该账号的营业款缺乏依据，法院不予支持。但该账号直播内容与科技公司运营的账号直播内容存在高度重合，其在入职科技公司之后经营与科技公司具有竞争关系的直播业务，涉嫌违反其签订的入职承诺的相关约定。因该账号归属及其营业款已在本案中不予认定归属于科技公司，科技公司在仲裁之时并未主张李某利用讼争抖音账号经营与公司存在竞争关系的业务造成的损失，对于由此产生的损失，可由双方进行协商，协商不成的，科技公司可另行依法主张，本案不予审查处理。据此，面对科技公司要求返还讼争抖音账号及其营业款的诉讼请求，法院不予支持，判决确认李某无须再办理工作交接包括归还抖音账号和运营期间产生的营业款。

福建省厦门市思明区人民法院依照《中华人民共和国劳动合同法》第三十条第一款、第三十八条、第四十六条、第四十七条、第五十条，《中华人民共和国民事诉讼法》第六十七条之规定，判决如下：

一、确认李某与科技公司 2021 年 1 月 18 日至 2021 年 10 月 16 日期间存在劳动关系；

二、确认李某与科技公司于 2021 年 10 月 17 日解除劳动关系；

三、科技公司于本判决书生效之日起十日内支付李某 2021 年 9 月 1 日至 2021 年 10 月 16 日期间的工资包括业绩提成共计 13585.58 元；

四、科技公司于本判决书生效之日起十日内支付李某 2021 年 2 月的工资差额 913.33 元；

五、科技公司于本判决生效之日起十日内支付李某经济补偿 5379.77 元；

六、确认李某无需再办理工作交接包括归还抖音账号和运营期间产生的营业款；

七、驳回李某的其他诉讼请求；

八、驳回科技公司的其他请求。

科技公司、李某均不服一审判决，均提起上诉。福建省厦门市中级人民法院同意一审法院裁判意见。

福建省厦门市中级人民法院依照《中华人民共和国民事诉讼法》第一百七十七条第一款第一项之规定，判决如下：

驳回上诉，维持原判。

【法官后语】

《中华人民共和国民法典》第一百二十七条规定："法律对数据、网络虚拟财产的保护有规定的，依照其规定。"该条款宣示了用户的数据和网络虚拟财产合法权益应受法律保护。目前我国尚未制定专门针对网络虚拟财产的法律规定，关于网络虚拟财产的权益属性、权利内容、权利归属在司法认定中的标准还有待进一步探索。网络服务平台根据行政监管要求采取"后台实名，前台自愿"的原则对平台用户实名认证，用户注册登记必须提供真实的姓名及手机号码，但此类登记不属于物权登记，并非判定网络虚拟账号权利归属的唯一根据。网络虚拟账号的归属往往涉及平台、账号注册用户以及账号实际使用人三者利益。由于平台用户协议通常约定账号所有权归平台经营者，注册用户仅拥有账号的使用权，故抖音等网络账号的“权属”之争实际上是对账号使用权的争夺，即谁有权使用账号在平台上开展直播活动。抖音等网络虚拟账号注册需要注册人实名认证，在直播过程中产生的流量、关注度能够带来一定的经济效益，故账号兼具人身性、财产性特征。基于实名认证的要求，账号的转让需要对账号进行解除绑定和重新绑定，在确定归属时尤其要关注其人身属性的一面，尽量维持原注册人使用账号的权利，审慎变更账号归属，避免与平台协议及国家对实名认证监管的规定发生冲突。

在劳动关系双方对网络虚拟账号的权属争端中，应结合账号注册、使用情况，根据劳动关系双方对网络虚拟账号使用的密切程度合理判定其归属。在注册环节，可从劳动者是入职前注册还是入职后注册，是自行注册还是应单位要求注册，是使用单位手机号码注册还是使用员工手机号码注册等方面进行评判；在使用环节，可从用人单位是否通过绑定己方控制的收款账户、对账号使用进行日常监控、单位对直播活动的投入、直播内容等方面进行评判。对于单位在账号注册、使用环节缺乏关联的账号，应认定账号归属与单位不具有关联度，不予认定账号归单位所有。抖音账号内产生的流水是否属于单位的营业款，应从直播活动是否属于劳动者执行单位工作任务的职务行为进行判定。

本案从账号注册实名登记人、账号绑定的收款账户、用人单位未对讼争账号进行日常监测等方面认定用人单位并未征得账号使用人的许可，账号注册人的直播活动均在正常上班时间之外开展，认定讼争账号及其营业款与用人单位缺乏关联度，不予支持用人单位要求返还账号及营业款的诉讼请求。但同时，劳动者在工作时间之外涉嫌违规开展与用人单位进行竞争性的直播活动牟取利益，由此造成的单位损失可由单位另行依法主张。

编写人：福建省厦门市思明区人民法院　刘建发　洪瑾君

50

用人单位能否以与劳动者签订公司损失赔偿协议书为由主张赔偿金

——服装公司诉张某、李某某劳动争议案

【案件基本信息】

1. 裁判书字号

吉林省延边朝鲜族自治州中级人民法院（2022）吉24民终203号民事判决书

2. 案由：劳动争议

3. 当事人

原告（上诉人）：服装公司

被告（被上诉人）：张某、李某某

【基本案情】

服装公司主要从事服装等产品加工销售业务，经营期间聘用张某为技术总监及厂长、李某某为车间主任。2019年1月1日，服装公司与延边某工贸有限公司约定由延边某工贸有限公司在监区内为其生产加工服装，服装公司指派张某、李某某进监区在生产过程中进行技术指导、质量监督和产品验收。2019年3月，服装公司与青岛某贸易有限公司签订合同订购服装，约定双方不能履行合同条款时，违约金按合同金额的10%计算。2019年6月3日，服装公司分别与张某、李某某签订《协议书》，主要内容为以企业生产的产品数量为依据，每件0.1元作为奖励金，如果因张某、李某某管理不当，给公司造成经济损失及客户的投诉时，根据情节承担相应的责任（最多不超过损失的10%）。

2019年7月5日，因监区内服装积压，服装公司分别向张某、李某某发出

通知，要求二人及时处理监区内积压货并妥善解决质量问题，如果一个月内没有任何成效，公司按张某不能胜任此岗位、停发李某某岗位津贴各项补助来处理。2019年8月1日，青岛某贸易有限公司以服装检验不合格，国外终端客户拒收整批订单为由要求服装公司支付赔偿金339900元。另查，张某在另案要求服装公司按《协议书》约定支付奖励金，服装公司质证称该《协议书》是撕掉后重新粘贴的，没有服装公司公章和签字，未经服装公司确认。

服装公司主张张某、李某某作为公司高级职员，在监区未尽勤勉忠实义务，工作严重失职导致发往青岛某贸易有限公司的服装检验不合格，造成公司经营损失，应按照《协议书》约定承担经营损失的10%。张某、李某某对上述主张均不同意。

【案件焦点】

服装公司基于协议书内容主张张某、李某某承担公司经营损失的10%能否得到支持。

【法院裁判要旨】

吉林省延吉市人民法院经审理认为：服装公司未能举证证明张某、李某某存在工作严重失职，且因张某、李某某工作失职造成服装公司上述经济损失的事实。故服装公司要求张某、李某某赔偿损失的请求，不予支持。

吉林省延吉市人民法院依照《中华人民共和国劳动合同法》第三十九条、第九十条，《最高人民法院关于适用〈中华人民共和国民事诉讼法〉的解释》第九十条之规定，判决如下：

驳回服装公司的诉讼请求。

服装公司不服一审判决，提起上诉。吉林省延边朝鲜族自治州中级人民法院经审理认为：《中华人民共和国劳动合同法》第三十九条第三项规定，劳动者严重失职，营私舞弊，给用人单位造成重大损害的。该条款只规定用人单位在此情形下可以解除劳动合同，并没有规定用人单位可以据此要求劳动者承担赔偿责任。参照《工资支付暂行规定》第十六条“因劳动者本人原因给用人单位造成经济损失的，用人单位可按照劳动合同的约定要求其赔偿经济损失”的规定，应认定在劳动者因过失给用人单位造成损失的情形下，劳动者是否应承担赔偿责任，应根据双方之间的劳动合同、用人单位规章制度等确定。服装公司在原审中提供的协议书只有张某、李某某签字，且在此前张某、李某某依据该协议书主张权利的案件中服装公司对该协议书亦不予认可，应认定双方对于该协议书的内容并没有达成一致意见，对双方均不具有约束力。服装公司所提供的证据不足以证明双方对于损失赔偿事先有相应的约定，应承担举证不能的不利后果。在服装公司没有充分的证据证明双方对于损失赔偿有约定或其规章制度有规定的情形下，即使张某、李某某对于损失的发生具有一定的过错也不应承担赔偿责任。

吉林省延边朝鲜族自治州中级人民法院依照《中华人民共和国民事诉讼法》第一百七十七条第一款第一项之规定，判决如下：

驳回上诉，维持原判。

【法官后语】

随着市场经济迅速发展，民营企业不断发展壮大。为增加对外贸易企业活力、促进劳动者利用自身优势为企业带来更多收益，部分用人单位会在聘任劳动者的同时约定劳动者的履职奖励，以及因失职给企业带来损失所应当承担的赔偿责任。签订相关协议书的目的是将劳动者的忠实义务转化成可期待性利益，同时促使劳动者由于利益深思自身行为之差错所应承担之责。

一、劳动者承担公司损失赔偿责任的法律基础

劳动人事风险是企业经营风险防控的重要组成部分，劳动者在履行职务过程中，对用人单位的损失是否承担赔偿责任以及应在何种范围内承担责任？根据《中华人民共和国劳动合同法》第三十九条第三项规定，劳动者存在严重失职，营私舞弊，给用人单位造成重大损害的可以解除劳动合同，并没有规定用人单位可以据此要求劳动者承担赔偿责任。第九十条规定劳动者在违反劳动合同中约定的保密义务或者竞业限制给用工单位造成损失时才承担赔偿责任。当用人单位与劳动者未签署上述协议时，在认定劳动者承担赔偿责

任时则需参照《工资支付暂行规定》第十六条规定，“因劳动者本人原因给用人单位造成经济损失的，用人单位可按照劳动合同的约定要求其赔偿经济损失……”此规定确立了劳动者权利滥用对公司造成损失应承担赔偿责任的法律基础。

二、劳动者承担公司损失赔偿责任的事实基础

从用人单位与劳动者签订协议书的根本目的看，用人单位更倾向于经营风险由未尽勤勉义务的劳动者承担。就本案而言，案涉《协议书》较之一般的民事合同有其特殊性，但本意上仍为合同双方当事人基于意思自治对双方权利义务的处置。因此，在不违反法律强制性规定的前提下，不应径直断定其效力丧失或不存在。但《协议书》只有张某、李某某一方签字，且在此前张某、李某某依据该协议书主张权利的案件中服装公司对该协议书亦不予认可，应认定双方对于该协议书的内容并没有达成一致意见，对双方均不具有约束力。

本案中，服装公司在聘用张某为公司技术总监及厂长、李某某为服装公司车间主任时，未制定完善的公司规章管理制度规范二人的职责范围，也未与二人签订劳动合同对因失职给公司造成的损失进行约定，更未对二人进行任职前职位匹配性审核和培训，对所签《协议书》也在先前诉讼中拒绝认可。

劳动关系作为基本的社会关系，其稳定不仅关系劳动者的生存现状，更关乎企业的正常生产经营，但在公司既无规章制度和合同约定，又无法举证证明劳动者存在故意或重大过失的情形下，不应将经营风险转嫁劳动者承担，故法院判决驳回服装公司的诉讼请求。

综上，法院在审理此类案件时，应在分析劳动者承担赔偿责任的法律基础和事实基础上，再综合职业风险、过错程度、行业惯例和经济承受能力来确定劳动者是否应当承担损失赔偿责任以及赔偿损失的比例。

编写人：吉林省延吉市人民法院　陈雪莲

51

劳动者因重大过失给用人单位造成经济损失的责任认定

——信息公司诉张某劳动争议案

【案件基本信息】

1. 裁判书字号

北京市第一中级人民法院（2022）京01民终6528号民事判决书

2. 案由：劳动争议

3. 当事人

原告（上诉人）：信息公司

被告（上诉人）：张某

【基本案情】

2019年5月20日，信息公司与张某签订《劳动合同书》，约定张某从事财务岗位，劳动合同期限自2019年5月20日至2022年5月19日。入职后，张某兼负会计和出纳职责，2019年10月起工资调整为每月7000元。

2021年4月9日，张某收到名为公司董事“董某”用户发送的QQ邮件，要求张某加入某工作群。张某加入后，与董事“董某”、监事“刘某”就一笔业务收款事宜进行沟通，并按照董某指令将1358000元汇入指定账户。转账完毕后，董某收到汇款短信提示，遂与张某核实情况并报警。2021年4月13日，北京市公安局昌平分局史各庄派出所出具受案回执，决定受理董某被诈骗案。2021年4月17日，信息公司与张某解除劳动关系。

2021年7月30日，信息公司以赔偿经济损失为由向昌平区仲裁委申请仲裁，该委裁决张某向信息公司赔偿经济损失100000元。信息公司不服诉至法院。经一审法院核实，双方当事人均认可董某与张某在同一办公室办公，事发时张某与董某均在办公室内，张某转账时并未向董某或刘某核实情况。

张某则辩称，该案为诈骗案件，公司的损失现在还不能确定，公司应在刑事案件中提起附带民事诉讼追回其损失。本次诈骗案件最主要的原因是公司监管和监控能力缺失，张某一人担任会计和出纳。总经理被骗后没有与张某核实，总经理应该承担主要责任。

【案件焦点】

1. 张某的行为是否构成故意或重大过失；2. 张某是否应向公司赔偿损失及数额如何确定。

【法院裁判要旨】

北京市昌平区人民法院经审理后认为：劳动者对用人单位负有忠实义务，在履行劳动合同过程中因重大过失给用人单位造成经济损失的，应承担赔偿责任。本案中，张某事发时已在信息公司任职财务、出纳近两年，应对公司人员情况有较为详细的了解，但其收到邮件后并未对文字内容、排版等可疑之处进行甄别，亦未向董某、刘某进行核实即入群。入群后，“董某”与“刘某”在公司财务人员尚不知情时已完成一笔业务的结算收款，该情节已存在明显可疑之处，张某在此种情况下仍未及时警惕，亦未向办公室董某进行咨询汇报，导致公司最终产生 1358000 元的损失，张某对此存在重大过失，应在过失程度内予以赔偿。

另，考虑到劳动关系的从属性特征，用人单位提供生产资料和劳动条件，享有劳动成果，在劳动者不存在给用人单位造成损失故意的情形下，确定赔偿责任时，应在用人单位和劳动者之间合理分配风险和损失。本案中，信息公司的财务管理制度、人事信息管理制度均存在重大漏洞。张某同时担任会计与出纳，违反了《中华人民共和国会计法》第三十七条第二款的规定，不符合财务管理制度的要求。同时，诈骗方对信息公司人员信息、管理架构情况的清晰掌握亦是导致本次事件发生的重要原因，故信息公司自身亦应负有不可推卸的责任。综上，法院结合双方过错程度，依据公平原则，酌情认定张某应向信息公司赔偿150000元。

北京市昌平区人民法院依照《中华人民共和国劳动合同法》第七十九条之规定，判决如下：

一、张某于判决生效后七日内赔偿信息公司损失150000元；

二、驳回信息公司的其他诉讼请求。

信息公司、张某均不服一审判决，提起上诉。北京市第一中级人民法院同意一审法院裁判意见。

北京市第一中级人民法院依照《中华人民共和国民事诉讼法》第一百七十七条第一款第一项之规定，判决如下：

驳回上诉，维持原判。

【法官后语】

在电信诈骗犯罪致使用人单位遭受损失的案件中，除通过刑事立案追回被骗款项外，部分用人单位亦采取向受骗劳动者提起民事诉讼的方式以填平损失。结合本案，对劳动者因重大过失给用人单位造成经济损失的法律后果分析如下：

一、劳动者是否存在故意或重大过失的认定

根据《中华人民共和国民法典》第一千一百六十五条第一款的规定，“行为人因过错侵害他人民事权益造成损害的，应当承担侵权责任”。劳动者因过错给用人单位造成损失，应属广义上的侵权行为，在其存在故意或重大过失的情形下，应向用人单位赔偿损失。实践中的难点为劳动者是否存在“重大过失”的认定。对此，劳动者的过失程度应结合其对于职务行为中的注意义务的违反程度予以确定。具体而言，法院可结合劳动者工作岗位、工作年限、从业经历、是否违反公司规章制度及工作流程等因素综合认定。

本案中，张某作为一名从业近两年的财务岗位工作人员，理应对案涉100余万元的大额业务支付尽到较高的注意义务，然而张某既没有核实邮件通知的真实性，亦未核实QQ工作群中沟通对象的真实性，在接到付款指令时并未向同在一办公室的同事核实情况。据此，张某的行为显然未尽到其应尽的注意义务，构成履行职务过程中的重大过失。

二、劳动者承担损失赔偿责任的标准与方式

根据《工资支付暂行规定》第十六条的规定，“因劳动者本人原因给用人单位造成经济损失的，用人单位可按照劳动合同的约定要求其赔偿经济损失。经济损失的赔偿，可从劳动者本人的工资中扣除。但每月扣除的部分不得超过劳动者当月工资的20%。若扣除后的剩余工资部分低于当地月最低工资标准，则按最低工资标准支付”。劳动者赔偿的经济损失应限定于用人单位遭受的直接经济损失，具备“明确具体可衡量”的特征。

在赔偿标准的确认上，一方面要考虑劳动关系的从属性，用人单位提供生产资料和劳动条件，享有劳动者的劳动成果，应承担相应的经营风险；另一方面也应兼顾劳动者具有的勤勉与注意义务，应妥善履行自身职责。在个案具体赔偿数额的确定上，如用人单位存在工作机制不健全、监督管理不到位及未对劳动者进行专业技能培训的情形，应相应减轻劳动者的赔偿责任。此外，劳动者从用人单位已获得的工资数额、过错情形及风险承受能力等也应作为综合考量因素，以在用人单位和劳动者之间合理分配风险和损失。

三、刑民交叉的程序处理方式

部分案件中，劳动者以用人单位与案外第三人的诈骗案尚处于侦办过程、未有处理结果且损失数额未能认定为由申请中止审理，或据此主张其不应承担赔偿责任。但鉴于劳动争议案件与刑事诈骗案件并非同一法律关系，刑事案件中并不涉及劳动者行为性质和责任的认定，故无须等待刑事案件的处理结果。但如刑事案件中涉及被诈骗款项的退赔，应给予劳动者向用人单位主张返还损失的救济权利。

编写人：北京市海淀区人民法院　梁诗晨
北京市第一中级人民法院　吴博文

ISBN 978-7-5216-4354-1

9 787521 643541 >

图书在版编目（CIP）数据

中国法院2024年度案例. 劳动纠纷：含社会保险纠纷／国家法官学院，最高人民法院司法案例研究院编. —北京：中国法制出版社，2024.5

ISBN 978-7-5216-4354-1

Ⅰ. ①中… Ⅱ. ①国… ②最… Ⅲ. ①劳动争议-民事纠纷-案例-汇编-中国 Ⅳ. ①D920.5

中国国家版本馆CIP数据核字（2024）第054095号

策划编辑：李小草　韩璐玮（hanluwei666@163.com）

责任编辑：韩璐玮　　封面设计：李宁

中国法院2024年度案例. 劳动纠纷：含社会保险纠纷

ZHONGGUO FAYUAN 2024 NIANDU ANLI. LAODONG JIUFEN：HAN SHEHUI BAOXIAN JIUFEN

编者/国家法官学院，最高人民法院司法案例研究院

经销/新华书店

印刷/三河市紫恒印装有限公司

开本/730毫米×1030毫米　16开　　印张/15.75　字数/189千

版次/2024年5月第1版　　2024年5月第1次印刷

中国法制出版社出版

书号 ISBN 978-7-5216-4354-1　　定价：68.00元

北京市西城区西便门西里甲16号西便门办公区

邮政编码：100053　　传真：010-63141600

网址：http：//www.zgfzs.com　　**编辑部电话：010-63141791**

市场营销部电话：010-63141612　　**印务部电话：010-63141606**

（如有印装质量问题，请与本社印务部联系。）

中国法院 2012~2024 年度案例系列

国家法官学院　最高人民法院司法案例研究院　编

简便易用、专业实用——打造“好读有用”的案例

1. 专业的作者：国家法官学院自 2012 年起推出“中国法院年度案例丛书”，至今已有 13 年，旨在探索编辑案例的新方法、新模式，以弥补当前各种案例书的不足。自 2020 年起，丛书由国家法官学院与最高人民法院司法案例研究院共同编辑，每年年初定期出版。

2. 强大的规模：23 本含传统和新近的热点纠纷，这些案例是从全国各地法院收集到的上一年度审结的近万件典型案例中挑选出来的，具有广泛的选编基础和较强的代表性。

3. 独特的内容：高度提炼案情和裁判要旨，突出争议焦点问题，主审法官撰写“法官后语”，展现裁判思路方法。

4. 数据库增值服务：2024 年继续推出数据库增值服务，凡购买本书，扫描前勒口二维码，即可在本年度免费使用往年同类案例数据库。

《中国法院 2024 年度案例系列（全 23 册）》

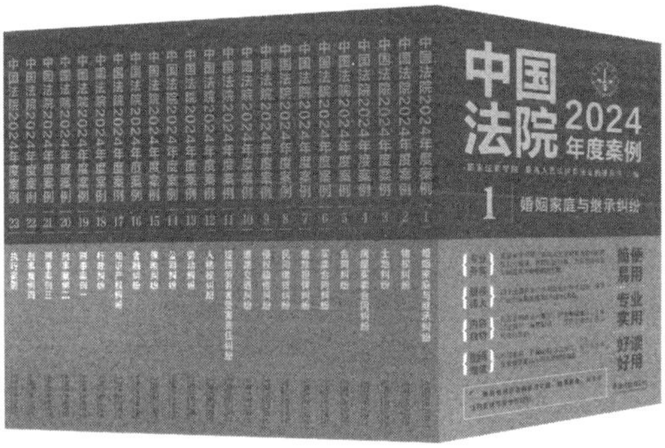

1. 婚姻家庭与继承纠纷
2. 物权纠纷
3. 土地纠纷（含环境资源纠纷）
4. 房屋买卖合同纠纷
5. 合同纠纷
6. 买卖合同纠纷
7. 借款担保纠纷
8. 民间借贷纠纷
9. 侵权赔偿纠纷
10. 道路交通纠纷
11. 提供劳务者受害责任纠纷
12. 人格权纠纷
13. 劳动纠纷（含社会保险纠纷）
14. 公司纠纷
15. 保险纠纷
16. 金融纠纷
17. 知识产权纠纷
18. 行政纠纷
19. 刑事案例一
20. 刑事案例二
21. 刑事案例三
22. 刑事案例四
23. 执行案例